일하지 않아도 좋아

일하지 않아도 좋아

|300만 실업자 시대의 행복찾기|

300만 실업자 시대의 행복찾기

어니 젤린스키 지음 ㅣ 김성순 옮김

 크레센도

1994년 처음 출간된 이 책은 지금까지 16개의 언어로 번역되어 전 세계적으로 수십 만 부가 판매되었다. 몇 번 개정되어 나오기도 했지만 21세기에 어울리는 책을 만들기 위해 새롭게 업데이트했다. 이 책에는 또한 초판을 출간한 이후 지금까지 받은 독자들의 편지 중에서 재미있고 도움이 될 만한 것들을 몇 가지 추려 본문 속에 삽입하였다. 이 편지들은 내가 쓴 글 이상으로 독자들에게 영감을 주리라 확신한다. 편지를 보내주신 분들에게 깊은 감사를 표한다. 그분들 덕분에 이 책은 더욱 빛이 나게 되었다.

　이 책은 자기계발서에 속하기는 하지만, 성공하기나 돈 많이 벌기에 관해 이야기하지 않는다. 경쟁사회에서 살아남는 법에 대해 이야기하지도 않는다. 이 책은 거꾸로, 일을 하지 않고 경쟁하지 않으며 가치 있는 삶을 추구하는 법에 대해 이야기한다.

새로운 날을 맞이하는 설렘으로 아침에 눈을 뜨고, 자기가 하는 일을 즐기고, 무엇을 하며 살고 싶은지 정확하게 안다면 누가 뭐래도 성공한 사람이라 할 수 있을 것이다. 하지만 그러한 성공은, 먹고 살기 위해 우리가 감내하는 노동을 통해 얻기 힘들다.

나는 이 책에서 하기 싫은 일을 억지로 하며 사는 법이 아니라, 즐겁고 유쾌하게 사는 법에 대해서 이야기하고자 한다. 현재 일을 하는 사람이든, 은퇴하거나 실직해서 일을 하지 않는 사람이든, 우리 삶의 의미를 돌아보고 즐겁게 살아가는 법을 알려주고자 한다.

내가 새로운 삶의 방식으로 살아가겠다고 결심한 것은 29살 때 직장에서 쫓겨났을 때다. 처음에는 단순히 1년 정도 창조적인 백수로 살다가 다시 직장을 잡을 생각이었지만, 지금껏 직장으로 돌아가지 않고 있다.

나는 29살까지 엔지니어로 일했다. 자유라고는 찾아 볼 수 없는 공기업에서 별 탈없이 회사를 다녔다. 공식적으로는 아침 9시부터 5시까지 근무했지만, 대부분 8시 출근해서 6시 넘어 퇴근했고 주말에도 근무하기 일쑤였다. 물론 시간외 수당은 거의 받지 못했다. 그런 곳에서 6년을 근무했다.

처음 3년 동안은 휴가도 반납할 정도로 열심히 일했지만 점차 열정이 식어갔다. 6년 째 되던 해 여름, 마침내 10주간 휴가를 내고 여행을 가기로 마음먹었다. 상사가 허락을 해주지 않는다는 점만 빼면, 휴가계획은 완벽했다. 어쨌든 나는 환상적인 10주 휴가를 즐겼

5

고, 이렇게 훌륭한 아이디어를 낸 천재적인 창의력 덕분에 해고되었다. 해고사유는 휴가와 관련한 사칙을 어겼다는 것이었다.

내가 한 짓이 상사들의 마음에 들지 않았던 것은 분명하다. 근무 평가도 좋았고 몇 년을 휴가도 없이 근무를 해왔음에도, 내가 휴가에서 돌아오자마자 나를 해고해버렸다. 물론 회사의 사칙을 어겼다는 것이 표면적인 이유였지만, 어쩌면 자신들은 엄두도 내지 못하는 일을 해낸 것에 대한 상사들의 질투심이 작용했을지 모른다. 상사들은 창조적인 기질을 지닌 부하직원을 눈에 가시처럼 여겼다. 공기업에서 일하는 사람들이라 더 그랬을 것이다.

말할 것도 없이 해고를 당한 처음 몇 주 동안은 괴로웠다. 나는 누구보다도 열심히 일했고, 근무 성과도 좋았으며, 업무 기여도도 제법 높았다. 나 같이 가치 있는 인재를 해고하다니 부당한 처사임에 틀림없다고 생각했다.

그러던 어느 날, 해고를 당한 것이 오히려 인생의 축복이 아닐까 하는 생각이 문득 들었다. 그 날은 내 인생의 터닝포인트가 되었다. 내가 회사에서 대체불가능한 존재가 아니었다는 점을 인정하게 된 것은 물론이고, 9시에 출근해서 5시에 퇴근하는 정규직에 대한 흥미도 사라졌다. 가능한 한 직장에 나가지 않고 즐겁게 사는 법을 찾기 시작했다. 특히 여름에는 온전히 나만의 시간을 마음껏 즐기고 싶었다. 엔지니어로서 경력도 이로써 완전히 끝났다.

그 후 2년 동안 나는 직장을 구하지 않았고, 재교육기관에도 등록하지 않았다. 일하지 않고도 행복하게 사는 법을 궁리하는 것에만 관심이 있었다. 주어진 여건에서 할 수 있는 일은 모두 해보았고, 결국 성공했다.

그 기간에 나는 뭘 했을까? 가끔씩 돈이 바닥나기도 했지만, 진정으로 성공한 인생이란 무엇일까 고민했다. 건설적인 일, 내가 만족할 수 있는 일을 찾아 다녔다. 너무 많아서 열거하기 힘들 정도다. 무엇보다도 내 실직상태를 자축하며 있는 그대로의 나를 인정했다. 인격이 성장하고 가치관이 변하는 것을 느낄 수 있었다. 2년 동안 나는 여가학 박사가 되었다. 물론 그것을 인정해준 대학이 아직 없다는 것이 아쉬울 뿐이다.

그렇게 2년을 완벽하게 휴식을 취한 나는 'R'자가 없는 달에는 일하지 않겠다고 다짐했다. May, June, July, August, 바로 5-6-7-8월이다. 여가를 즐기기에 이보다 좋은 계절은 없다. 내가 누릴 수 있는 자유를 포기하고 싶지 않기 때문에 지금까지 20여 년 동안 9시에 출근해서 5시에 퇴근하는 일은 하지 않고 있다. 20대 후반부터 은퇴생활을 줄곧 해오고 있는 것이다.

많은 사람들이 어떻게 하면 남아도는 시간을 지겹지 않게 보낼 수 있느냐고 질문한다. 여가시간이 있어도 제대로 지내지 못하는 사람들이 많다는 뜻이다. 또한 여가를 어떻게 보내야 재미와 보람을 느낄 수 있는지 이야기하는 책이 거의 없다는 사실을 알게 되었다. 그 순간 나는 책을 써야겠다는 결심을 했다. 건설적이고 재미있게 여가를 즐길 방법을 찾는 사람이라면 아마도 이 책에서 귀중한 도움을 받을 수 있을 것이다.

이 책은 일하지 않는 삶의 즐거움을 공유하기 위해 나를 비롯한 여러 사람들의 경험을 소개한다. 한창 열심히 일을 하는 사람이든, 퇴직을 앞두고 있는 사람이든, 갑작스럽게 퇴직을 해 남는 시간을 주체할 수 없는 사람이든, 실질적인 조언을 얻을 수 있을 것이다. 지금까지 수백 명의 독자들이 나에게 보내온 감사편지는 이 책에서 제시하는 조언들이 헛되지 않다는 것을 명백하게 알려준다.

누구나 느긋하고 유쾌한 삶을 꿈꾼다. 끝없이 경쟁하고 바쁘게 움직여야 하는 오늘날, 이처럼 행복하고 만족스러운 삶은 어떻게 즐길 수 있을까? 일을 하든 안 하든, 유쾌하게 살아갈 수 있는 비밀을 이 책에서 발견할 수 있기를 진심으로 바란다.

어니 젤린스키
Ernie J. Zelinski

성공이란 무엇인가?

자주 웃고 많이 사랑하라.

총명한 이들에게 존경받고 아이들에게 사랑받으며,

정직한 비평가들에게 인정받고, 삿된 친구들의 배신을 견디며,

아름다움을 음미할 줄 알고,

타인의 장점을 알아보고,

되받고자 하는 생각을 하지 않고 자신을 내어 주며,

아이를 낳아 건강하게 키우거나, 영혼을 구제하거나, 한 뼘의 정원을 가꾸거나,

사회적 조건을 개선함으로써 이 세상을 더 살기 좋은 곳으로 만들고,

열정적으로 즐기고 웃고, 기쁨에 겨워 노래하고,

나로 인해 단 한 사람이라도 더 행복한 삶을 살 수 있는 세상을 남기고 떠나는 것,

이것이 바로 성공이다.

–랄프 왈도 에머슨 Ralph Waldo Emerson

차 례

들어가는 말_4

CHAPTER 01 | 누구나 느긋하게 유쾌하게 살 수 있다

일하지 않는 즐거움_17   여가는 단순히 일하지 않는 것?_18   여가, 은퇴, 로또에 대한 환상_21   느긋한 삶을 즐기는 것도 능력_24   은퇴하면 뭐하지?_26   새로운 라이프스타일_28 내 손 안에 있는 에이스 카드_29

CHAPTER 02 | 변하지 않는 것은 바보와 죽은 사람뿐이다

변화하고자 하는 마음가짐_37   내 안에 잠자는 창조성을 깨워라_38   장님나라에서는 애꾸눈이 왕_40   보이는 만큼 얻는다_43   위험한 신념_46

CHAPTER 03 | 노동윤리의 노예가 되지 마라

무엇 때문에 우리는 일을 하는가?_53   프로테스탄트 노동윤리는 누구를 위한 것인가?_55 일중독에서 얻는 기쁨?_59   노동윤리에 미친 나라_61   미치지 못해 안달하는 나라_65   성공할수록 피폐해지는 삶_67   GDP라는 속임수_69   SUV는 해로운 장난감_71   진정한 행복의 원천_73

CHAPTER 04 | 만국의 노동자여. 쉬어라!

누가 내 치즈를 옮겼을까?_79 나는 누구인가?_81 일에 중독된 사회_83 근면성실 vs 창조성_85 높은 생산성의 비법: 적게 일하고 많이 놀기_89 쉴 틈 없는 여가중독_93 해고당하지 말고 먼저 자신을 해고하라_98 콧노래 부르며 일하기_105 즐거운 노동의 열쇠_110 어리지도 않고 늙지도 않은 나이_115

CHAPTER 05 | 진정한 나를 발견할 수 있는 소중한 기회

실직: 오히려, 인생 최고의 시간_123 실직의 불안과 공포는 어디서 오는가_124 긍정적인 마음가짐을 절대 놓지 말라_126 있지도 않은 좋은 시절 그리워 하기_129 일하지 않는 것을 두려워하는 세 가지 이유_132 내 직업은 자아실현 전문가_141

CHAPTER 06 | 모험하지 않는 삶은 아무것도 아니다

도대체 뭘 해야 하지?_147 내가 지금 따분한 이유_149 노는 게 따분하면 삶에서도 은퇴해야 할 때_151 편한 길 총량의 법칙_154 세상은 넓고 할일은 많아!_158

CHAPTER 07 | 열정을 자극하는 나만의 목표를찾아라

전봇대도 춤추게 하는 힘_171 어디로 가자고 하는가?_172 네가 원하는 게 뭐야?_173 나만의 여가활동 나무를 심을 시간_186 여가활동 아이디어_191

CHAPTER 08 | 몸을 움직이지 않으면 아무 일도 생기지 않는다

참여자가 될 것인가, 구경꾼이 될 것인가_209 TV 앞의 좀비_214 뚱뚱한 것은 개성이 아니다_216 운동하지 않을 핑계_ 219 나를 표현하는 글쓰기_224

CHAPTER 09 | 내 인생 최고의 순간, 바로 지금!

지금을 경험할 수 있는 순간은 오직 지금뿐_233 지금 이 순간을 만끽하라_234 정말 서둘러야 한다면, 천천히 서둘러라_241 걱정의 늪_244 진정한 부자는 시간부자_247

CHAPTER 10 │ 고독에서 피는 꽃, 자존감

외로움은 안에서 잠그는 문_257 자존감은 자아실현의 첫걸음_261 부정적인 사람은 따돌려야 할 괴물_263 오롯이 나를 만나는 시간_266 고독은 가장 좋은 친구_268 혼자 즐기는 연습_270 예술이 샘솟는 시간_272 괴짜로 살아갈 용기_274

CHAPTER 11 │ 주머니가 가벼워도 마음만은 부자처럼

돈을 원래 자리에 놓아라_281 만족할 줄 모르는 욕망_285 돈이 많으면 문제도 많다_288 안정된 삶을 원한다면 돈보다는 창의성을 쫓아라_291 로또에 당첨되어도 불행한 이유_294 적게 쓸수록 자유롭게 살 수 있다_298 너무 이른 퇴직은 없다_300 물건을 사지말고 경험을 사라_305

CHAPTER 12 │ 아직 최고의 작품은 나오지 않았다

은퇴 후에 진짜 인생이 펼쳐진다_313 평생 행복하게 사는 비결_319 나이듦의 즐거움_320 마음은 언제나 걸스카우트_322 지금 이순간을 사랑하는 여유_324

옮긴이의 글_329

CHAPTER 01

누구나
느긋하게
유쾌하게
살 수 있다

여가란 인간의 도덕적, 지적, 영적 성장을
도와주는 고결한 활동이다.
여가는 우리 인생을 가치 있게 만들어준다.

—키케로 Cicero

일하지 않는 즐거움

대도시를 방문한 돈 많은 한 괴짜여행객이 돈을 구걸하는 여섯 명의 거지들과 마주쳤다. 첫날에는 돈을 달라고 구걸하던 거지들이 다음 날은 모두 한가롭게 누워서 일광욕을 즐기고 있었다. 거지도 직업이라면 그날은 쉬는 날이었던 것이다. 부자가 그들 곁에 다가가도 신기한 듯 쳐다보기만 했다.

부자는 장난기가 발동했다. 거지들에게 다가가 자신이 가장 게으르다는 것을 입증하는 사람에게 100만원을 주겠다고 제안했다. 100만원이라는 말에 다섯 명이 자리에서 벌떡 일어났다. 거지들은 저마다 자신이 얼마나 게으른지 보여주기 위해 안간힘을 썼다. 여행객들에게 돈을 구걸하는 동안에도 일어나기 귀찮아 손만 내미는 시늉을 하는 거지도 있었고, 자신이 얼마나 게으른지 보여주기 위해

장황하게 설명하는 거지도 있었다.

한 시간 동안 다섯 거지들의 행동을 재미있게 지켜보던 부자는 마침내 가장 게으른 거지를 선정하여 100만원을 줬다. 그 사람은 바로 경쟁에 참가하지도 않고 계속 누워있던 거지였다. 그는 끝까지 풀밭에 누워 신문을 읽으며, 따스한 햇살을 즐기고 있었다.

우스갯소리이긴 하지만 내가 이 이야기를 통해 말하고자 하는 것은, 일하지 않고 빈둥거리며 인생을 즐기는 사람도 보상을 받을 수 있다는 사실이다.

이 책은 직장생활을 하지 않음으로써 누릴 수 있는 즐거움에 대한 이야기한다. 은퇴를 하거나 일시적으로 실직하여 갑자기 늘어난 시간을 관리하고 즐길 줄 몰라 곤란을 겪고 있는 사람들에게 여가시간을 효과적으로 사용하는 법을 알려주고자 한다. 또한 일을 하느라 여가시간을 충분히 활용하지 못하는 사람들에게는 더 많은 여가시간을 확보하는 법을 알려주고자 한다.

이 책에서 내가 말하고자 하는 것을 한 마디로 정리하자면, 일하지 않음으로써 더 많은 만족과 행복을 누릴 수 있다는 것이다. 일하지 않는 즐거움의 세계에 온 것을 환영한다.

│ 여가는 단순히 일하지 않는 것?

"여가란 정확히 무엇이라고 생각하시나요?"

한 문명의 질을 평가하는 가장 적절한 방법은
여가의 질을 측정하는 것이다.
—어윈 에드만Irwin Edman

흥미로운 질문이지만 대답하기는 쉽지 않다. 캐나다은퇴설계사협회에서 주관하는 컨퍼런스에서 '여가 계획세우기'라는 주제로 강연을 하러 간 적이 있었는데, 당시 한 참가자가 내게 했던 질문이다.

적절한 대답이 떠오르지 않아 나는 창조성을 자극하는 방법을 활용해보기로 했다. 질문을 청중에게 다시 던지는 것이다.

한참 열띤 토론이 오간 후 우리는 결론에 도달했다. 결론은 "살아가는 데 필요한 일을 다 하고 남는 시간"이었다. 다행스럽게도 세미나를 계속 이어나가는 데 문제가 없는 답변이었다. 그럼에도 이러한 정의는 또 다른 문제로 이어졌다.

"그렇다면 '살아가는 데 필요한 일'이란 무엇일까?"

우선 먹는 것을 꼽을 수 있다. 하지만 우아한 레스토랑에서 느긋하게 식사를 즐기는 것은 살아가는 데 필요한 일이지만 즐거운 일이다. 실제로 이러한 외식은 내가 가장 좋아하는 여가활동 중 하나다. 하지만 어떤 이들에게 먹는 것은 기본적인 생존의 문제일 수 있다.

사전에서는 여가를 어떻게 정의할까? 사전들은 공통적으로 여가를 "일이 없는 시간. 쉬거나, 즐거운 놀이를 하거나, 좋아하는 일을 할 수 있는 시간"이라고 정의한다. 이러한 정의에 따르면 먹는 것은 어디에 해당할까? 일일까? 여가일까? 아니면 전혀 별개의 어떤 것일까?

그걸 확인하기 위해 사전을 만든 사람들을 일일이 찾아 다니며 물어 볼 수도 없는 노릇이다. 뭐, 그들도 어차피 명쾌하게 구분하지는 못할 것 같다.

얼마 동안 곰곰이 생각해 보았지만 여전히 의문은 풀리지 않았다. 세미나를 할 때마다 그런 질문이 나올 터인데, 어떻게 대답을 해야 할까? 나는 그저 여가를 즐기는 방법을 알려주고 싶을 뿐이었는데, 먹는 것이 여가인지 여가가 먹는 것인지 고민하는 고상한 철학자 노릇까지 해야 하는 위기에 처한 것이다.

결국 나는 세미나의 목적이 (또 이 책의 목적이) 여가를 보편적으로 완벽하게 정의하는 것은 아니라고 논의의 한계를 설정하는 것으로, 이 골치 아픈 문제에서 빠져나올 수 있다는 사실을 깨달았다. 여가는 사람마다 다른 의미를 지닐 수 있다. 하지만 느슨하게 정의하자면, 여가란 '해야 하는' 일이 아니라 '하고 싶은' 것을 하면서 보내는 시간이다.

결국 일과 여가의 정의는 개인적인 욕구에 따라 달라질 수 있다. 더욱이 고유한 개성을 지닌 사람으로서 여가시간에 하고 싶은 것도 달라질 수 있다. 당연히 우리는 자신이 하고 싶은 일을 하면서 살아야 한다.

물론 여가시간에 하고 싶은 일을 한다는 것이 말처럼 쉽지는 않다. 여기에는 재미있는 패러독스가 숨어있다. 여가는 일이 아니라고 정의했는데, 여가에서 만족을 얻으려면 '일'을 해야 한다. 고개가 갸우뚱할 수 있겠지만, 여가는 일과 정 반대 개념이지만 여가를 즐기기 위해서는 상당한 노력(일!)을 해야 한다.

여가, 은퇴, 로또에 대한 환상

좋든 싫든, 자의든 타의든 언젠가는 여가시간을 활용하는 문제와 직면할 수밖에 없다. 의심할 여지 없이 우리 삶의 질은 여가시간을 어떻게 보내느냐에 따라 달라진다.

예전에는 여가라는 것이 흔치 않았기에, 오랜 세월 여가는 소수의 특권층만이 누릴 수 있는 사치로 여겨졌다. 많은 사람들이 여가를 즐길 수 있게 된 것, 특히 직장에서 은퇴하고 난 뒤 여가를 즐길 수 있게 된 것은 비교적 최근 일이다.

이제 여가는 전 세계인들의 인생의 궁극적인 목표가 되었다. 누구나 어느 정도는 여가를 즐기고 싶어한다. 심지어 여가를 즐기는 것 자체가 인생의 목표라고 장담하는 사람도 있다. 유쾌하고 느긋한 삶을 꿈꾼다. 그럼에도 막상 무한한 여가시간이 주어지면 그것을 제대로 활용하는 사람은 많지 않다. 오히려 여가시간이 늘어나면 부담스러워한다. 자유롭게 활동할 수 있는 건강한 사람도, 일을 하지 않아도 충분히 먹고 살 수 있을 만큼 경제력을 가진 사람도 그렇게 느낀다.

많은 사람들이 여가의 즐거움은 미래를 위해 아껴둔다. 문제는 그러한 미래가 갑자기 눈앞에 닥친다는 것이다. 막상 은퇴를 하거나 일자리가 사라지고 나면 넘쳐나는 시간 속에 허우적대느라 제대로 시간을 활용하지 못하는 경우가 많다.

사람들이 여가시간을 효과적으로 사용하지 못한다는 것을 보여주는 연구결과는 많다. 미국 상무성에서 발표한 연구에 따르면 자신의 여가시간 활용에 대해 "상당히 만족한다"고 응답한 사람들은 불과 58퍼센트에 불과하다. 42퍼센트의 사람들은 여가를 제대로 즐기지 못한다는 것을 의미한다. 이러한 사람들에게 이 책은 큰 도움이 될 것이다.

우리는 어른이 되면 상당한 시간을 일하는 데 쓴다. 일과 관련하여 할애해야 하는 시간들, 예컨대 출퇴근하는 시간, 출근하기 위해 이것저것 준비하는 시간, 일에 대해 이야기하고 일자리를 잃을까 걱정하는 데 쓰는 시간을 모두 합하면 일에 쏟아 붓는 시간과 노력이 얼마나 큰지 실감할 수 있다.

많은 사람들이 여가시간이 늘어나면 멋진 인생을 살 수 있을 것이라고 상상한다. 엔지니어로 일하던 시절, 이제 겨우 20대 나이에 은퇴 후 받을 수 있는 연금을 계산하는 동료들을 보고 충격을 받았다. 나도 20대 이긴 했지만, 은퇴 후 삶을 꿈꾸기에는 세상에 너무나 재미있는 일이 많았다.

실제로 세상은 은퇴가 곧 행복이라는 믿음을 심어주기 위해 노력한다. 은퇴만 하면 일을 하면서 받는 스트레스에서 단박에 탈출하여 하고 싶은 일, 보람 있는 일을 마음껏 하면서 자아실현을 할 수 있는 것처럼 포장한다. 하지만 불행히도 은퇴한 사람들이 모두 그런 삶을 사는 것은 아니다.

부끄럽지만 나 역시 그러한 믿음에서 완전히 벗어난 것은 아니었다. 30대까지만 해도 사회가 규정해놓은 '바람직한 삶'이라는 틀 속에서 살았다. 여가시간이 늘어나기를 누구나 꿈꾸지만, 그것은 은퇴

세상에는 두 가지 비극이 있다. 하나는 원하는 것을
얻지 못하는 것이고, 다른 하나는 원하는 것을 얻는 것이다.
-오스카 와일드Oscar Wilde

를 하고 난 뒤에나 누릴 수 있는 사치라고 여겼다. 하지만 머지않아 대다수 사람들의 믿음을 그대로 쫓는 것이 위험할 수 있다는 것을 깨달았다. 실제로 대중의 생각이 틀린 경우는 매우 많다. 또한 우리 삶의 진정한 행복은 사회적으로 영향력 있는 집단이 우리에게 심어주는 믿음과 크게 다르다.

예컨대 로또에 당첨되어 엄청난 돈을 거머쥐면 우리 삶이 순식간에 바뀔 거라고 사람들은 생각한다. 백만장자가 되면 늘 꿈꾸던 유쾌하고 느긋한 삶을 살 수 있을 거라 생각한다. 일할 필요도 없고, 고민할 것도 없고, 행복과 만족만이 넘칠 것이라고 기대한다. 하지만 현실은 전혀 그렇지 않다.

제리 르블랑Jerry LeBlanc과 레나 르블랑Rena LeBlanc은《벼락부자Suddenly Rich》라는 책에서 갑작스럽게 큰 돈을 번 졸부들의 이야기를 들려준다. 여가시간을 무한정으로 갖게 되었다고 해도 모두 행복해지는 것은 아니다. 오랫동안 똑같은 일을 습관적으로 해오던 사람들은 갑작스럽게 일상의 규칙과 목적이 사라지면 어찌할 바를 모르는 혼란에 빠지고 만다. 거액의 로또에 당첨되어 일을 그만둔 뉴욕의 어느 트럭운전사는 이렇게 고백한다.

"다시 트럭운전을 하고 싶습니다. 나에게 가장 큰 상실은, 뭘 해야 하는지 나에게 지시하는 사람이 사라졌다는 것입니다."

은퇴를 하는 것은 은퇴를 할 수 없는 상황만큼이나 큰 문제를 야기한다. 한 취업정보회사의 조사에 따르면 조기퇴직을 신청한 사람들 중 50퍼센트 이상이 퇴직 후 3개월이 지났을 때 다시 회사로 복귀하고 싶다고 응답했다. 유쾌하고 느긋한 삶은 전혀 즐거운 것이 아니었다. 놀랍게도, 우리는 일하는 삶을 늘 불평하면서도 즐기고 있었던 것이다.

느긋한 삶을 즐기는 것도 능력

유쾌하고 느긋한 삶이 말처럼 쉬운 것은 아니다. 여가시간을 즐기지 못하는 사람들에게 유쾌하고 느긋한 삶은 오히려 불안과 초조함만 안겨준다. 여가활동을 효과적으로 활용하는 법을 알지 못하면 퇴직 후 삶은 유쾌하고 느긋하기는커녕 고통과 번민의 시간이 될 수 있다.

다음은 여가시간에 흔히 느끼는 감정이다.

- 지루하다.
- 멋지게 차려 입고도 갈 곳이 없다.
- 멋지게 차려 입고 갈 곳은 있는데, 같이 갈 사람이 없다.
- 함께 있는 시간이 늘어나면서 배우자와 자주 싸운다.
- 마땅히 할 일이 없다.
- 할 일은 많은데, 시간이 없다.
- 무슨 일을 해야 할지 막막하다.
- 취향은 고급스럽지만 지갑은 비어있다.

- 지갑은 두둑하지만 취향이 저렴하다.
- 느긋하게 즐기는 것에 대해 죄책감을 느낀다.
- 불법적이고 비도덕적이고 불건전한 것에서만 즐거움을 느낀다.

여가시간은 이처럼 지루한 저주가 될 수도 있지만 소중한 축복이 될 수 있다. 그 어느 때보다도 더 활기차고 여유롭고 만족스러운 시간을 즐길 수 있다. 새로운 모험을 할 수 있다. 자신의 삶에 자부심을 느낄 수 있다. 만족스러운 여가는 지구상의 모든 이들이 꿈꾸는 삶으로 우리를 인도해준다. 여가시간을 제대로 활용한다면 다음과 같은 혜택을 누릴 수 있다.

- 개인적인 성장
- 건강 증진
- 자존감과 자긍심의 상승
- 스트레스를 덜 받는 여유 있는 라이프스타일
- 새로운 도전에서 얻을 수 있는 만족감
- 흥분과 모험
- 균형잡힌 라이프스타일
- 더 나아진 가족관계
- 전반적인 삶의 질 향상

어떠한 일이든 성공과 실패는 종이 한 장 차이인 경우가 많다. 여가시간을 관리하는 일도 예외는 아니다. 그렇다면 여가시간을 보람차게 보내고 위의 혜택을 최대한 누리기 위해서는 어떻게 해야 할까?

여가생활을 즐기기 위한 필수품

여가시간을 관리하고 즐기는데 꼭 필요하다고 여겨지는 것을 체크해보자.

- 튼튼한 건강
- 붙임성 있는 성격
- 캠핑카
- 운동감각
- 뛰어난 신체적인 조건
- 해변의 별장
- 좋은 부모
- 활기찬 도시환경
- 다양한 경력을 가진 많은 친구들
- 여행을 좋아하는 취향
- 호감 가는 얼굴
- 풍부한 재력
- 따뜻한 기후
- 화목한 부부/연인관계

여러분이 체크한 것들이 정말 훌륭한 여가를 즐기는 데 꼭 필요한 것들인지, 세 명의 사례를 통해 확인해보자.

은퇴하면 뭐하지?

몇 년 전 테니스클럽에서 델튼이라는 사람을 만나 퇴직에 관해 이야기를 나눈 적이 있다. 당시 그는 67살이었으며, 재정적으로 안정적

진정으로 여가를 만끽하는 것은 영혼의 자산을 불리는 일.
—헨리 데이빗 소로우Henry David Thoreau

인 삶을 살았다. 테니스 실력도 뛰어나 30년이나 젊은 나도 이기기 힘들 정도였다. 델튼은 오랜 세월 한 회사에 몸담았고, 65살이 되어 정년퇴직을 했다. 더 일하고 싶었지만 회사규정상 어쩔 수 없었다.

은퇴를 하고 나서 델튼은 남아도는 시간에 무엇을 할지 갈피를 잡지 못했다. 그러던 중 은퇴한 지 2년만에 회사에서 파트타임 근무를 제안했고 그는 흔쾌히 받아들였다. 사실 테니스 채를 잡고 있을 때를 빼고 남는 시간은 그에게 그 자체로 곤혹이었다. 젊은 시절 직장생활을 할 때도 주말을 좋아하지 않았다고 한다. 믿기 어려운 일이지만, 쉬는 날이면 무엇을 하며 시간을 보낼지 늘 고민했다고 한다.

같은 테니스클럽의 회원이었던 리치도 여가시간을 보내는 데 어려움을 겪고 있었다. 델튼과 다른 점이라면, 그는 조기은퇴를 꿈꾸었다는 것이다. 빨리 은퇴하고 나서 태평양 연안의 따듯한 도시로 이사해 유쾌하고 느긋하게 여생을 보내는 것이 꿈이었다. 리치는 그 꿈을 불과 44살에 실현했다. 25년 동안 경찰생활을 한 덕분에 연금만으로도 충분히 여생을 보낼 수 있었다.

리치는 꿈꾸던 바닷가 도시로 이주해 유쾌하고 느긋하게 살았으나, 오래지 않아 그런 삶이 자신과 맞지 않다는 것을 깨달았다. 끝없이 남아도는 시간을 주체하기 힘들어 하던 그는 결국 사업을 시작했고, 결국 셔츠 한 장 살 수 없는 빈털터리가 되어버렸다. (그리 염려할 상황은 아니다. 캘리포니아에서는 셔츠를 입을 필요가 없다.)

그는 또 다시 이러저러한 일을 했고, 다시 경찰 일을 하기도 했다. 마지막으로 만났을 때에도 그는 자신의 남는 시간을 어떻게 써야 할지 여전히 갈피를 잡지 못하는 상황이었다. 정말 안타까운 상황이 아닐 수 없다. 그는 수많은 사람들이 부러워하는 조건을 갖추고 있음에도 제대로 즐기지 못했다.

새로운 라이프스타일

증시대폭락 이후 수많은 증권회사 직원들이 수난을 겪는다는 소식이 신문에 보도된 적이 있다. 증시호황으로 사치스러운 생활을 영위하던 증권회사 직원들이 갑작스럽게 불어 닥친 금융위기 속에서 심각한 혼란을 겪고 있다는 내용이었다. 2-5억 원 수준의 연봉을 받던 증권회사 간부들이 연봉 1억 원짜리 일자리도 구하기 어렵다고 한다. 물론 보통사람들 생각에 연봉 1억 원이면 충분히 먹고 사는 데 문제가 없을 것 같지만 고액연봉에 적응하여 생활수준이 지나치게 높아져버린 그들에게는 힘든 현실이다. (이 대목에서 눈시울이 붉어지는 분들도 있을 것이다.)

내 친구 데니도 금융위기가 시작되기 전까지 증권회사에 다녔다. 하지만 고위직은 아니었기에 연봉이 그리 높지 않았고, 돈도 거의 모으지 못한 상태였다. 그런 와중에 금융위기가 닥치는 바람에 여지없이 직장을 그만두어야 했다. 하지만 그는 곧바로 다른 일자리를 찾아 나서지 않았다. 인생을 느긋하게 즐기며 살 수 있을 만큼

사람들은 자신의 삶을 책임지기보다는 자신의 삶을
책임져 줄 누군가를 기다리는 데 더 많은 시간을 낭비한다.
–글로리아 스타이넘Gloria Steinem

돈이 많지도 않았는데, 1년 정도 쉬기로 결심하고 새로운 라이프스타일을 즐겼다.

실업자로 사는 동안 데니는 누구보다도 자신의 삶에 만족했다. 느긋했고 미소를 잃는 법이 없었다. 타고난 낙천적인 성격으로 어디를 가도 사람들의 환영을 받았다. 평균 이상의 연봉을 받는 좋은 직장에 다니는 사람들을 많이 알고 있지만 데니처럼 늘 행복한 사람은 보지 못했다.

1년 후 데니는 새로운 분야에서 일자리를 구해 다시 직장생활을 시작했다. 최근 만났을 때 그는 새로운 일이 재미있기는 하지만, 기회가 온다면 또 1~2년 정도 쉬면서 인생을 즐기고 싶다고 말했다. 델튼과 리치와는 달리 데니는 퇴직하고 난 뒤에도 직장을 다닐 때만큼 만족스럽고 즐겁게 살 것이 분명하다.

내 손 안에 있는 에이스 카드

다시 [퀴즈 1]로 돌아가서 느긋하고 유쾌한 삶의 필수요소가 무엇인지 살펴보자. 가진 것이라고는 시간 밖에 없던 데니는 만족스러운 여가를 보낸 반면, 경제적으로 풍족했던 델튼과 리치는 은퇴 후 삶이 그토록 지겨웠던 이유는 무엇일까?

[퀴즈 1]에서 제시한 항목 중에 몇 개나 선택했는가? 하나라도 선택했다면 여가에 대한 잘못된 인식에 사로잡혀 있을 확률이 높다.

여기 제시된 항목은 그 어느 것도 느긋하고 유쾌한 삶의 필수조건
이 아니다. 어느 정도는 도움이 될 수는 있겠지만, 반드시 필요한 것
은 하나도 없다.

경제적 자원은 그래도 필요하다고 고집하는 하는 사람이 있을
것이다. 하지만 델튼과 리치는 데니보다 경제적으로 여유가 있었다.
경제적 자원이 본질적인 조건이라면 델튼과 리치는 행복하고, 갑자
기 실업자가 된 데니는 불행했어야 한다. 하지만 결과는 정반대였다.
(돈에 대해서는 11장에서 자세히 이야기할 것이다.)

건강이 중요하다고 생각하는 사람도 있을 것이다. 건강은 분명
중요한 자산이다. 하지만 건강에 문제가 있다고 해서 여유로운 삶을
즐길 수 없는 것은 아니다.

꼭 필요한 것은 무엇일까? 느긋하고 유쾌한 삶은 사실 마음가짐
에 달려있다고 할 수 있다. 데니가 가지고 있던 것은 바로 건강한 마
음가짐이었다. 행복한 삶을 즐기는 데 필요한 유일한 조건이다.

건강한 마음가짐을 가지고 있다면 여유롭고 충만한 삶을 살아
갈 수 있다. 내 책을 읽고 영국에 사는 독자가 보내온 편지다.

어니씨에게

올 여름 아내와 함께 휴가를 즐기기 위해 밴쿠버에 가는 비행기를
탔는데, 옆 자리에 앉은 여자분이 이 책을 추천해 주더군요.
여행을 마치고 집에 돌아와 책을 사서 읽어보았습니다. (진정한 여
행자라면 여행하는 동안 책을 읽을 시간이 없지요). 저는 지금 54살인데

15살부터 일을 했습니다. 처음에는 용접을 배워 배에서 엔지니어로 일했고, 20살에 경찰이 되어 34년 동안 일을 했습니다. 그리고 작년 11월에 퇴직을 했죠.

선생의 책에는 유용한 조언들이 참 많더군요. 몇 가지는 지금도 잘 지키고 있습니다. 일을 하는 동안에도 다양한 관심거리를 찾아 즐기는 것이 중요하더군요. 퇴직을 하고 나서 한 동안 뭘 할지 몰라 방황하기도 했지만 지금은 다양한 곳에 관심을 갖게 되었습니다. 등산, 자전거 타기, 옛 자동차 복원, 모형조립, 그림 그리기, DIY공예 등 시간 가는 줄 모를 정도로 즐거운 시간을 보내고 있습니다. 선생의 말처럼 퇴직 후 삶을 살아 가는 데에는 긍정적인 태도가 가장 중요한 것 같군요.

책에 나처럼 경찰생활을 한 리치씨 이야기가 나오더군요. 남들이 부러워할 만한 상황에서 은퇴를 했음에도 그다지 행복한 시간을 보내지 못했던 그 양반 말입니다. 그 친구도 선생의 책을 읽고 뭐든 할 수 있다는 긍정적인 마음을 가졌으면 좋겠네요.

저는 벌써 내년이 기대됩니다. 여러 사람들과 함께 장애인용 목재 선박을 만들기로 했거든요. 언젠가 또 한 번 캐나다를 방문하고 싶군요. 좋은 책을 써주셔서 감사합니다.

행복한 삶을 위하여.

-딕 필립스

필립스 역시 데니와 마찬가지로 일하지 않는 것을 긍정적으로

바라본다는 것을 알 수 있다. 그렇지 않으면 삶의 다양한 측면을 즐기기 어렵다. 나이, 성별, 직업, 소득은 중요하지 않다. 내가 이렇게 말할 수 있는 것은, 일을 하지 않을 때나 일을 할 때나 늘 행복했기 때문이다. 내가 할 수 있었던 일이라면 여러분도 할 수 있다.

나는 성인이 된 후 지금까지 절반이 넘는 시간 동안 직업을 갖지 않고 살았다. 이런 생활 덕분에 일하지 않고도 잘 살기 위해선 무엇이 필요한지 통찰할 수 있게 되었다. 나는 특별한 능력이나 재능을 가진 사람이 아니다. 데니처럼 행복한 여가를 즐기는 사람들 역시 능력이나 재능이나 지능 면에서 특별하지 않다.

결론적으로 말해서, 여유롭게 사는 데에는 어떤 조건도 필요하지 않다. 누구나 여유롭게 살아갈 수 있는 능력이 있다. 중요한 것은 그런 능력과 기술을 발견하고 활용하는 것이다.

그런 재능과 복을 타고 나지 못했다고 신세한탄을 할 필요는 없다. 선천적인 재능보다 후천적인 노력이 중요하기 때문이다. 에이스를 3장이나 갖고도 제대로 활용하지 못하는 사람이 많다.

먹고 살기 위해 인생에서 가장 소중한 시기를 날려버리는
것만큼 얼빠진 인간은 없을 것이다.
–헨리 데이빗 소로우Henry David Thoreau

한국인의 여가시간

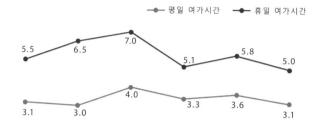

한국인이 사용하는 여가비용

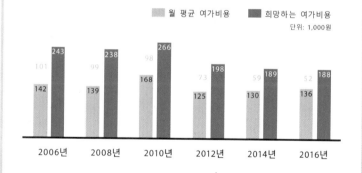

출처: 문화체육관광부 '2016 국민여가활동조사'

변하지 않는 것은 바보와 죽은 사람뿐이다

사람들은 사물을 있는 그대로 보고
'왜 그럴까?'라고 묻는다.
나는 사물을 있지 않은 대로 보고
'왜 그렇지 않을까?'라고 묻는다.

−조지 버나드 쇼 George Bernard Shaw

변화하고자 하는 마음가짐

같은 상황이라도 어떻게 해석하고 대응하느냐에 따라 삶의 질이 달라진다. 예컨대 회사를 그만두어야 하는 상황에 처했다고 해보자. 그런 상황을 절망적으로 받아들이는 사람도 있을 것이고, 오히려 잘된 일이라고 생각하는 사람도 있을 것이다. 상황을 바꾸는 능력은 생각이 얼마나 유연한가에 따라 달라진다. 중요한 것은 기존의 믿음과 가치에 기꺼이 이의를 제기하고자 하는 의지다.

불행히도 많은 사람들이 자신의 생각이나 사고방식을 의심하지 않는다. 사고방식을 바꾸려면 나의 생각에 이의를 제기함으로써 참신한 시각과 새로운 가치관을 끌어들여야 한다. 예컨대 일에 관한 기존의 사고방식에 이의를 제기할 수 있다면, 여가에 대한 태도도 건강하게 바꿀 수 있다.

익숙한 사고방식을 의심하지 않고 안주하면 두 가지 위험에 빠질 수 있다.

- 편협한 사고에 갇혀서 유용한 해결방안이나 대안책을 눈 앞에 두고도 보지 못한다.
- 대중의 가치관은 시대의 흐름과 함께 달라진다. 더 이상 적절하지 않은 과거의 가치관에 매달릴 수 있다.

내 안에 잠자는 창조성을 깨워라

화이트보드에 검은 점을 그려놓고 어른들에게 무엇처럼 보이는지 질문해 보라. 대부분 그냥 까만 점이라고 대답할 것이다. 초등학생들에게 물어 보라. 아이들은 기상천외한 답변을 쏟아낼 것이다.

- 둥근 창으로 보이는 어둠
- 공처럼 몸을 동그랗게 말고 있는 흑곰
- 자동차의 검은색 휠 캡
- 말의 눈동자
- 검은 구슬
- 더러운 동전
- 초콜릿쿠키

자신의 생각을 바꿔야 하는 상황에 직면했을 때 사람들은 대부분
생각을 바꾸기보다는 자신의 생각을 뒷받침하는 증거를 찾아 나선다.
—존 케네스 갈브레이스John Kenneth Galbraith

• 파이프의 검은 구멍

사람은 누구나 풍부한 상상력과 창조성을 가지고 태어난다. 어린아이들에게는 다양한 관점에서 사물을 바라보는 융통성이 그대로 남아있다. 주변의 모든 것들에 호기심을 느끼며 어른들보다 다채롭고 흥미로운 경험을 한다.

하지만 어느 순간 그러한 능력은 서서히 사라지기 시작한다. 부모와 학교와 사회가 아이들의 행동과 사고방식을 가르치기 때문이다. 사회에 적응하려면 질문하는 것도 그만둬야 하고, 주변을 관찰하는 습관도 버려야 한다. 사고의 유연성도 줄어든다. 검은 점은 그냥 검은 점일 뿐이다.

어른이 되면 사회가 만들어 놓은 틀에 맞게 자신의 생각을 규격화한다. 규격화된 사고는 사고과정을 단축시켜 편리하기는 하지만 어린 시절 넘치던 창조성을 억누른다. 문제는, 창조성이 계속 잠을 자면 삶의 기쁨도 사라진다는 것이다.

창조성 전문가들에 따르면 창조적인 사람과 창조적이지 않은 사람의 결정적 차이는, 스스로 창조적이라고 인식하느냐 창조적이지 못하다고 인식하느냐 하는 것이라고 한다. 쉽게 말해서 창조적인 사람은 자신의 타고난 능력을 인지하고 그것을 자신에게 유리하도록 사용하는 사람이다.

창조성과 민첩성은 오늘날 빠르게 변하는 세계에 적응하기 위한 필수적인 자질이다. 잘못된 세계관에 빠지지 않으려면 지속적으로 자신의 가치관과 신념을 점검해야 한다. 기본적인 신념과 가치관을 비판적으로 검토하는 습관을 갖지 못하면 현실감각을 잃을 수 있다. 현실감각이 흔들리면 좌절감을 자주 느낄 수 있으며 더 나아가 우울증 같은 정신적인 질환을 앓게 될 수도 있다.

자신이 성공하지 못하고 행복하지 못한 이유가 잘못된 태도나 가치관 때문이라는 지적을 달가워할 사람은 별로 없을 것이다. 이런 사람들의 가장 큰 두려움은 자신의 실패를 변명할 구실이 사라지는 것이다. 자신의 가치관에 문제가 있을 수 있다는 것을 인정하지 않고 변화를 거부하는 사람은 만족스러운 삶을 즐기기 힘들다.

흔히 배움에는 나이가 없다고 한다. 하지만 이것도 배우고자 하는 의지가 있어야만 가능한 일이다. 새로운 학습을 가로막는 유일한 장애는 바로 우리 자신이다. 젊을 때 굳어진 사고방식을 나이 들고 나서 바꾸기 힘들다고 사람들은 늘 변명한다. 하지만 상상력이 풍부한 개방적인 사람들에게 나이는 전혀 문제가 되지 않는다. 나이와 상관없이 자연스럽게 새로운 가치관과 행동양식을 받아들인다.

장님나라에서는 애꾸눈이 왕

큰 성공을 거둔 사업가가 있었다. 돈은 남부럽지 않게 벌었지만 전혀 행복하지 않았다. 오랜 고민 끝에 은퇴를 하고 이제 느긋한 삶을 즐기기로 결심했다. 하지만 은퇴한 뒤에도 여전히 행복하지 않았다.

학습은 이미 알고 있는 것을 발견하는 것이고,
실천은 알고 있다는 것을 보여주는 것이다.
—리처드 바크Richard Bach

공허함을 견디다 못한 그는 행복한 인생을 사는 비법을 알고 있다는 도사 이야기를 듣고는 직접 찾아 나섰다. 20개월을 헤맨 끝에 이름 모를 산 꼭대기에서 도사를 만났다.

도사는 행복하고 보람된 인생을 사는 비법을 알려줄 수 있다는 것에 기뻐하며 그 자리에서 세 가지 비밀을 가르쳐주었다. 온갖 고생 끝에 도사를 만난 사업가는 세 가지 비밀을 듣고는 놀라고 말았다.

세 가지 비밀을 무엇이었을까?

1. 관심을 기울여라.
2. 관심을 기울여라.
3. 관심을 기울여라.

세상을 즐기며 살고 싶다면 더 많은 것을 보고 느낄 수 있어야 한다. "장님 나라에서는 애꾸눈이 왕"이라는 말이 있다. 눈을 크게 떠야 남들이 보지 못하는 세상을 볼 수 있다.

더 나은 삶으로 나아가기 위한 첫 단계는 자각이다. 어떤 습관이 내면 깊이 뿌리 박혀있을 때, 그 습관을 바꾸거나 없애려면 먼저 그런 습관이 존재한다는 것을 자각할 수 있어야 한다. 다른 사람이 그런 습관을 지적해 줄 수도 있고, 때로는 남의 행동에서 자신의 습관을 발견할 수도 있다. 친구나 스승, 강연, 책 등 다양한 계기로 자신의 문제를 깨달을 수 있고, 더 나아가 해결의 실마리를 찾을 수 있다.

아래는 빅토리아대학 교육학부 교수가 보내온 편지다.

젤린스키씨에게,

《일하지 않아도 좋아》를 재미있게 읽었습니다. 나 스스로 좀 따분한 사람이라고 생각하는데, 이제는 뭔가 달라져야겠다는 생각이 드는군요.

―존

이 책 초판이 출간되고 난 뒤 받은 수백 통의 편지 중에서, 존의 편지는 가장 짧았음에도 강렬한 느낌을 주었다. 우선 그는 자신의 삶이 따분하다는 것을 자각했다. 더 나아가 그러한 지루함에서 자신을 구해줄 사람은 바로 자기 자신밖에 없다는 사실을 깨달았다. 눈을 부릅뜨고 자신의 삶을 신나게 만들어줄 일을 찾아 나선다면, 따분함을 극복하는 것은 전혀 어렵지 않을 것이다.

일하지 않는 시간을 제대로 보내고 싶거나 일과 개인의 삶을 균형 있게 유지하고 싶다면 그 해결책을 찾는 것은 어렵지 않다. 그 열쇠는 주변에서 벌어지는 일에 관심을 기울이는 것이다. 아무리 중요한 문제라도 5분만 고민하면 풀 수 있다. 하지만 사람들은 30초 생각하고 포기한다. 남들보다 4분 30초만 더 집중하면 된다. 어렵지 않다. 문제가 닥치면 5분만 집중하는 습관을 기르자. 생각지 못한 기회를 떠올릴 수 있다.

사람들은 대개 1년에 한두 번 생각한다. 내가 세계적으로
유명한 인물이 된 것은 일주일에 한두 번 생각했기 때문이다.
―조지 버나드 쇼George Bernard Shaw

보이는 만큼 얻는다

우리는 세상 일에 얼마나 관심을 기울이며 살고 있는가? 우리의 감각은 머릿속 판단에 영향을 받기 때문에, 눈 앞에 있는 것도 보지 못하고 사는 경우가 많다.

다음 문제는 얼마나 눈 앞에 있는 것을 자각할 수 있는지 알아보기 위한 것이다. 얼마나 집중을 하느냐에 따라서 보일 수도 있고 안 보일 수도 있다. 몇 분 정도 시간을 들여 문제를 풀어보자.

인지능력 알아보기

아래 그림 1과 2를 유심히 보고 다음 문제로 넘어 가라.

그림 1

손 안에
든 새 한
한 마리가

덤불 속 새
두 마리보다
낫다.

그림 2

CHAPTER 02_ 변하지 않는 것은 바보와 죽은 사람뿐이다

삼각형 찾기

오른쪽 그림은 보는 관점에 따라 다르게 보인다.
삼각형이 몇 개나 보이는지 세어보라.

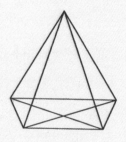

정신병자가 설계한 자전거

나는 대학에서 전자공학을 전공했지만 뭔가 쓸만한 물건을 만들어본 것은 불과 얼마
전 일이다. 이 설계도는 사람들이 여가를 즐길 수 있도록 도와주기 위해 설계한 2인용
자전거다. 이 자전거의 장점을 분석해보라.

[퀴즈 2]의 그림 1을 주의 깊게 관찰했다면 다음과 같은 문장을 읽
었을 것이다.

손 안에 든 새 한 한 마리가 덤불 속 새 두 마리보다 낫다.

여기서 '한'이 두 번 반복되어 있다는 것을 인식하지 못했다면 눈 앞에 있는 것을 제대로 보지 못한 것이다. 이런 사람은 문제가 발생했을 때 눈 앞에 닥친 임무를 수행하느라 무수한 기회를 놓칠 수 있으니 각별히 주의해야 한다.

[그림2]에서는 삼각형 두 개가 눈에 띄었을 것이다. 하지만 자세히 보면, 하나는 실제로 존재하는 것이고 다른 하나는 실재하는 것이 아니다. 상상 속에서 그려낸 삼각형은 심지어 주변보다 더 하얗게 보일 수도 있다. 있지도 않은 삼각형을 보고 더 밝다고 생각하듯이 실제 존재하지도 않는 장애물로 자신을 억압할 수 있다. 걱정을 사서 하는 것은 문제해결에 전혀 도움이 되지 않는다.

[퀴즈 3]에서 사람들이 찾아내는 삼각형은 대개 25개가 되지 않는다. 사실 이 그림 속에는 삼각형이 35개나 있다. 시간을 좀더 들여 고민한다면 여러분도 충분히 찾아낼 수 있을 것이다. 여기서 말하고자 하는 것은 일을 하든 놀든 해결책을 최대한 많이 찾아내고 거기서 더 흥미롭고 효과적인 해결책을 골라야 눈 앞에 놓인 기회를 놓치지 않는다는 것이다.

[퀴즈 4]의 자전거 그림에서는 어떤 장점을 떠올렸는가? 많은 사람들이 이 그림을 보고 부정적인 측면만 떠올린다. 부정적인 생각만 한다면 이 자전거의 진면목을 발견하지 못할 것이다. 긍정적인 면과 부정적인 면을 모두 고려하지 않는다면 이 자전거 디자인을 제대로 관찰 할 수 없다. 부정적인 판단을 내리고 성급하게 넘어가버린다면 새로운 아이디어가 필요한 순간에도 신중하지 못할 확률이 높다.

이 자전거에서 찾아낼 수 있는 긍정적인 특징은 많다. 뒤쪽의 바퀴는 앞바퀴가 펑크났을 때 스페어타이어로 활용할 수 있다. 뒷바퀴가 두 개이기 때문에 승차감이 더 좋을 수 있다. 무거운 짐을 실을 때 두 바퀴 자전거보다 훨씬 유용할 것이다. 체중이 많이 나가는 사람이 타기에도 좋다. 새롭고 파격적인 디자인으로 자신만의 개성을 드러내고자 하는 사람에게 인기가 있을 수 있다.

우리 삶에서 자각은 모든 문제의 열쇠다. 본 만큼 얻는 것이다. 몇 가지 [퀴즈]를 풀면서 자신의 집중력이 어느 정도인지 측정해 보았을 것이다. 보아야 할 것을 보지 못했다면, 지금부터라도 집중력을 높이기 위해 노력하라.

위험한 신념

에이브러햄 링컨은 변호사로 일하던 젊은 시절, 어느 날 비슷한 사건 두 개를 동시에 변호하게 되었다. 우연히도 두 사건 모두 판사도 같았고, 적용해야 할 법조항도 모두 동일했다. 오전에 열린 재판에서 링컨은 피고인을 변호했다. 설득력 있는 주장으로 간단하게 재판에서 이겼다.

두 번째 재판은 그날 오후 열렸는데, 문제는 이 재판에서는 원고를 변호해야 한다는 것이었다. 링컨은 피고를 변호할 때와 마찬가지로 열의를 다해 원고를 옹호했다. 관점이 달라졌을 뿐이었다. 신기한

무지는 늘 시대의 흐름을 관통한다.
어제의 유행도, 오늘의 열광도, 내일의 트렌드도 무지에서 나온다.
—프랑크 데인Frank Dane

듯 쳐다보던 판사가 링컨에게 왜 오전과 생각이 달라졌느냐고 물었다. 링컨은 이렇게 대답했다.

"존경하는 재판장님, 오전엔 제 판단이 틀렸을 수도 있습니다. 확실한 건 지금 제 판단이 옳다는 것입니다."

이 이야기에서 말하고자 하는 것은 신념에 얽매이지 말라는 것이다. 바보와 죽은 사람만이 변하지 않는다. 경직된 사고는 다양한 각도에서 사물을 바라볼 수 있는 능력을 가로막는다. 오늘날 세계는 유례없이 빠르게 변하고 있다. 이렇게 급변하는 현실에 발 맞추려면 자신의 견해, 신념, 가치관이 돌처럼 굳어있는 것은 아닌지 자주 점검해보아야 한다.

우리가 겪는 문제들은 대부분 신념체계에서 시작된다. 거대한 거짓말은 더욱 그렇다. 신기한 사실은, 더 이상 가치 없는 낡은 믿음체계와 유용하게 사용할 수 있는 새로운 믿음체계 중에서 하나를 고르라고 하면 많은 사람들이 낡은 것을 선택한다는 것이다. 예컨대 아직도 고된 노동만이 성공과 행복으로 가는 길이라고 믿는 사람이 많다. 이런 믿음은 이제 버려야 한다.

노동에 대한 기존의 가치관과 신념에서 벗어날 수 있다면 인생은 완전히 달라질 것이다. 치열하고 무의미한 경쟁 대신 여가시간에 집중한다면 훨씬 여유로운 삶을 즐길 수 있다. 극적인 변화를 꿈꾼다면 내 안에 숨 쉬는 창조성을 믿고, 안정적인 직업과 정기적으로 들어오는 월급을 포기할 수 있는 용기가 필요하다.

극적인 변화를 선택한 사람들조차 자신의 신념과 가치관이 인생을 마음껏 즐기는 것을 방해한다는 느낌을 받을 때가 많다. 밴쿠버에 사는 한 독자 역시 내 책을 읽고 새로운 삶을 꿈꾸며 직장을 그만두었다. 그녀는 편지에서 자신이 내린 결정에 대해 이렇게 말한다.

젤린스키씨에게,

《일하지 않아도 좋아》를 이제 막 다 읽었습니다. 저는 지난 12년간 음악학교 교사로 일을 했습니다. 쉬는 날도 없이, 하루에 짧게는 6시간, 길게는 12시간씩 일주일 내내 쉬는 날 없이 일했어요. 학비를 벌기 위해 시작한 일이었지만, 졸업한 지 5년이 지난 지금까지 습관적으로 같은 일을 이어오고 있었군요.

일이 내 삶의 주인이 되어버렸다는 생각에, 두 달 전 큰 마음을 먹고 그만두었습니다. (그래도 전 여전히 20대랍니다^^). 제 선택에 무척 만족하고 있지만, 일을 하지 않는 상황이 아직은 낯설기만 합니다. 친구들과 동료들은 제정신이 아니라고 말하지만, 저는 이제 좀 더 여유롭게 살고 싶습니다.

선생님의 책을 읽고 나의 결정이 옳았다는 것을 더욱 확신하게 되었습니다. 저는 지금 일하지 않는다는 사실이 자랑스럽기까지 합니다. 감사합니다.

−리타 드림

편지를 받고 6개월 정도 지난 뒤 리타와 이야기할 수 있는 기회가 있었다. 그때 리타는 다시 일을 시작한 상태였다. 하지만 일하는

우리는 언제든 살아갈 준비는 되어있지만,
진짜 삶을 즐길 준비는 되어 있지 않다.
−랄프 왈도 에머슨Ralph Waldo Emerson

시간은 줄었고, 일을 더 즐길 수 있었으며, 능률은 더 높아졌다고 했다. 몇 개월 쉬는 시간이 그녀에게 상당히 좋은 영향을 미쳤다는 것을 느낄 수 있었다. 오랜 시간 고된 노동을 하며 체득한, 일에 대한 관점을 바꿈으로써 그녀의 삶은 훨씬 밝아졌다. 무엇보다도 일을 줄임으로써 행복과 보람, 자아실현에 더 가까이 다가설 수 있다는 것을 깨달았다.

리타의 사례에서 볼 수 있듯이 기존의 가치관을 의심하고 점검하는 것은 중요하다. 특히 가장 중요하다고 생각하는 가치관일수록 의심해야 한다. 불편하고 어려울 수도 있지만 가장 소중하다고 여겨지는 신념이 가장 위험한 신념일 수 있다. 몇몇 과도한 신념은 심지어 우리의 육체적, 심리적, 정신적인 평안을 해치기도 한다.

인간으로서 우리는 누구나 사상체계, 관점, 가치관을 필요로 한다. 우리는 그러한 신념이 잘못된 것은 아닌지 수시로 점검해야 한다. 특히 그러한 신념이 철칙처럼 자리잡으려고 할 때 더욱 의심해야 한다. 사람들의 신념, 특히 행복이나 만족이나 보람과 관련된 가치관은 대부분 잘못된 전제나 근거 없는 사회통념이나 허황된 광고에 의해 왜곡되어 있는 경우가 많다.

CHAPTER 03

노동윤리의
노예가
되지 마라

어른들은 혼자서는 아무것도 이해하지 못해.
귀찮은 일이긴 하지만 어른들을 위해서
아이들이 하나하나 설명을 해줘야 하지.
지금껏 늘 그래왔듯이 앞으로도 계속 그럴 거야.

―생텍쥐페리 [어린 왕자] 중에서

무엇 때문에 우리는 일을 하는가?

삶의 질을 개선하고 싶다면 우선 노동에 대해 어떻게 생각하는지 검토해봐야 한다. 대부분 노동은 과대평가하는 반면, 여가는 과소평가한다. 이는 종교, 교육, 사회, 기업, 광고에 오랜 시간 세뇌되어 온 결과다.

　17세기 프랑스의 작가 로슈푸코Frnaçois Duc de La Rochfoucauld는 "가장 위대한 재능은 사물의 가치를 정확하게 평가하는 힘"이라고 말했다. 노동에 대한 기존의 낡은 관념을 떨쳐내야 자신의 잠재성을 제대로 평가할 수 있다. 무엇보다도 사회가 규정하고 강요하는 노동관을 거부할 때 풍요롭고 행복한 삶을 준비할 수 있다.

노동을 바라보는 태도

2장에서 언급했듯이 여가를 즐기는 능력은 열린 마음가짐과 밀접하게 관련되어 있다. 나는 노동에 대해 어떤 가치관과 태도를 가지고 있을까? 아래의 질문에 답해 보자.

• 고된 노동이 성공의 열쇠라고 생각하는가? 그 이유는 무엇인가?
• 사회통념상, 18세에서 65세까지 노동가능 인구는 일주일에 50시간 이상 일을 하는 것이 바람직하다고 여겨진다. 이것은 생산적인 것일까?
• 일하지 않고 구걸하는 사람은 우리 사회의 암적 존재일까?

물론 이 질문에는 정답이 없다. 하지만 하루 종일 열심히 일해야만 성공할 수 있다고 생각한다면, 잘못된 판단일 수 있다. 3장에서는 기존의 노동과 여가에 대한 관념과 가치관에 이의를 제기하고 새로운 삶의 방향을 모색해보고자 한다.

세상의 부자들은 돈을 버는 것도 좋아하지만 동시에 일과 삶의 균형을 맞추기 위해 노력한다. 나 역시 일하는 것보다 즐겁게 사는 쪽에 무게를 둔다. 지금까지 즐거움을 우선적으로 추구해왔기 때문에 일과 놀이의 경계가 남들만큼 분명하지는 않다. 하루 평균 4-5시간 일을 한다. 하지만 그 이상 일을 하는 것은 상상할 수 없다.

좋아서 하는 일이라면 여가시간을 따로 낼 필요가 없지 않느냐고 말하는 사람도 있을 것이다. 하지만 내 생각은 다르다. 세상에는 내가 지금 하고 있는 일 말고도 재미있는 놀 거리, 모험거리, 배울 거리가 너무나 많기 때문이다. 일만 하고 산다면 일 대신 경험할 수 있는 수많은 인생의 가치를 놓칠 수밖에 없다. 하물며 좋아서 하는 일이 아니라 경제적인 이유 때문에 (돈을 벌기 위해) 하는 일이라면, 일과 여가의 균형을 맞추는 것은 더욱 중요하다.

일에 빠져 사는 사람들은 일주일에 50-60시간은 일해야 노년을 대비할 수 있다고 믿지만 꼭 그렇지는 않다. 일중독자들은 20-30년 후 미래를 위해 지금의 행복을 희생한다고 말하지만, 이러한 라이프스타일의 가장 큰 위험은 과도한 노동으로 은퇴하기도 전에 심장마비나 교통사고로 죽을 수 있다는 것이다.

프로테스탄트 노동윤리는 누구를 위한 것인가?

사람들은 오늘날 노동윤리가 전통적인 가치라고 믿지만, 전혀 그렇지 않다. 지금처럼 노동이 그렇게 높은 평가를 받은 적은 역사상 한 번도 없었다. 우리 선조들은 프로테스탄트 노동윤리를 근본적으로 거부했다.

실제로 고대의 유명한 그리스 철학자들은 노동을 천한 것이라고 생각했다. 노동, 더 나아가 노동을 위한 노동은 인간의 존엄성을 해치는 것이었으며, 따라서 노예나 하는 것이라고 생각했다. 소크라테스는 육체노동을 하면 우정을 쌓고 공동체에 이바지할 여유가 없기 때문에 그런 사람은 시민으로서 자격이 없고 친구로서 적절하지 않다고 여겼다. 그리스와 로마인들은 몸으로 하는 일, 남의 명령을 따르는 일, 돈을 받고 하는 일은 하층민이나 노예들이 하는 것이라 여겼다.

플라톤과 아리스토텔레스는 평생 일하지 않고 살 수 있는 사람을 최고의 부자라고 생각했다. 여가 자체가 인생의 목표였으며, 그러한 여유시간에 생각하고 배우고 자기계발하는 것을 꿈꾸었다. 노동을 통해 부와 권력, 명성을 얻는 것은 상놈들이나 하는 비천한 짓으로 인간다운 삶을 저해한다고 생각했다. 플라톤과 아리스토텔레스는 기본적인 욕구를 충족하고 나서도 계속 일하는 삶을 비난했다. 지속적인 노동을 통해 사치와 권력을 추구하는 것은 자유에 대한 두려움을 은폐하기 위한 것이라고 주장한다.

플라톤이나 아리스토텔레스는 여가를 게으름이나 나태함과 연관짓지 않았다. 그들은 여가를 노동보다 훨씬 고차원적인 것으로 생각했다. 플라톤은 여가를 이렇게 정의했다.

"수동적인 것이 아닌 활동, 정적인 명상과 달리 몸과 마음이 적극적으로 움직이는 상태"

다시 말해, 여가는 수동적인 노동에서는 경험할 수 없는 새롭고 신나고 만족스럽고 보람을 느낄 수 있는 방식으로 몸과 마음과 정신을 활용하는 기회를 의미했다.

오늘날 많은 사람들이 장시간 고된 노동이 인간의 본능에서 나오는 것이라고 생각한다. 하지만 이러한 믿음은 진실과 거리가 멀다. 중세 유럽의 농노들도 가난하고 억압을 받았지만, 지금처럼 오랜 시간 노동하지는 않았다. 중세에는 축제가 많았는데, 그다지 유명하

매일 8시간씩 열심히 일하면 사장이 된다.
사장이 되면 매일 12시간씩 일해야 한다.
—로버트 프로스트Robert Frost

지도 않는 성인들의 기념일까지도 축일로 지정해 일하는 날은 계속 줄어들었다. 어느 시점에는 1년 평균 축일이 115일에 달했다고 한다. 이틀 일하고 하루 쉰 것이다. 하지만 프로테스탄트의 노동윤리가 이러한 전통을 모두 망쳐놓았다.

지금은 원시공동체가 별로 남아 있지 않지만, 원시공동체도 산업사회보다 훨씬 적게 일한다. 하와이 샌드위치 섬에 사는 사람들은 하루에 겨우 4시간 일한다. 오스트레일리아의 원주민들도 필요한 만큼만 노동한다. 소위 선진국에서 살아가는 사람들에게는 놀라운 일일 수 있겠지만, 이들은 그 누구보다 행복하고 만족스러운 삶을 영위하며, 많은 것을 가지려고 욕심내지 않는다.

노동시간이 지금처럼 늘어난 것은 산업혁명과 더불어 생겨난 잘못된 관습이다. 산업혁명기 급격하게 늘어난 정규 노동시간은 점점 줄어 1850년에는 일주일에 60시간이 되었고 1950년에는 40시간이 되었다. 하지만 노동시간은 40시간에서 더 이상 줄어들지 않고 계속 주춤하고 있는 상태이며, 직종에 따라서는 오히려 늘어나기도 했다.

노동과 여가의 역할이 바뀌면서, 노동은 조직을 구성하는 유일한 원칙이 되었다. 현대사회에서 여가는 열등한 지위로 전락했다. 사람들은 여가를 게으름이나 시간낭비와 동일시한다. 일하지 않는 사람들은 자존감이 추락하고, 더 나아가 자기를 비하하기도 한다. 실제로 직장을 잃거나 일하지 않는 사람들이 술이나 도박이나 불륜과 같은 유혹에 빠질 확률이 더 높다.

더 기이한 상황은, 노동이 가치 있는 것으로 둔갑하여 오늘날 많은 사람들이 하루종일 일하는 것을 자랑으로 여긴다. 심지어 단순하고 따분한 일을 하는 사람도, 때로는 시간외 수당도 받지 못하고 일하는 사람도 자기가 일을 많이 하는 것을 자랑스럽게 여긴다. 자신보다 회사를 먼저 생각하며, 노예의 특권을 누리는 대가로 자기실현의 기회를 희생하는 순교자가 되고 싶어한다.

노동윤리에 감화된 사람들은 자신의 노동시간을 실제보다 부풀려 이야기한다. 최근 발표된 연구논문에 따르면, 사람들의 실제 노동시간은 자신들이 추정하는 것보다 훨씬 적다고 한다. 시간기록기에 기록된 노동시간과 노동자들이 추정한 노동시간을 비교해 본 결과, 추정한 노동시간과 실제 노동시간 사이에 큰 차이가 있었다. 의심할 여지없이 일중독자의 경우는 그 정도가 더욱 심했다. 일중독자들은 일주일에 75시간을 일한다고 말했지만 시간기록을 보면 실제 노동시간은 50-60시간에 불과한 것으로 나타났다.

고대 그리스처럼 오늘날에도 의미 있고 여유로운 삶은 고된 노동이나 물질적인 부의 축적만으로 얻을 수 있는 것이 아니다. 몸과 마음, 정신을 계발하는 여가활동이 뒷받침되어야 한다. 지금은 누구나 스스로 원하기만 한다면 물질적 삶과 비물질적 삶이 통합된 삶을 추구할 수 있다. 하지만 안타까운 것은 그러한 통합된 삶을 살고자 노력하는 사람이 많지 않다는 사실이다.

고대 그리스의 철학자들도 오늘날 여가를 건설적으로 활용하는 법을 모르는 현실을 보면 비통해할 것이다. 소크라테스, 아리스토텔레스, 플라톤이 경제적으로 부족함이 없음에도 하루 종일 일하는 사람들을 본다면 정신적으로 이상이 있거나 피학적 쾌감을 즐기는 사람들 아닌가 의심할 것이다. 나 역시 그들의 생각에 전적으로 동의한다.

일중독에서 얻는 기쁨?

먹고 살기 위해서 즐겁지 않은 일을 하는 것은 어쩔 수 없다고 치더라도, 경제적으로 부족하지 않고 굳이 일할 필요도 없는데도 즐겁지 않은 일을 계속하는 것은 어떻게 설명해야 할까? 그런 사람들이 계속 일을 하는 이유는, 노는 것은 도덕적이지 않다고 생각하기 때문이다.

노동을 미덕이라고 여기는 신념은 실제로 상당한 폐해를 낳는다. 노동은 먹고 살기 위해서는 필요한 것이지만, 개인의 행복에는 별다른 기여를 하지 못한다.

그렇다고 해서 어떤 희생을 감수하고서라도 일을 하지 말라는 것은 아니다. 나를 노동기피증 환자라고 생각하는 사람도 있겠지만 나도 일을 한다. 물론 내가 하고 싶은 일을 할 뿐이다. 그리고 그런 일에서 상당한 만족과 보람을 느낀다. 이 책을 쓰는 것 역시 내가 선택한 일이다.

내가 말하고 싶은 핵심은, 노동을 위한 노동은 우리 행복과 즐거움을 해친다는 것이다. 물론 이건 내가 처음 한 말이 아니다. 버트란드 러셀은, 일과 여가에 대한 현대인들의 태도는 구시대적일 뿐만 아니라 사회를 불행하게 만든다고 비판했다. 그는 《게으름에 대한 찬양》에서 이렇게 말했다.

"노동의 윤리는 노예의 윤리다. 현대사회에서 노예는 필요하지 않다."

러셀이 나를 따라 한 것이라고 주장하고 싶지만, 그는 내가 태어나기도 훨씬 전인 1932년에 그렇게 말했다. 90년 가까이 시간이 지난 오늘날에도 그의 말은 울림이 크다. 세상은 완전히 변했지만 사람들의 생각은 별로 달라지지 않았다는 것이 놀라울 뿐이다. 가치관과 신념은 쉽게 바뀌지 않는다.

기술의 발달로 지금은 90년 전 노예처럼 몸이 부서져라 일을 해야 먹고 살 수 있는 시대가 아니다. 어쨌든 지금은 누구든 마음만 먹으면 전인적인 삶을 살 수 있다. 하루에 몇 시간만 일하고, 창조적인 삶과 자기표현을 통해 진정한 자신의 모습을 찾을 수 있다. 하지만 많은 사람들이 이러한 기회를 활용하지 않는 것은 창조성 부족과 자유에 대한 두려움 때문이다.

우리 주변에서 하루에 4시간만 일하는 사람, 또는 1년씩 쉬며 인생을 즐기는 젊은이를 찾기는 쉽지 않다. 경기가 나빠져 어쩔 수 없이 할 일이 사라졌을 때에만 마지못해 여가를 활용하기 위해 노력할 뿐이다. 시인 오덴W. H. Auden은 이렇게 말한다.

"자신의 일에 만족하기 위해서는 세 가지가 충족되어야 한다. 첫째, 적성에 맞아야 하고, 둘째, 그 일에 너무 매달려서는 안 되며, 셋

일에 취한 사람은 자신의 진정한 모습을 보려고 하지 않는다.
—올더스 헉슬리Aldous Huxley

째, 그 일을 하면서 성공하고 있다는 느낌을 받을 수 있어야 한다.”

이 중에서 두 번째 조건을 특히 명심해야 한다. 오늘날 많은 이들이 자신의 삶보다는 직장생활에 지나치게 많은 시간을 투자한다.

먼저 돈을 벌고 나서 여유가 생기면 여가를 즐기고자 하는 사람들은, 열심히 일하는 것이 우선이라고 생각한다. 잘못된 생각이다. 이런 사람들은 열심히 일하지 않는 법을 배워야 한다.

'학습된 일중독'은 왜곡된 형태의 희열을 제공하기 때문에 떨쳐버리기가 매우 힘들다. 프로테스탄트 노동윤리는 무조건 열심히 일하는 것만이 미덕이라고 끊임없이 세뇌한다. 이러한 노동윤리는 당연히 심각한 부작용을 야기한다.

노동윤리에 미친 나라

노동윤리에 미친 나라는 어떤 모습일까? 사람들이 다른 무엇보다도 일하는 것을 중요하게 생각한다. 주체할 수 없는 노동윤리로 인해 사람들은 1년에 단 한 번 쓸 수 있는 7일휴가도 거리낌없이 반납하고 일을 한다. 가족의 삶이 어찌되든 회사에 몸바쳐 충성한다.

나라 전체가 미쳤다. 5일제 근무가 실시된 지 오래 되었음에도 여전히 6일 근무를 주장하는 사람이 많다. 연 20일 동안 쓸 수 있는 법정휴가도 손쉽게 포기한다. 휴가를 줘도 쉴 줄 모른다. 쉰다고 해도 캠핑이나 싸이클처럼 특정한 일에 몰두하여 녹초가 될 때까지 자기 몸을 혹사한다. 노동윤리에 세뇌되어 여가시간에도 스스로 노동을 하는 것이다. 쉬는 것이 무엇인지 모른다.

이러한 상황에서 전체 인민의 건강상태는 악화된다. 정부가 나서서 여가를 즐기는 방법을 가르쳐야만 하는 기이한 상황이 펼쳐진다. 이것은 농담이 아니다. 1990년대 초 일본에서 실제로 그런 일이 벌어졌다.

과도한 일중독으로 사회문제가 심각해지자 일본은 여가를 늘려 삶의 질을 개선하자는 캠페인을 시작했다. 일본 노동성은 휴가를 장려하는 포스터를 시리즈로 제작해 배포했다. 그 중에는 "주5일 근무제도를 정착시키자"라는 주제의 포스터도 있었다. 노동성은 또한 《샐러리맨을 위한 여가 가이드》라는 제목의 안내책자를 만들어 배포하기도 했다. 여가를 활용할 수 있는 방법에 관한 다양한 아이디어를 담았다.

하지만 일본이 경기침체를 겪으면서 이러한 정책은 정부의 의제에서 후순위로 밀려났다. 오늘날 일본에서 프로테스탄트 노동윤리는 그 어느 때보다 큰 위력을 발휘하고 있는데, 특히 40대 노동자에게는 치명적인 결과를 낳고 있다. 너무 많은 일에 치여 갑자기 죽는 '과로사karoshi'가 급증한 것이다. 보고서에 따르면 일본의 성인남성의 10퍼센트가 과로사로 사망한다고 한다.

일본은 '과로사'라는 신조어를 만들어낸 것도 모자라 1990년대 말에는 '과로자살karojisatsu'이라는 신조어까지 만들어 냈다. 지나친 업무량에 쫓겨 자살을 하는 사람들까지 나타난 것이다. 노동관련 전

일에만 몰두한다는 것은, 일이 아닌 다른 것은
모두 방치한다는 뜻이다.
-로버트 루이스 스티븐슨Robert Louis Stevenson

문변호사에 따르면, 일본경제가 불황에 빠진 후 10년 사이에 이러한 유형의 자살이 1년에 1,000건 이상으로 급증했다고 한다. 과로자살을 하는 사람들은 사무직 노동자든 공장노동자든 자살하기 직전에 하루도 쉬지 않고 매일 10시간에서 12시간씩 몇 개월 동안 일을 한 공통점이 있다.

신기한 것은, 과로자살을 한 사람들 중에 회사를 탓하는 사람은 거의 없다는 사실이다. 오히려 자신이 일을 더 잘 하지 못해 미안하다는 유서를 남긴다. 만성적 피로와 수면부족으로 사망한 46살 타다시 시모나카는 유서에 이렇게 썼다.

"더 이상 버틸 힘이 없습니다. 정말 면목이 없습니다."

1997년 일본 고등법원에서 처음으로 과로자살에 고용주의 책임이 있다는 판결이 나왔다. 과로를 자살의 원인으로 처음 인정받은 다카하시 마츠리는 일본의 최대 광고회사 덴츠電通에 다니는 24살 여직원이었다. 마츠리는 매일 수면시간이 30분에서 2시간 정도에 불과했고, 17개월 동안 단 하루도 쉬지 않고 일했다. 회사는 마츠리가 자살한 것은 개인적인 문제 때문이라고 주장했지만 도쿄대법원은 업무상 재해를 인정해 회사에게 유족 앞으로 약 15억 원를 지불하라고 명령했다.

1990년대 초 정부가 나서서 여가를 장려했음에도, 일본인들의 노동윤리와 일에 대한 강박증은 쉽게 완화되지 않았다. 2002년 공식적인 실업률은 5퍼센트에 날했다. 일본에서 이 정도 실업률은 매우 높은 수치다. 또한 일본에서 '실업자'는 사회적으로 치명적인 낙인으로 여겨진다. 이러한 현실은 자살률에도 그대로 반영되는데 2002년 3만여 명이 스스로 목숨을 끊었다고 한다. 이는 일본 역사상 최고 기록이다.

노숙자도 새로운 사회적인 문제로 떠올랐다. 노숙자는 실업자들이 늘어나면서 비교적 최근 나타난 현상이다. 38살 사다오 야마시타는 2002년 실직 후 도쿄의 노숙자로 전락했다. 하지만 노숙자 생활은 야마시타에게 긍정적인 깨달음을 주기도 했다.

"행인들이 저를 눈살을 찌푸리며 쳐다봅니다. 일본에서는 어딜가나 지켜야 할 규칙들이 따라다니죠. 하지만 이제는 그런 규칙을 지킬 필요가 없으니 정말 편합니다."

노동윤리와 순응주의가 깊게 뿌리내리고 실직이 치욕이 되는 나라 일본에서도 이 책은 1995년에 번역출간되었다. 기대했던 것만큼 팔리지 않은 것은 어쩌면 당연한 일이었다. 일본의 최대 출판사인 고단샤의 편집자는 내 책에 거는 기대가 크다고 말했지만, 책 제목이 너무 파격적이라고 여겨져 당시 일본의 베스트셀러였던 《머피의 법칙》을 본 따 《젤린스키의 법칙》이라는 이름으로 바꿔 출간했다고 한다.

판매량은 신통치 않았지만 어쨌든 내 책이 일본인들에게 조금이라도 도움이 되었기를 바란다.

시골에서 죽어라 일해서 도시로 와서는,
도시에서 죽어라 일해서 시골로 간다.
―돈 마르키스Don Marquis

64

미치지 못해 안달하는 나라

수많은 정치인, 경제학자, 기업가들이 중국이 자본주의 경제체제에 편입되는 것을 긍정적으로 평가한다. 하지만 중국인민들의 생각은 좀 다르다. 중국이 글로벌 경제체제에 진입하면서 노동강도, 돈, 소비문화가 자신들의 삶을 위협한다는 것을 실감하고 있다. 노동과 돈과 소비는 마약처럼 중독성이 강해 심각한 신체적, 정신적 문제를 야기한다.

이제 중국인들에게 행복의 조건은 좋은 직장, 자녀의 명문대 진학, 고급스러운 가구, 비싼 아파트가 되었다. 중국기업의 간부들은 더 높은 경력과 연봉을 위해서 휴가도 반납하고 하루 종일 일에 매달린다. 아이러니한 것은, 이렇게 성공한 사람들이 더 불안감에 시달리고 여유가 없다는 것이다. 2003년 상하이의학센터의 정신과 전문의 샤오쩌핑은 〈글로브앤메일Glove and Mail〉과 인터뷰에서 이렇게 말했다.

"중국사람들은 이제 휴식도 휴가도 없이 일만 합니다. 인생이 피곤하고 매사에 흥미가 없습니다. 돈은 많이 벌겠지만 건강을 돌볼 시간은 없죠. 상하이에서는 일과 연봉이 전부입니다. 성공한 사람인가 아닌가 이것으로 판단하거든요. 실업자는 쓸모 없는 존재일 뿐입니다. 우리 사회의 부끄러운 단면이 아닐 수 없습니다."

자본주의의 폐해가 중국에도 나타나고 있다. 기업들의 부침이 시작되면서 공장노동자의 해고도 늘어나고 사람들의 스트레스가 증가하고 있다.

"고용안정이 보장되지 않는 상황에서 이일 저일 떠도는 사람들이 늘어나고 있습니다. 삶의 속도는 빨라지고 여가시간은 크게 줄었습니다. 전에는 주말이면 여러 사람들이 길거리에 모여 앉아 담소를 나누는 모습을 흔히 볼 수 있었는데 지금은 가볍게 인사를 나눌 시간조차 없는 것 같아요. 친지들과 만나는 것도 운이 좋아야 1년에 두 번 명절에나 가능한 행사가 되었죠."

소위 '차이니스드림'을 이룬 성공하고 돈 많은 사람들도 스트레스와 불안감으로 인해 밤잠을 설친다. 자본주의의 폐해는 전례 없는 사회문제를 양산하고 있다. 알코올중독자와 마약중독자들이 어마어마하게 늘어났다. 도박중독, 인터넷중독, 섭식장애 등 중국에서 볼 수 없었던 문제도 나타났다. 중국에서 처음으로 심리치료 교육프로그램을 만든 독일의 정신과 전문의 마가렛 하스비제가르트Margarete Haass-Viesegart는 이렇게 말한다.

"중국사람들을 상징하던 '만만디'는 더 이상 찾아보기 힘듭니다. 모든 것이 불안해요. 이제 돈이 모든 것을 좌우합니다. 좋은 학교나 병원을 가려면 돈이 있어야 하죠. 모두들 죽자 사자 일을 할 수밖에 없는 처지입니다."

뒤늦게 출발한 중국은 이제 일본의 미친 노동윤리를 따라잡는 데 성공한 것으로 보인다. 거기서 파생되는 여러 문제들도 그대로 따라잡았다. 심리적인 문제는 조기사망과 다양한 질병으로 이어졌으며, 자살률도 계속 높아지고 있다. 조사결과, 정신질환을 앓는 사

일은 세상에서 가장 위대한 것이기에,
늘 내일을 위해 아껴두어야 한다.
—돈 헤롤드Don Herold

람만 6,000만 명이 넘는다고 한다. 우울증은 이제 흔한 증세가 되었다. 그리고 매년 자살을 시도하는 사람이 자그마치 2만명을 넘는다.

최근 신문기사에 따르면, 중국에서 자기계발서의 판매가 급증했다고 한다. 물론 경제적 스트레스 때문이다. 이 책 역시 중국어로 번역되었다. 내 책이 중국인들에게 어떤 의미로 읽힐지 궁금하다.

성공할수록 피폐해지는 삶

1980년대 미국에는 여피가 등장했다. 여피Yuppie란 'young urban professionals'의 앞 글자를 딴 YUP에 히피hippie를 본떠 만든 신조어로 도시에 사는 젊은 지식노동자들을 의미한다. 이들의 상징은 가식적인 미소와 행복한 척하는 표정이다. 1년 365일 할로윈 가면을 쓰고 산 것이다. 그들은 언제나 성공한 사람으로 비춰지고 싶어했는데, 그들은 정말 성공한 사람들이었을까?

여피는 미친 듯이 일하는 노동윤리를 자신들의 브랜드로 만들었다. 이들 덕분에 일중독은 세련된 유행처럼 퍼져나갔다. 고된 노동을 통해 풍요롭고 행복한 삶을 이룰 수 있다는 환상을 심어주었다. 여피의 정체성은 개인의 인격이 아니라 그들이 가진 재산으로 판단할 수 있는 것이었다.

1980년대와 1990년대 여피들은 '멋진 삶'을 추구했지만 실상은 거리가 멀었다. 물질만능주의와 일중독으로 인해 많은 여피들이 고혈압, 알코올중독, 약물의존에 시달렸다. 고액의 연봉을 받았지만, 여가는 돈으로 살 수 없다는 것을 다시 한번 확인시켜주었을 뿐이다.

안타까운 것은, 21세기에 들어선 뒤에도 이들의 상황이 나아지지 않았다는 사실이다. 이들은 지금 더 오랜 시간 더 고된 일을 해야 하는 상황에 처했을 뿐만 아니라, 진정으로 '멋진 삶'을 성취하기 위해 갖춰야 하는 삶의 균형감각을 잃어버리고 말았다. 기업들은 1980년과 1990년대에 유행한 노동윤리를 여전히 강요하기만 할 뿐, 일중독이 개인과 사회에 미치는 해악에 대해서는 눈을 감고 있다.

역설적으로 오늘날 사회적으로 성공했다고 하는 사람들은 대개, 균형 잡힌 행복한 삶을 사는 데 실패한 사람들이다. 좋은 직장에 다니는 사람일수록 일과 삶의 균형이 깨져 있을 확률이 높다. 고액연봉자만 그런 것이 아니다. 최근 미국의 노동자들을 대상으로 일과 개인의 삶의 균형에 대해 조사했는데, 수천만 명의 응답자들이 만족스럽지 않다고 답변했다. 25살에서 44살 사이의 노동인구를 대상으로 한 조사에서도 과반수 이상이 일에 치여 친구나 가족과 보낼 시간을 충분히 갖지 못한다고 응답했다.

수백만 명이 휴가도 거의 가지 못하고 장시간 노동을 한다. 자신의 정체성을 회사에 위탁한다. 친구나 가족을 통해 정서적인 욕구를 해소할 시간도 없다. 고작 만나는 사람이라고는 직장상사와 동료가 전부다. 직업과 일이 자존감, 인정, 승인의 주요원천이 되어버렸다.

최근에는 일에 치어 자신의 진정한 자아를 잃고 방황하는 사람들이 정신과를 많이 찾는다고 한다. 샌프란시스코의 심리상담사 메이나드 브루스먼Maynard Brusman은 〈패스트컴퍼니〉와 인터뷰에서 이렇게 말한다.

"직장이 이제 공동체의 중심이 되었죠. 거기서 일도 하고, 정보도 얻고, 파티도 합니다. 하지만 그들은 늘 뭔지 모를 불안감에 시달립니다. 문제는 그러한 문화가 건강하지 않다는 것입니다. 사람들이 그 사실을 인지하지 못하는 것은, 거기에 물들어 있기 때문이지요."

정체성 상실도 위태롭지만, 과도한 업무에서 오는 정신적, 육체적 스트레스는 그 효과가 곧바로 눈앞에 나타난다. 운동이든 일이든 지나치면 독이 된다. 전문가들은 과도한 업무가 위궤양, 허리디스크, 불면증, 우울증, 심장마비와 같은 질병들을 유발한다고 경고한다. 이러한 질병은 지금 당장이라도 우리 삶의 항로를 가로막을 수 있다. 물론 조기사망도 빠뜨려서는 안 될 것이다. 과로로 인한 조기사망률 증가는 오늘날 어느 나라에서나 큰 골칫거리가 되고 있다.

GDP라는 속임수

경제학자, 기업가, 정치인들은 GDP가 높아지면 삶이 더 나아진다고 말한다. GDP란 한 국가가 1년 동안 생산한 재화와 용역의 총합으로, 그 나라의 경제수준을 알려주는 척도라 할 수 있다. 그래서 어느 나라든 GDP를 끌어올리는 것을 경제정책의 목표로 잡는다. 적절한 GDP는 원한다면 누구나 일할 수 있을 만큼 넉넉한 일자리를 제공한다고 여겨진다. 물론 대중의 행복도도 높아질 것이다.

나는 직업학교와 대학에서 경제학을 가르쳐보기도 했지만, GDP가 과연 경제를 평가하는 척도가 될 수 있는지 의심한다. GDP는 담배판매가 늘어도, 무기생산이 늘어도 상승한다. 심지어 교통사고가 나도 GDP가 상승한다. 어쨌든 교통사고가 나면 병원비, 장례비, 수리비, 자동차 구입비 등이 발생하기 때문이다.

GDP 상승이 경제성장의 중요한 지표라면, 엑손발데즈Exxon Valdez의 선장이 노벨경제학상을 받아야 했을 것이다. 실제로 엑손발데즈 기름유출사건으로 인해 미국의 GDP는 19조 원이 상승했다. 그런 논리라면 매년 대형 기름유출사고만 수백 건씩 발생하면, GDP는 상승하고 실업률도 0이 될 것이다. 기름을 처리를 하는 데 무수한 사람이 필요하기 때문이다. (이러한 발견을 한 나한테 노벨경제학상을 줘야 하는 것 아닌가?)

이렇듯 GDP가 상승한다고 해서 우리 삶이 나아지거나 행복해지는 것은 아니다. 그런데도 어리석은 정치가, 경제학자, 기업가들은 성장을 위한 성장을 주장한다. 성장을 위한 성장은 다름 아닌 암세포의 생리다.

SUV는 해로운 장난감

"도시에 살면서 SUV를 구매하는 사람들은 정신적으로 성장이 멈췄거나 진화가 덜 된 것이 분명합니다."

CBC 라디오의 아침 프로그램 진행자 마이클 엔라이트_{Michael Enright}는 최근 방송에서 SUV가 유행하는 세태를 한탄하며 이렇게 말했다. SUV는 원래 험난한 지형을 운행하기 위해 설계된 자동차다. 하지만 SUV를 타고 캠핑이나 스키나 아웃도어 활동을 하는 사람은 거의 없다는 것을 고려해 보면 엔라이트의 비난은 지극히 타당하다. 사람들은 대부분 연비도 좋지 않은 이 커다란 차를 혼자 타고 출퇴근용으로 사용한다.

SUV가 오늘날 불티나게 팔리는 가장 큰 이유는 자신의 신분을 과시할 수 있는 도구이기 때문이다. 크고 비싸고 으스대며 거추장스럽기만 한 이 차는, 그걸 소유했다는 것만으로도 우월감을 느끼게 해주는 어른용 장난감에 불과하다. 물론 자동차제조사들은 큰 돈을 벌 수 있겠지만, 이 비싼 차를 사기 위해 더 많은 노동을 하는 사람은 과연 SUV를 탄다고 해서 더 행복해질 수 있을까?

당연히 비싼 SUV의 판매가 늘어나면 GDP도 상승한다. 그런데 그것이 무슨 소용일까? 훨씬 많은 연료를 소비하는 SUV는 어떤 차보다도 환경에 유해하다. 우리를 더 불행하게 만들 뿐이다.

150년 전, 영국의 철학자이자 경제학자인 존 스튜어트 밀은 세계의 경제성장률이 이대로 지속된다면, 자연환경이 완전히 파괴될 것이라고 경고했다. 이러한 경고에는 현대사회의 부의 축적이 곧 환경 파괴를 대가로 얻는 것이라는 통찰이 담겨 있다. 자연환경은 인간이 필요로 하는 모든 것을 제공할 수 없다.

최근 환경보호에 대한 관심이 점차 증대하고 있지만, 왜곡된 부에 대한 인식과 성공에 대한 집착이 심각한 환경오염을 초래한다는 사실에 대해서는 많은 사람들이 인정하려고 하지 않는다. 여기엔 노동윤리도 빠지지 않는다. 조금 덜 일하고, 조금 덜 쓰고, 조금 더 여유를 갖는 것만으로도 더 깨끗한 환경을 만들어 낼 수 있다. 그런 면에서 SUV를 몰고 다니는 사람들보다 맘 편히 놀고, 일 하지 않으며, 소비하는 것도 별로 없는 노숙자들이 오히려 환경보호에 기여한다고 말하고 싶다.

노동이란 사실상, 지구상에 존재하는 물질을 다른 물질로 바꾸는 작업이다. 노동은 천연자원을 훼손하는 일이 될 수밖에 없다는 뜻이다. 그렇기 때문에 대다수의 노동은 환경오염을 유발할 수 밖에 없으며, 따라서 GDP의 상승은 환경을 희생시킨 대가로 얻는 것이라 할 수 있다.

행복해지기 위해선 SUV가 꼭 필요한 것도 아니고 GDP가 높아야 하는 것도 아니다. 지금 사용하는 자원의 반만 가지고도 여전히 높은 수준의 생활을 유지할 수 있다. 가치관만 바꾸면 얼마든지 실천할 수 있다. 머릿속에서 노동윤리를 지우는 것도 한 방법이다. SUV를 사는 것처럼 멍청한 짓만 하지 않아도 큰 도움이 된다.

노동을 줄이고 여가를 늘리는 것은 환경뿐만 아니라 개인적인

현대인들은 자신이 무엇을 원하는지 알고 있다고 믿지만,
그것은 환상에 불과하다. 그저 원하도록 주입된 것을 원할 뿐이다.
—에리히 프롬Erich Fromm

행복에도 도움이 된다. 경제학자들이나 기업가들은 돈이 있어야만, 레저용품과 서비스를 구비해야만, 여가생활을 즐길 수 있다고 떠들어댄다. 다시 말해, GDP를 높이는 데 이바지하는 여가활동만이 가치가 있다고 말하는 것이다. 이들에게 나는 유명한 경제학자 존 케네스 갈브레이스John Kenneth Galbraith의 지적을 들려주고 싶다.

"공기는 오염되어 숨 쉬기 힘들고, 물은 오염되어 마실 수 없고, 교통체증으로 출퇴근길은 전쟁터가 되고, 길거리는 더럽고 학교는 타락해 아이들이 이리저리 빠져나가고, 세금감면으로 그나마 손에 쥔 돈은 양아치들이 빼내간다면, 그런 세상에서 돈 몇 푼 더 버는 것이 무슨 의미가 있겠는가."

병이나 캔을 재활용하는 것만으로는 지구를 보존할 수 없다. 가장 중요한 것은 가치관을 바꾸는 것이다. 쓸모도 없는 물건을 계속 만들어 계속 일해야 할 구실로 삼는 것은 여가시간이 무서워서, 여가시간에 뭘 하고 놀아야 할지 몰라서 그런 것은 아닐까?

진정한 행복의 원천

요약하자면 현대사회에서 중요하게 여기는 가치에는 한계가 있다. 지금까지 맹목적으로 이러한 가치를 추종해왔다면 이제 생각을 바꾸어야 한다. 관점을 바꾸는 것만으로도 삶의 질을 높일 수 있다. 노동은 미덕이고 노는 것은 악덕이라는 경직된 신념은 일하지 않아도 되는 시간조차 일을 하게끔 만든다. 이러한 가치관은 일과 삶의 균형을 깨뜨린다.

안타깝게도 지난 몇 십 년 동안 사람들은 중용의 감각을 잃고 말았다. 오늘날 사람들은 대부분 습관적으로 더 크고 더 좋은 것을 갈망하며, 그것을 쟁취하기 위해 더 오래 더 열심히 일해야 한다고 생각한다. 이것이 바로 도널드 트럼프로 상징되는 여피의 가치관이다.

하지만 200년 전만 해도 그렇게 생각하지 않았다. 먹고 사는 데 불편함이 없을 만큼 돈을 벌면 일을 그만 두고 더 가치 있는 삶을 살기 위해 노력했다. 이러한 태도가 지금 우리에게 가장 필요하다. 여가활동을 통해 얻는 개인의 성장이야말로 노동으로 얻을 수 있는 물질적인 성공보다 훨씬 큰 만족과 행복을 가져다 준다.

자동차든 집이든 가전제품이든 일이든 우리 주변의 모든 것들이 생활의 편리함을 위한 것에 불과하다. 그런 것들은 행복의 원천이 아니다. 우리가 가진 물건, 우리가 사는 집, 우리가 하는 일은 부차적인 것이다. 무엇보다도 성공은 노동이나 재산으로 평가할 수 있는 것이 아니다.

인간의 진정한 본질은 고차원적인 것이다. 궁극적으로 가장 중요한 것은 어떻게 사느냐 하는 것이다. 무엇을 배우고, 얼마나 웃고 즐기며, 우리를 둘러싼 세상에 얼마나 애정을 갖느냐 하는 것이다. 이것이 바로 우리 삶에서 가장 중요한 가치다.

저들은 우리에게 노동을 해야 한다고 기만하여 일을 시키고,
우리가 살아가는 데 꼭 필요한 물건이라고 기만하여 일해서 번 돈을 다시 빼앗아간다.
-무명씨

전 세계 주요 28개국, 연간휴가 얼마나 쓸까?

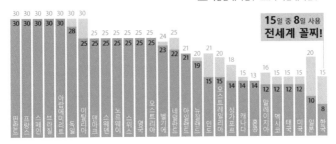

■ 사용한 휴가일수　■ 주어진 휴가일수

15일 중 8일 사용
전세계 꼴찌!

30 30 30 30 30 30 30
30 30 30 30 30
28
25 25 25 25 25 25 25
24 25
23
22 21
21 20 21
19 20
18
15 15 15 16 15
14 14 13 14 15 15 15
12 12 12 12
20
10
15
8

핀란드　프랑스　스페인　브라질　아랍에미리트　독일　이탈리아　덴마크　노르웨이　스웨덴　스위스　영국　오스트리아　벨기에　아일랜드　네덜란드　인도　오스트레일리아　싱가포르　캐나다　홍콩　말레이지아　멕시코　태국　미국　일본　한국

한국인들이 휴가를 못쓰는 이유는?　휴가를 사용하면 죄책감을 느끼는가?

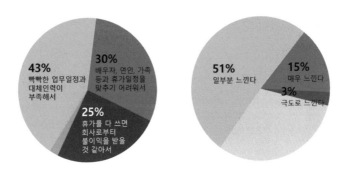

43%
빡빡한 업무일정과
대체인력이
부족해서

30%
배우자, 연인, 가족
등과 휴가일정을
맞추기 어려워서

25%
휴가를 다 쓰면
회사로부터
불이익을 받을
것 같아서

51%
일부분 느낀다

15%
매우 느낀다

3%
극도로 느낀다

휴가를 안 쓰는 것이 아니라, 못쓰는 것!

출처: 익스피디아 http://travelblog.expedia.co.kr/9720

CHAPTER 04

만국의
노동자여,
쉬어라!

돈을 최대한 모아서 가능한 한 젊은 시절 은퇴하라.
이것이 현실적으로 불가능하다면,
최대한 빨리 일을 끝내라.
오전 11시 15분밖에 안 되었다고 해도
이미 하루 벌 만큼 벌었으면 그것으로 일을 끝내라.

−로버트 벤츨리 Robert Benchley

누가 내 치즈를 옮겼을까?

터널을 여러 개 만든 다음 3번 터널에만 치즈를 놓고, 쥐에게 찾아가도록 하는 실험을 해 보자. 3번 터널에 치즈가 있다는 사실을 깨닫는 순간 쥐들은 다른 터널을 쳐다보지도 않고 3번 터널로만 곧장 향한다. 그렇게 몇 차례 반복한 다음 치즈를 6번 터널로 옮겨보자. 처음에는 3번 터널을 가겠지만, 다시 다른 터널을 기웃거리기 시작할 것이다. 물론 6번 터널에서 치즈를 발견하고 나면 그 다음부터는 6번 터널로 직행할 것이다.

쥐는 치즈가 없다는 것을 확인하고 나면 그 터널에는 기웃거리지도 않지만, 인간은 치즈가 없다는 것을 확인한 뒤에도 그 터널에 미련을 버리지 못한다. 인간들은 대부분 자기가 원래 있던 곳에 계속 머무르고 싶어하며 도전을 기피한다. 치즈가 어디 있는지 궁금하지만, 그것을 찾으러 나서지는 않는다. 더 이상 남아있지도 않은 치즈에 대한 미련으로 자신이 머물던 터널에서 벗어나지 못하는 사람은 절대 치즈를 찾을 수 없다.

여기서 '치즈'란 행복, 보람, 자아실현을 상징한다. 2003년 초, 타워스페린Towers Perrin 경영컨설팅이 미국과 캐나다의 직장인들을 대상으로 실시한 설문조사에서 절반 이상 응답자가 자신이 하는 일에 만족하지 못한다고 답변했다. 더 나아가 자신이 하는 일에 대해 상당히 부정적인 감정을 가진 사람도 3분의 1이나 되었다. 직장에서 우울, 불만, 허망함을 느끼는 주요 원인으로는 따분함, 격무, 미래에 대한 불안, 인정하거나 지지해주지 않는 상사 등을 꼽았다.

다른 설문조사에서도 사무직 직원들 중 70퍼센트 이상이 자신의 일에 만족하지 못한다고 응답했다. 무수한 직장인들이 상당히 많은 시간 할애하여 좋아하지도 않는 일을 하고 있는 것이다. 더 놀라운 사실은, 이렇게 말도 되지 않는 상황을 명확하게 인지하면서도 바꾸려고 노력하지 않는다는 것이다. 치즈가 먹고 싶어도 찾아 나서지 않는다.

무의미한 무한경쟁 상황을 영어에서는 '쥐 경주rat race'라고 하는데, 이는 잘못된 비유다. 쥐는 치즈가 없는 터널에는 가지 않는다. 치즈가 사라졌음에도 자신이 머무는 터널을 떠나지 못하는 것은 인간뿐이다.

불행히도 일은 우리가 꿈꾸는 모든 치즈를 늘 제공해주지 않는다. 그럼에도 우리는 치즈가 없는 터널에서 빠져 나오지 못한다. 일하는 것만으로는 행복, 보람, 자아실현의 꿈을 이룰 수 없다.

여가가 사라지면 조심하라! 영혼도 사라질 수 있으니.
—로간 퍼살 스미스Logan Pearsall Smith

일하지 않는 행복한 삶을 이미 즐기고 있는 사람이라면 이 장은 더 이상 읽지 않아도 된다. 하지만 현재 직장에 다니는 사람, 현재 실직상태지만 언젠가는 직장에 복귀할 계획이 있는 사람, 일과 삶의 균형을 맞추고 싶어하는 사람, 퇴직 후 행복한 삶을 준비하는 사람에게는 유익한 내용이 될 것이다.

나는 누구인가?

되도록 짧은 시간 안에 이 질문에 답해보자.

대부분 자신의 직업, 종교, 결혼상태, 사는 곳, 나이 따위를 나열할 것이다. 무엇보다도 자신이 하는 일을 가장 중요하게 이야기할 것이다. 심지어 직업만 달랑 제시하는 사람도 있을지 모른다. 직업이 곧 자기 자신이라고 생각하는 것이다. 직업을 빼고 자신의 정체성을 규정하지 못한다.

직업은 잘못된 정체성으로 이끄는 결정적인 역할을 한다. 의사, 변호사, 교사, 사업가는 타고나는 것이 아니다. 단지 살아가는 데 필요한 생계수단을 얻기 위해 선택한 것에 불과하다. 사람들이 지위가 높은 직업을 선망하는 것은, 자신의 정체성을 더 '좋게' 포장할 수 있기 때문이다. 하지만 사람은 일을 통해서는 자신의 진정한 자아를 드러낼 수 없다. 그런 면에서 직업은 진정한 자아가 드러나지 않도록 가리는 장막이 되기도 한다.

물론 직업이 정체성을 보여주는 중요한 단서가 되는 경우도 있다. 하지만 직업은 자신의 정체성을 보여주는 여러 요소 중 작은 하나에 불과하다. 일을 너무 사랑해서 하루 종일 일에 파묻혀 사는 사람이라고 해도 마찬가지다. 직업이 자신의 정체성에서 큰 부분을 차지한다면, 자신에 대한 인식이 왜곡되어 있을 확률이 높다.

진정한 나를 찾아서

로봇이 발달하여 세상에서 인간이 할 수 있는 일은 모조리 사라졌다. 이제 다음 질문에 답해보자.

"나는 누구인가?"

자신을 가장 잘 드러낼 수 있는 5가지 특성을 적어 보라. 물론 일과는 전혀 상관없는 특성이어야 한다. 예컨대 업무계획을 잘 세우고, 성실하게 일한다 같은 것은 쓸 수 없다.

인간의 본질은 직업만으로 온전히 설명할 수 없다. 내면 깊숙한 자아를 들여다보면 직업이 인간의 정체성 전체를 규정할 수 없다는 것을 알 수 있다. 재산, 지위, 권력, 이 모든 것을 다 합해도 온전한 내가 될 수 없다. 진정한 자아는 창의성, 친절함, 열정, 자애로움, 사랑, 기쁨, 자발성, 타인과 유대, 유머감각, 영성처럼 훨씬 심오한 특성을 바탕으로 한다. 이러한 특성 위에서 건강한 정체성을 확립할 때 치즈가 가득한 터널을 발견할 수 있다.

내가 원하는 것은 치즈가 아니라, 덫에서 나가는 것이다.
—스페인 속담

일에 중독된 사회

21세기가 되고 난 뒤에도 기업의 일중독 문화는 사라지지 않고 있다. 여전히 구시대적인 가치관과 행동방식을 고수하는 임원들이 기업을 이끌고 있기 때문이다. 지구인보다 지능이 높은 외계인이 지구를 관찰한다면 일중독으로 인한 심각한 질병과 사회문제를 끌어안고 사는 현대인들을 보고 무지하다고 할 것이다.

이러한 무지의 바다에서 활개치는 일중독자들은 오히려 사람들의 존경을 받기도 한다. 일중독자들은 탐욕과 권력욕도 크기 때문에 기업에서 좋아한다. 일중독자들이 많은 부서는 주당 60~80시간 일하는 것을 당연하게 생각한다. 누구 하나 연장근무에 대해 불만을 토로하지 않는다. 일중독자들은 일이 아닌 영역에서는 영웅심을 느낄 수 없기 때문에, 직장에 과잉충성함으로써 영웅심을 느낀다.

일중독은 알코올중독이나 약물중독과 다르지 않다. 자신이 중독되었다는 사실을 인정하지 않는다는 점에서 심각한 정신질환이라 할 수 있다. 일중독을 부추기는 기업이나 사회도 마찬가지다. 집단적으로 정신질환을 앓고 있는 것이다.

우리 사회는 어떻게 중독을 부추길까? 앤 윌슨 셰프는《사회가 중독될 때When Society Becomes An Addict》에서 중독은 이제 현대사회의 규범이 되었다고 말한다. 개인이나 기업도 마찬가지지만, 무엇보다도 사회 그 자체가 중독되었다. 그 이후 출간한《중독된 조직The Addictive Organization》에서는 대규모 조직들이 쉽게 중독에 빠질 수 있는 이유에 대해 상세하게 설명한다.

구성원들에게 노동의 중요성을 강조하고 속도를 강요하는 것은 생산성증대를 위해서는 어쩔 수 없는 일이다. 기업은 직원들에게 개인적인 여가생활을 희생하여 더 오래, 더 열심히, 더 빨리 일할 것을 강요한다.

하지만 생산성은 그렇다고 한다고 해서 계속 올라가는 것이 아니다. 오히려 정 반대의 결과가 나올 수도 있다. 단기적으로는 생산성이 올라가더라도 스트레스와 누적된 피로로 인해 직원들의 업무 효율성은 곧 떨어지기 시작한다. 생각할 여유조차 없는 상황에서 직원들은 같은 실수를 반복하고, 생산성은 서서히 떨어진다. 결정적으로 조직 내에 혁신이 사라진다. 오늘날 급변하는 환경에서 혁신하지 못하는 조직은 살아남기 힘들다.

일에 미친 조직문화는 개개인에게도 치명적인 결과를 낳는다. 미친 듯 일을 하며 매일 일터에서 치열하게 싸워야 하는 사람들은 자신의 꿈을 잃고 만다. 격무 끝에 남는 것은 가정생활의 파괴, 인간관계와 사회생활의 상실, 더 나아가 별거나 이혼뿐이다. 피로에 지친 사람들에게 삶의 목적이나 의미나 기쁨은 남아있지 않다.

오늘날 5-60대는 치즈도 없는 덫에 걸려 허우적거리는 전형적인 세대라 할 수 있다. 물론 가혹한 기업문화의 영향을 받은 면도 있지만 그들 스스로 이러한 상황을 초래한 책임도 있다. 교육수준이 높고 헌신적이며 충성심이 강했던 그들은 자신의 일자리를 확보하고 유지하기 위해 남들보다 더 많이, 더 열심히 일했다. 그것만이 치열한 생존경쟁 속에서 살아남고 승진하고 안정적인 삶을 꾸릴 수 있는 유일한 길이라고 믿었다. 그러한 희생은 경제적으로나 경력으로 보상을 받는 듯 보였지만, 그리 오래가지 못했다.

조직을 위해 몸과 마음을 바쳐 충성하고자 하는 이들의 선의를 기업들은 최대한 이용했다. 1990대 이후 많은 이들이 구조조정으로 인해 일자리를 잃었다. 남아 있는 사람들은 살아남기 위해 빠져나간 사람들 몫까지 도맡아 더 열심히 더 많이 일을 해야 했다. 그럴수록 우리 삶은 피폐해졌고, 오늘날 심각한 사회문제의 근원이 되었다.

하지만 혼란 속에서도 희망은 피어났다. 일중독의 폐해를 겪은 부모들을 보고 자란 젊은이들은 일과 삶의 균형에 대해 부모 세대들과는 다른 태도를 갖게 된 것이다. 노동시간을 하루 8시간 미만으로 줄이고, 인생에서 정말 중요한 것을 추구할 수 있는 여가시간을 충분히 누리기 위해 노력하고 있다.

| 근면성실 vs 창조성

헨리 포드는 직원의 업무성과를 평가하기 위해 효율성 전문가를 고용했다. 전문가는 회사를 샅샅이 조사한 뒤 결과를 보고했다.

"전반적으로 효율성은 상당히 높습니다. 하지만 한 가지 문제가 있는데… 저쪽 사무실에서 일하는 친구 하나가 게으름을 피우며 회장님 돈을 낭비하고 있습니다. 제가 갈 때마다 책상 위에 발을 올려

놓고 노닥거리며 일은 전혀 하지 않더군요."

그러자 헨리 포드가 이렇게 대답했다.

"아, 그 친구는 수십억 원을 절감한 아이디어를 낸 인재일세. 그 아이디어를 낼 때도 저 책상 위에 발을 올리고 있었지."

여기서 말하고자 하는 바는, 일만 해서는 회삿돈 수십억 원을 절감할 수 있는 블록버스터급 아이디어를 내거나 그렇게 엄청난 돈을 벌 수 없다는 것이다. 상상력은 적당히 쉴 때 나온다. 창조적인 빈둥거림 또는 생산적인 휴식은 실제로 현금흐름에 큰 도움을 줄 수 있다. 단 한 번의 창조적인 사고는 미래에 수십억 원의 가치로 이어질 수 있다.

안타깝게도 오늘날 많은 이들이 무언가 새로운 것을 만들어내고자 노력한다. 하지만 너무 바쁘게 일만 하다 보니 더 나은 미래에 기여할 수 있는 아이디어를 짜낼 여유가 없다. 창조적인 생각은 느긋한 여유 속에서 나온다.

일중심 사회는 끊임없이 바쁘게 일해야 성공한다고 가르친다. 많은 사람들이 여가를 즐기며 노는 동안 돈 벌 수 있는 기회를 놓칠까봐 불안해한다. 하지만 역설적인 이야기지만, 실제로는 여유를 즐기며 사는 사람이 훨씬 큰 부를 거머쥘 가능성이 높다. 고된 노동은 인간의 창조성을 파괴하기 때문이다.

역사적으로도 빈둥거리고 놀면서 뛰어난 업적을 쌓은 사람들이 많다. 마크 트웨인은 대부분 침대 위에 누워서 글을 썼다. 사무엘 존슨은 낮 12시가 되기 전에 일어나는 일이 드물었다. 오스카 와일드,

버트란드 러셀, 로버트 루이스 스티븐슨, 서머셋 모옴 역시 게으름으로 악명이 높았다.

오늘날 교육은 근면성실하고, 무언가 하나만 깊이 추구하며, 분석적이 되어야 한다고 세뇌한다. 이러한 생각을 버리지 못하는 한, 게으른 생활양식의 장점을 받아들이는 것은 어려울 것이다.

창조성을 마음껏 발휘하고 풍요로운 의식을 경험하면서도 경제적으로 문제가 없을 정도로 돈을 벌고 싶다면 느긋하게 앉아서 큰 그림을 그리며 미래를 내다보는 안목을 키워야 한다. 큰 돈을 벌 수 있는 참신한 블록버스터 아이디어는 아무 때나 나오는 것이 아니다. 경제적인 자립뿐만 아니라 오랜 시간 큰 돈을 벌고 싶다면 마음 편하게 놀아야 한다.

일상이 너무 바쁘다면 느긋하게 빈둥거리며 쉴 수 있는 시간을 매일 마련해 두어야 한다. 이런 시간을 확보하는 것이 당장 2-3시간 더 일하는 것보다 개인적인 안락을 위해서나 경제적 이익을 위해서나 훨씬 긍정적인 결과를 가져다 줄 것이다. 충분한 휴식은 사고의 폭을 넓혀 줄 뿐만 아니라 건강에도 훨씬 유익하다. 스트레스가 완화되고 이로써 수많은 질병의 위협에서 벗어날 수 있다. 게다가 빈둥거릴 수 있는 여유는 나중에 큰 돈을 벌었을 때에도 평온함을 유지할 수 있는 비결이 된다. 앞으로 다가올 자유와 성공을 미리 음미할 수 있는 기회가 되기 때문이다.

지금 당장 할 수 있는 생산적인 활동은 1-2주 휴가를 내서 집과 직장을 벗어나, 자신의 재능과 지식을 활용할 수 있는 아이디어를 떠올려 보는 것이다. 지속적으로 성장하고 부를 축적하기 위해서는 소득을 창출 할 수 있는 아이디어가 먼저 있어야 한다. 하루에 3-4시간은 일과는 무관하게 느긋하게 즐길 수 있는 시간을 마련해야 한다. 그 시간 동안 벌지 못하는 돈은 신경 쓰지 말라. 그 시간 동안 떠올릴 수 있는 아이디어는 일해서 벌 수 있는 돈보다 100배는 더 크기 때문이다.

며칠 휴가를 내고 마음 편히 쉬기 위해 굳이 백만장자가 될 필요는 없다. 나는 성인이 되고 난 뒤에도 늘 이런 마음으로 생활했다. 빚이 3,000만 원 이상 불어났을 때도 마찬가지였다. 쉰다고 해서 빚을 못 갚거나 돈을 못 버는 것은 아니다. 오히려 창조적인 빈둥거림 덕분에 나는 내 능력과 잠재력을 객관적으로 평가하여 내가 원하는 라이프스타일에 맞는 일을 찾을 수 있었다. 그리고 지금 수많은 사람들이 겪는 스트레스와 광기에 굴복하지 않고도 행복하게 잘 살아가고 있다.

계획에 없는 휴가를 하루 정도 내어 지나온 삶도 되짚어보고, 마음껏 이것저것 상상해 볼 수 있는 시간을 마련하라. 이러한 휴가는 심리적, 육체적, 경제적으로 매우 값진 보상을 할 것이다. 일하지 않아서 손해 보는 금액으로 그 시간의 값어치를 계산해서는 안 된다.

세상을 더 좋은 곳으로 만들고, 편안하게 삶을 즐길 수 있는 멋진 아이디어를 떠올릴 수 있다. 아이디어 하나만으로도 우리 삶은 극적으로 바뀔 수 있다. 그것은 우리 머릿속 어딘가에 있다!

나는 노동자들의 친구다. 하지만 그들의 친구가 되고 싶을 뿐이지, 노동자가 되고 싶은 것은 아니다.
—클레런스 대로우Clarence Darrow

높은 생산성의 비법: 적게 일하고 많이 놀기

많은 이들이 더 많은 재미, 모험, 만족, 행복을 갈구한다. 하지만 정작 그런 것들을 즐기기 위해 시간을 내는 사람은 많지 않다. 이런 사람들 역시 일중독자와 전혀 다르지 않다.

일에 치여 살다 보면 다음과 같은 질문과 마주하게 될 것이다.

"돈 많이 주는 직장은 무슨 의미가 있을까? 행복하기는커녕 비참한 기분만 들 뿐인데."

"엄청나게 비싼 큰 평수 아파트는 무슨 소용이 있는가? 잠잘 때만 잠깐 들어갔다 나오는데."

"크고 좋은 차는 무슨 의미인가? 길이 막혀 짜증만 나는데."

"돈이 많아도 무슨 소용인가? 즐길 시간도 없는데."

"이게 정말 사는 건가? 가족 얼굴도 제대로 보기 힘든데."

하루 8시간 이상 일해야 한다면, 직업을 잘못 골랐거나, 일을 제대로 하지 못하는 것이다. 하루에 14시간 일한다고 해서 생산적인 것은 아니다. 그 일을 8시간 동안 해치우고 나머지 6시간은 즐기는 것이 훨씬 생산적이다.

일중독자와 진정한 능력자의 차이는 여기에 있다. 일중독자는 실제로 노동시간에 비해 실적이 좋지 않다. 일중독자와 진정한 능력자의 차이를 비교해보자.

일중독자

- 오랜 시간 일한다.

- 목표 없이 일한다. 일하는 것이 목표다.

- 다른 사람에게 일을 맡기지 못한다.

- 일 말고는 관심사가 없다.

- 일하기 위해 휴가를 가지 않는다.

- 직장동료들과 얕은 인간관계를 맺는다.

- 언제나 업무 이야기를 한다.

- 늘 바쁘다.

- 인생은 살아남기 위한 전쟁이라고 생각한다.

진정한 능력자

- 정해진 시간만 일한다.

- 목표가 분명하다. 목표를 달성하기 위해 일한다.

- 가능한 한 다른 사람에게 일을 맡긴다.

- 일 외에도 관심사가 많다.

- 휴가를 즐길 줄 안다.

- 직장 밖의 사람들과도 깊은 인간관계를 맺는다.

- 업무 이야기는 최대한 하지 않는다.

- '빈둥거리는 시간'을 즐긴다.

- 인생을 즐거운 여행이라고 생각한다.

고된 노동은 가장 확실한 투자다. 내가 죽고 난 뒤,
아내의 다음 남편이 될 놈을 호강시켜 줄 것이 확실하다.
—무명씨

일과 삶에 대한 태도를 조사하고 분석한 심리학 연구에 따르면, 일중독자들은 대개 강인하기는커녕 나약한 사람들이다. 내면의 성장, 빈둥거림, 가족생활, 사교활동을 즐기기 위해선 예측할 수 없는 모험을 할 용기가 있어야 한다. 과중한 업무는 이러한 활동을 한꺼번에 회피할 수 있는 훌륭한 핑계거리가 된다. 건강이나 행복은 이들에게 중요하지 않다. 심지어 자기 자신까지 포기한다.

그래서 많은 전문가들이 일중독은 심각한 질병이라고 말한다. 제때 치료하지 않으면 정신적, 육체적 질병으로 이어질 수 있다. 바바라 킬링거는 《일중독자들Workaholics》에서 일중독을 정신적인 장애라고 단언한다. 일에 대한 집착은 위궤양, 불면증, 우울증, 심장병을 불러온다. 당연히 조기사망의 원인이 된다.

일중독자와 달리 진정한 능력자는 일을 하면서도 놀 줄 알기 때문에 훨씬 건강하고 오래 산다. 업무성취도도 높다. 불가피한 상황에서는 1-2주 정도는 집중해서 일을 하기도 한다. 가끔은 게으름을 피우지만 그런 사실을 전혀 부끄러워하지 않는다.

일과 여가의 균형에 관한 전문 컨설턴트들은 다음과 같은 여섯 가지 기본적인 욕구를 모두 충족시킬 수 있는 생활양식을 구축해야 한다고 말한다.

균형잡힌 삶

진정한 능력자는 적게 일하는 대신 이 여섯 가지 욕구를 충족시킨다. 일중독은 여기서 경제적인 욕구만을 충족시키기 위해 노력할 뿐 다른 욕구는 무시한다. 또한 일중독자들이 일을 하는 방식에는 다음과 같은 특성이 있다.

- 일이 줄어들수록, 일 하는 데 드는 시간은 늘어난다.
- 간단한 일도 가장 복잡한 방식으로 처리한다.
- 작은 일을 큰 일로 만들고, 큰 일은 더 크게 만든다.
- 별로 중요하지도 않은 일을 중요한 일이라고 붙잡고 있다.
- 사람들이 잊어버린 오래 전 문제를 붙잡고 씨름한다.

일중독자에게는 노동시간이 중요하지만 진정한 능력자에게는 결과가 중요하다. 이러한 차이는 균형 잡힌 삶이라는 관점에서 보면 매우 큰 결과로 이어진다.

세상 모든 일에는 대가가 따르기 마련이다. 열심히 일하지 않는 것에도 대가가 있겠지만, 일에만 치여 사는 것에도 대가가 있다. 문제는 일만 하는 대가가 일하지 않는 대가보다 클 수 있다는 것이다.

진정한 능력자는 집중해서 일해야 할 때를 잘 안다. 무엇보다도 일하지 않아야 할 때가 언제인지 잘 안다. 이는 자신에게 직접적인 혜택을 줄 뿐만 아니라 주변의 동료와 친구들에게도 놀라운 혜택을 준다.

쉴 틈 없는 여가중독

일과 삶의 균형을 제대로 유지하기 위해서는 먼저 일이 제자리를 잡아야 한다. 노동이 주는 혜택도 많지만, 우리가 무심코 지나치는 해로운 면도 많다. 윌리엄 포크너는 이렇게 말했다.

"세상에서 슬픈 것은 인간이 매일 8시간씩 지속할 수 있는 유일한 활동이 노동이라는 사실이다. 매일 8시간씩 먹을 수도 없고, 8시간씩 술을 마실 수도 없고, 8시간씩 섹스를 할 수도 없다. 8시간씩 매일 할 수 있는 것은 일밖에 없다. 이러한 사실이 자기 자신은 물론 다른 사람까지 비참하고 불행하게 만든다."

노동인구 중 20퍼센트 이상이 일에 중독되어있는 상황에서 우리는, 일중독이 능력이 있는 세련된 도시인의 영웅적인 기질이라는 환상을 버려야 한다. 일중독은 심리적인 측면에서 완벽주의와 강박증과 밀접한 관련이 있다. 일중독자는 일에 온 힘을 쏟기 때문에 친구나 가족은 물론 자기 자신조차 돌볼 힘이 없다.

의미 없는 개인적인 삶을 구원해줄 손길은 일에서 나오지 않는다. 일은 일상생활의 전부가 아닌 일부분이 되어야 한다. 일이 가족, 운동, 고독, 놀이보다 중요해져서는 안 된다. 일에 모든 에너지를 쏟아 부어서는 안 된다. 여가활동을 하고 그 가치를 음미할 수 있는 방법을 배워야 한다. 여가에서 열정과 재능을 빨리 찾을수록, 직장생활은 훨씬 풍요롭고 만족스러워질 것이다.

여가중독자가 되면 삶이 즐거워질 뿐만 아니라, 실직할 때를 대비해 미리 인생을 계획할 수 있다. 일은 일대로 행복하게 하면서, 시간관리를 잘 하면 나중에 실직하더라도 남아도는 시간으로 인해 곤혹을 치르지는 않을 것이다. 바로 이런 점 때문에 퇴직 전문 컨설턴트들은 은퇴계획을 65세가 아닌 35세부터 시작해야 한다고 말한다.

〈도표4-1〉 일중독자의 은퇴 전과 은퇴 후

〈도표4-2〉 여가중독자의 은퇴 전과 은퇴 후

여가중독자의 은퇴 전		여가중독자의 은퇴 전	
일	인간관계	✕	인간관계
골프	테니스	골프	테니스
조깅	우표수집	조깅	우표수집
종교	독서	종교	독서
정원 가꾸기	자원봉사	정원 가꾸기	자원봉사
친구		친구	

그림에서 볼 수 있듯이, 일과 인간관계(가족과 친구와 직장동료)가

고된 노동이 그렇게 좋은 것이라면, 부자들이 모두 차지했을 것이다.
—레인 커크랜드Lane Kirkland

전부였던 사람은 실직하고 나면 삶의 반경이 크게 줄어든다. 이런 사람이 퇴직을 하면 의존할 수 있는 것은 인간관계밖에 없을 뿐만 아니라 인간관계의 폭도 크게 줄어든다. 반대로 다양한 관심사와 취미를 가지고 있는 사람은 여전히 많은 것을 그대로 유지할 수 있다. 여가중독자는 인간관계에만 의존할 필요가 없다. 남는 시간을 활용할 수 있는 활동과 관심사가 많기 때문이다.

사람들은 대부분 40여 년 부지런히 일하면(가끔은 게으름을 피운다고 하더라도), 그 대가로 은퇴 후 15년에서 20년 정도는 여유롭게 여가생활을 하며 지낼 수 있을 것이라고 기대한다. 하지만 일만 하다가 여가생활이 무엇인지도 모른 채 은퇴를 맞이하는 사람들은 뭘 해야 할지 몰라 혼돈에 빠지고 만다.

사교생활이나 여가활동을 하지 못하는 이유로 대개 사람들은 일이 너무 많다는 핑계를 댄다. 결혼을 했거나 자녀가 있는 사람들도 마찬가지다. 사회학자 알리 혹실드는 《시간의 굴레The Time Bind》에서 많은 맞벌이 부부들이 퇴근을 늦게 하려는 경향이 있는데, 그 이유는 업무가 많기 때문이 아니라 귀찮은 가정생활에서 도망치고 싶어하는 욕망 때문이라고 말한다. 몸이 아플 때조차 집에서 벗어나기 위해 출근을 한다.

사람들은 변하지 않으면 안 되는 상황이 닥치고 나서야 변화를 모색한다. 퇴직이 눈앞의 현실이 되어야 정신을 차린다. 하지만 그동안 전혀 준비가 되어 있지 않은 사람에게 갑자기 늘어난 여유시간은 감당하기 힘들다. 따라서 젊은 시절부터 일을 하면서 여가시간을 늘려 가는 것이 좋다. 더군다나 새로운 분야에 관심을 갖고 새로운 기술을 습득하는 일은 나이 들수록 힘들어진다. 젊을 때 해야 한다. 여가는 은퇴 이후 삶을 준비하는 것인 동시에 직장생활과 놀이의 균형을 맞춰주는 역할을 한다.

일하지 않는 삶을 즐기려면 관심의 폭을 넓혀야 한다. 관심사가 다양하지 못하면 인생이 공허하게 느껴질 수 있다. 관심사 하나만으로는 퇴직 후 긴 생활을 즐길 수 없다. 골프, 글쓰기, 사교, 일과 무관한 강의듣기 등 다양한 분야에 관심을 가져야 한다.

여가활동 그 자체에 의미를 두고 열정적으로 몰입할 수 있어야 한다. 여가 자체가 목적이 되어야 한다. 여가활동이 일에 어떻게 도움이 될까 고민하는 것은 바람직하지 않다. 하지만 많은 사람들이 여가를 생산성을 높이기 위한 재충전의 기회, 또는 낮아진 생산성을 다시 높일 수 있는 기분전환이나 도피 정도로 여긴다. 이처럼 여가를 일하기 위한 수단으로 여기는 사람들에게는 여가가 오히려 스트레스를 안겨줄 수 있다.

온천, 관광, 극장, 놀이공원, 크루즈 등 일정이 빽빽한 휴가는 사실상 여가라 할 수 없다. 등산을 하고 마라톤을 하고 스키를 타며 몸을 혹사하는 것은 휴식이 아니다. 이처럼 많은 활동으로 여가시간을 빽빽하게 채워 넣는 태도는 조화롭고 편안한 삶을 즐기는 것과는 거리가 멀다. 스트레스를 풀고 건강을 회복하기 위한 활동이 오히려 몸을 망칠 수 있다. 예컨대 한번에 몰아서 운동을 하면 스트레스가 사라지기보다 오히려 스트레스가 더 쌓일 수 있다. 명상도

오늘날 사람들은 따분한 일을 열심히 한다. 심지어 부자들도 매일
사무실에 나가 일한다. 좋아서 나가는 게 아니라 그것 말고는 할 일이 없기 때문이다.
-오덴W. H. Auden

96

마찬가지다. 시간에 쫓기고 있다는 느낌이 들면 마음을 차분히 가라앉히기 힘들다. 시간을 낭비했다는 느낌이 드는 순간 명상은 끝나버린다.

여가시간 동안에도 계속해서 직장과 연락을 한다면 스트레스는 더 올라간다. 홈즈-라헤 사회 재적응 평가척도Holmes and Rahe Social Readjustment Rating Scale를 활용한 대규모 연구에서도 직장인들이 가장 스트레스를 받는 시간은 오히려 휴가 때로 나타난다.

진정으로 여가를 즐기고 싶다면, 남들 눈치를 보지 말고 여가를 즐길 줄 알아야 한다. 출세에 집착하는 사람들은 여가생활도 일하는 것 이상으로 경쟁하듯 달려든다. 여가의 중요한 의미를 놓치고 있는 것이다. 휴가기간에는 회사와 연락을 끊어라. 예정에 없던 휴가를 하루 정도 내서 마음껏 즐겨보라. 이직을 준비 중이라면 새로운 직장에 들어가기 전에 한두 달 쉬어라. 휴가의 목표는 오로지 느긋하게 시간을 보내는 것이다. 그런 습관은 현재의 직장생활 뿐만 아니라 퇴직 후 생활에도 큰 도움이 될 것이다.

몇 년 전 〈글래머Glamour〉의 편집장 엘리자베스 쿠스터가 내게 전화를 했다. 잡지 구독자들을 대상으로 설문조사를 했는데, 사람들이 금요일보다 일요일에 더 피로를 느낀다고 대답했다면서 이것을 어떻게 해석해야 하는지 물었다. 조사결과는 내게도 놀라웠는데, 나름대로 몇 가지의 가능성을 추론해 이야기했다.

내 답변은 이 책에서 말한 것 그대로다. 프로테스탄트 노동윤리에 세뇌된 현대인은 일을 하지 않고 쉰다는 것에 대해 죄책감이나

97

불안감을 느낀다. 그래서 주말이 되면 집수리나 잔디깎기 같은 잡다한 일거리를 찾아 몸을 바쁘게 움직인다. 주말에 이렇게 체력을 소진해버리니 금요일보다 일요일에 더 피곤한 것은 당연한 결과다.

쉬지 않고 움직여야 한다는 생각은 기업은 물론 학교, 미디어에서 끝없이 세뇌하는 환상이다. 오늘날 바쁘게 움직이지 않는 사람, 스트레스를 느끼지 않는 사람은 무능한 것으로 간주된다. 하지만 중요한 사실은 바쁜 것과 행복한 것은 전혀 무관하다는 사실이다.

무엇보다도 행복하고자 하는 사람이라면 여가시간을 늘리기 위해 노력해야 한다. 풍부한 여가는 인생의 가장 큰 축복이다.

해고당하지 말고 먼저 자신을 해고하라

19세기 미국의 동물학자 루이 아가시Louise Agassiz는 강연을 해달라는 요청을 받았다. 강연료가 매우 큰 금액이었음에도 아가시는 '돈을 벌기 위해 시간을 낭비할 수 없다'고 거절했다. 요즘 이런 우선순위를 고집하는 사람은 찾아볼 수 없다. 이런 사람들이 많다면 세상은 훨씬 살기 좋은 곳이 되었을 것이다.

현대사회는 먹고 살려면 일을 하라고 명령한다. 이것이 바로 현대사회의 본질적 특성일 것이다. 돈을 벌기 위해 과도하게 노동을 해야 하며, 이로써 휴식과 안정, 풍요로운 개인의 삶은 포기해야 한다.

자신이 하는 일이 대단히 중요하다고 생각하는 것은
신경쇠약 증세가 나타나고 있다는 신호다.
—버트란드 러셀Bertrand Russell

당연히 이러한 상황은 삶에 불균형을 초래한다. 일은 끝없는 집중과 관심을 요구하기 때문에 일과 삶의 균형을 잡는 일은 쉽지 않다. 결국 배우자는 불행해지고, 아이들은 방치되고, 사교적인 즐거움은 포기해야 하는 절망적인 상황에 직면하고 만다. 최고의 지위에 오르고 엄청난 보수를 받는다고 해도, 그곳이 타이타닉호라면 무슨 소용이 있겠는가? 모두 침몰해버리면 끝이다.

삶의 균형이 깨지거나, 잘못된 직업을 선택했을 때 다음과 같은 증상이 나타난다.

- 두통, 긴장, 불안 등 스트레스로 인해 발생하는 문제를 겪는 날이 늘어난다.
- 매일 아침 출근하는 것이 끔찍하게 싫다.
- 창의력을 전혀 발휘할 수 없는 지금 하는 일이 지겹다.
- 어떻게든 남은 16년을 꿋꿋이 버텨 연금을 받는 것이 목표다.
- 일과 결혼한 것 같다. 인생에 일만 있고 놀이는 없다.
- 신나게 일을 한 기억이 가물가물하다.
- 불면증, 과도한 스트레스, 휴식시간의 부재로 인해 건강이 나빠진다.
- 직장에서 절반은 공상으로 보내고, 절반은 꼭두각시처럼 움직인다.
- 지금 하는 일이 재미있다고 자신을 설득하고 주변에서 이야기해도 나 스스로 납득하지 못한다.

- 진행하고 있는 프로젝트나 문제점에 집중하기가 힘들고, 새로운 아이디어를 떠올리기 어렵다.
- 회사를 생각하면 우울하다.
- 학창시절엔 빨리 어른이 되고 싶었지만, 지금은 그때로 돌아가고 싶은 마음뿐이다.
- 월요일에 출근해야 한다는 생각에, 일요일 오후가 되면 기분이 몹시 우울해진다.
- 내가 일하는 회사가 '가장 일하기 좋은 100대 기업' 목록에 올랐음에도 회사에 대해 이야기하고 싶지 않다.

더 이상 일에 열정을 느낄 수 없고 일이 삶에 자양분이 되지 않는다고 여겨지면, 당장 회사를 그만두는 것이 좋다. 일주일에 50시간 이상 일을 하느라 삶의 균형을 유지할 수 없다고 생각된다면 당장 사표를 내라. 배우자가 남처럼 여겨지고, 아이들이 어긋나고 있으며, 불행하고 비참한 기분이 든다면 당장 일을 그만두어라. 쫓겨날 때까지 기다리지 말고 먼저 사표를 던져라. 그것이 배우자와 아이들에게 좋은 일이며, 자신은 물론 회사에게도 도움이 되는 길이다.

'경제적인 안정이 중요하다', '주택대출금을 갚아야 한다', '아이들을 대학에 보내야 한다' 같은 핑계는 대지 마라. 회사를 계속 다녀야 할 이유는 끝없이 찾아낼 수 있다. 지금 당장 실행하지 않으면, 앞으로도 절대 하지 못한다. 적당한 때가 아니라는 말은 변명에 불과하다.

퇴직을 고민할 수 있는
가장 좋은 때는 회사에서 나가라고 하기 전이다.
—무명씨

돈을 얼마나 벌든 삶의 활기를 빼앗는 일에 쏟아 부은 시간은 절대 회복할 수 없다. 지금 포기한 즐거움은 나중에 보상받을 수 있는 것이 아니다. 스스로 질문해 보라. "건강을 잃으면 돈이 다 무슨 소용인가?" 아무리 돈이 많아도 과로로 인해 망쳐버린 건강은 되찾을 수 없다.

자신이 하는 일을 좋아하지도 않으면서 두둑한 연봉을 포기하지 못해 직장을 떠나지 못하는 사람들이 많다. 퇴직할 때 받을 수 있는 혜택 때문에 이직을 하지 못하는 사람도 많다. 하지만 즐겁지도 않은 일을 하면서 최적의 컨디션을 유지하기는 어렵다. 퇴직할 시점이 오기 전에 모든 기력이 소진되어 버릴 수 있다. 심한 경우 고생해서 모은 연금에 손도 못 대보고 죽을 수 있다.

돈 때문에 일을 하는 것은, 돈의 감옥에 갇혀 있는 것과 같다. 중요한 것은 돈이 아니라 일을 통해 발전하고, 좋아하는 일을 하면서 주어진 재능을 펼치는 것이다. 사회가 만들어놓은 경제적인 안정이라는 허상에 매달려 자신의 삶을 포기하지 마라. 돈을 벌기 위해서, 싫어하는 일을 하며 시간을 낭비하는 것은 인생을 즐길 수 있는 능력을 갉아먹는다. 돈을 벌기 위해 일은 하는 것은 오히려 돈 버는 능력을 훼손한다.

사람들은 대개 돈을 어느 정도 벌고 나면 다른 일도 마음대로 할 수 있다고 생각한다. 하지만 실상은 그 반대인 경우가 많다. 자신이 좋아하는 일을 하는 사람이, 돈을 많이 준다는 이유로 싫어하는 일을 하는 사람보다 결국에는 훨씬 많은 돈을 번다는 연구결과가 있다.

일을 그만 두는 것은 조금 어려운 일이다. 조금 어려운 일을 불가능한 일이라고 자신을 기만하면 안 된다. 하고 싶은 일이 있고, 그것에 전념할 각오가 되어 있다면 그만두어야 한다. 당장 치러야 할 대가가 커 보일 수 있지만, 장기적으로 보면 결국 이득이 될 것이다.

사표를 내는 것이 두렵다면 스스로 질문하라.

"일을 그만두었을 때 일어날 수 있는 최악의 상황은 무엇일까?"

세세하게 적어보고 다시 물어라.

"그래서 어떻게 되는데?"

최악의 상황으로 인해 죽음에 이르거나 불치병에 걸리지 않는다면, 아무것도 아니다. 안정적인 직장을 잃는 것이 걱정된다면, 한 가지 일에 매달리는 것에서 벗어나는 것만큼 안정적인 일도 없다는 사실을 기억하라. 언제든 마음만 먹으면 돈을 벌 수 있는 능력과 창의성이 내 안에 있다는 것을 상기하라.

새로운 직장으로 옮기는 과정에서 한두 달 쉬면서 의미 있는 일을 하는 것도 좋다. 가진 것을 모두 팔아서 목돈을 마련해 지구 반대편으로 여행을 떠나보면 어떨까? 멕시코, 브라질도 좋다. 스페인에 가서 그림을 그리는 것은 어떨까? 또는 평소에 염원했던 글쓰기에 도전하는 것도 좋을 것이다. 아침 10시까지 늦잠을 자고 일어나 커피를 마시며, 그런 여유를 누릴 수 없는 사람들을 안타까운 시선으로 바라보며 느긋한 시간을 보내는 것도 좋다.

물론 다시 일에 복귀해야 할 때가 되면 전보다 훨씬 좋은 조건의 직업을 얻겠지만, 어쩌면 일하지 않고 노는 경험은 직장으로 다시 돌아가지 않는 선택으로 이어질 수도 있다. 풍요로운 여가를 진정으로 즐겨보면 척박한 회사로 다시 돌아가는 것이 얼마나 힘든 일인지 실감할 수 있다.

가치 있는 일에는 언제나 위험이 따르듯, 직장을 그만두는 것에도 위험이 따른다. 하지만 오늘날 구조조정은 흔한 일이기에 원하든 원하지 않든 어느 날 갑자기 해고될 수 있다. 일을 하지 않아도 살아갈 수 있다는 생각으로 자발적으로 사표를 내는 경험을 해보면, 갑작스레 해고당하는 일이 발생하더라도 당황스럽지 않을 것이다.

《일하지 않아도 좋아》 초판을 읽고 나서 정말 직장을 그만두었다고 편지를 쓴 독자들이 많다. 내 책이 그들에게 행동을 촉발한 셈이다. 노벨상을 받을만한 업적은 아니지만, 많은 사람들에게 용기를 불어넣어준 것에 대해 자부심을 느낀다. 캐나다에 사는 독자가 보내온 편지다.

어니씨에게,

선생님이 쓰신 《일하지 않아도 좋아》를 이제 다 읽었습니다. 책에서 많은 영감을 받았고, 삶을 바라보는 관점도 바뀌었습니다. 열심히 일만 하면 모든 문제가 해결되리라 생각하며 살았지만, 오히려 제 인생은 꼬여만 갔고, 더 많은 문제들이 생겨났습니다. 하지만 이 책을 읽고 저는 직장을 그만둘 용기를 얻었습니다. 지금까지 세무사로 살아왔지만, 이제 다시 인간이 되었습니다.

103

정말, 오늘 아침에 당당하게 출근해서 아내와 아이들, 그리고 저의 정신적, 육체적 건강을 위해 사표를 내겠다고 말했습니다. 그동안은 경제적 안정을 핑계로 모든 것을 미뤄왔지만, 그것이 정답이 아니라는 사실을 확신하게 되었습니다. 하고 싶은 일이 많았지만 할 수 없다고 지레 포기한 일이 너무나 많습니다. 전 책 읽는 것을 좋아합니다. 글을 쓰면서 제 자신의 외연을 넓혀가고 싶은 마음을 늘 품고 있었습니다. 물론 대학 1학년 때 국어과목에서 낙제한 적도 있지만, 그래도 글쓰기를 배우고 싶습니다.

감사합니다.

−레스

한 가지 일만 고집하는 것은 치즈가 없는 터널을 떠나지 못하는 것과 같다. 가장 큰 위험은, 위 편지에서도 볼 수 있지만, 그곳에 치즈가 없다는 사실을 뻔히 알면서도 직장을 그만두지 못하는 것이다. 레스는 이후 두 번이나 더 편지를 보냈다. 다행히 마지막 편지에서 그는 원하던 일이 잘 되어가고 있다고 소식을 전해왔다.

살아있음을 만끽하기 위한 일에 위험을 감수하지 않는다면 도대체 무슨 일에 모험을 할 것인가? 좋아하지도 않는 직장을 계속 다니는 것은 매일 8시간에서 10시간씩 지겹고 재미없고 의욕도 느껴지지 않는 일에 인생을 허비하는 것과 같다. 지금 하고 있는 일이 몸과 마음과 정신에 해를 미친다면, 일을 그만두어야 할 때가 온 것이다.

다른 직장을 구하느냐 못 구하느냐 하는 것은 중요하지 않다. 일

성공은 자기가 하고 싶은 일을 더 많이 할 수 있는
토대를 구축한다는 측면에서 의미가 있을 뿐이다.
−사라 콜드웰Sarah Caldwell

보다 인간적인 존엄과 개인의 가치가 우선한다. 자유를 속박하고 개인적인 희생을 강요할 만큼 가치 있는 일은 없다. 그 어떠한 일도 인생의 즐거움을 만끽하는 데 방해가 되어서는 안 된다.

│ 콧노래 부르며 일하기

행복을 얻을 수 있는 원천 중 하나는 인생의 특별한 목표나 개인적인 사명이다. 그래서 가장 바람직한 삶은 중요한 인생의 목표나 개인적인 사명을 직업으로 삼는 것이다. 이것이 바로 직업적 소명이 된다.

많은 이들이 소명을 뭔가 특별하고 신비로운 것이라 생각하지만, 인간이라면 누구나 느낄 수 있는 것이다. 아이들에게 중요한 지식을 전달하는 선생님이 되든, 영감이 가득 찬 예술가가 되든 소명을 실천하기 위해 일을 한다면 일상이 만족과 보람으로 가득 찰 것이다. 자신의 진정한 소명을 발견하고 추구하는 것은 새로운 경험이 될 것이다.

반대로 소명을 무시하는 것은 심각한 불만족 상태로 이어진다. 좋아하는 일을 회피하는 것은 육체적인 고통과 정신적인 혼란을 야기한다. 자신의 진정한 관심과 욕망을 억누름으로써 발생하는 삶의 고통과 불행을 완화하기 위해 현대인들은 술, 약물, 일, TV, 게임에 의존한다.

많은 현대인들이 4-50대에 위기를 겪는 이유는 오랜 시간 내면

105

의 열정을 억누르며 살았기 때문이다. 그들에게 성공이란 승진하고 재산을 증식하는 것이었다. 실제로 많은 이들이 성공했고 물질적인 풍요도 어느 정도 성취했지만, 만족을 느낄 수 없는 일상은 그들에게 공허함을 선사하였다.

소명은 직업을 통해서 실현할 수도 있지만, 꼭 직업과 결부되지 않아도 된다. 자원봉사를 통해서 실현할 수도 있고 오락이나 취미 같은 여가활동을 통해서도 실현할 수 있다. 더 중요한 사실은, 가장 궁극적인 소명은 관심사, 의미 있는 인간관계, 일, 여가활동 등 삶의 다양한 국면이 모두 결합하여 표현된다는 것이다.

소명은 그것을 받아들일 준비가 되어있을 때 모습을 드러낸다. 때로는 인생이 내리막길에 들어섰을 때 비로소 나타나기도 한다. 파트타임으로 자원봉사를 하거나 특수한 이해집단의 일을 도와주는 과정에서 소명을 발견하여 그것을 직업으로 삼는 사람도 있다. 순수한 취미생활을 엄청난 수익을 창출하는 사업으로 발전시키는 경우도 있다.

리처드 레더와 데이비드 샤피로는《콧노래 부르며 일하기Whistle While You Work: Heeding Your Life's Calling》에서 스스로 다음 세 가지 질문을 던지라고 제안한다.

1. 내가 가진 재능 중에서 다른 사람들에 쉽게 나눠 줄 수 있는 것은 무엇인가?
2. 어떤 재능을 나눌 때 가장 즐거운가?

소망은 언제나 그것을 실현할 수 있는 힘과 함께 온다.
하지만 그 힘을 사용하기 위해서는 상당한 노력을 기울여야 한다.
―리처드 바크Richard Bach

3. 어떤 재능을 가장 많이 나눠 주는가?

이 세 가지 질문에 답하다 보면 자연스럽게 자신의 소명이 드러나고, 궁극적으로는 성공과 자아실현의 영역으로 넘어갈 수 있다고한다. 그들은 소명을 '자신의 가치관과 일치하는 환경에서 열정을느끼는 어떤 것을 제공하기 위해 재능을 발휘하고 싶어하는 내적충동'이라고 정의한다.

돈을 벌기 위한 직업이나 시간을 때우기 위한 여가활동은 소명이 될 수 없다. 소명은 세상을 바꾸고 싶다는 열정을 불러일으켜야한다. 다른 조건들을 압도하는 삶의 목적을 이루기 위해 노력하는것은 인류에게 긍정적인 도움을 줄 것이다.

하지만 소명은 다른 사람의 눈에는 별 거 아닌 것처럼 보일 수있다. 내 친구의 아버지는 학교 수위로 근무하는데, 그 분의 소명은선생님과 학생들이 좋은 환경에서 가르치고 배울 수 있도록 학교를깨끗하게 청소하는 것이다.

개인적인 소명의 몇 가지 예를 보자.

• 오염을 줄임으로써 지구를 더 살기 좋게 만든다.
• 돈을 모금하여 어려운 이웃을 돕는다.
• 아이들의 특별한 재능을 계발할 수 있도록 도와준다.
• 아이들에게 세상의 경이로움을 일깨워줄 수 있는 재미있는 책을
  쓴다.

- 우리 지역을 찾는 관광객들이 최고의 여행을 할 수 있도록 안내해준다.
- 사람들의 관계에서 발생하는 문제를 해소하고 재미있고 활력이 넘치는 관계를 유지할 수 있게 도와준다.

물론 진정한 소명은 가치관과 관심사와 밀접하게 연관되어 있다. 소명은 본연의 나는 물론 나를 둘러싼 세상과 친밀한 관계를 맺을 수 있도록 도와준다. 자신의 소명을 아직 찾지 못했다면, 시간을 두고 다음 질문에 답해보기 바란다.

1. 열정이 어디로 향하는가?

소명 찾기의 핵심은 자신의 가슴을 뜨겁게 만드는 열정을 찾는 것이다. 열정은 커다란 기쁨을 준다. 열정은 엄청난 에너지를 발산한다. 좋아하는 일을 전부 적어 보라. 낚시하기, 친구 초대하기, 도서관에서 자료 찾기, 사람들 웃기기, 다른 나라 여행하기… 어떤 일을 할 때 새벽같이 눈이 번쩍 뜨이는가?

2. 무엇을 잘 하는가?

무엇을 잘 하는지 보면 내가 어떤 사람인지, 어디에 에너지를 집중하고 싶은지 알 수 있다. 예술적인 감각과 쉽게 몰입할 수 있는 능력

혼자 힘으로 살아가야 한다면,
이왕이면 재미있게 할 수 있는 일을 찾는 것이 좋다.
–캐서린 햅번Katherine Hepburn

이 있다면 미술, 음악, 조각 같은 예술적 활동이 적절할 것이다. 소질과 장점은 열정의 바탕이 된다.

3. 롤모델은 누구인가?

롤모델로 삼고 싶은 나만의 영웅이 있는가? 동시대인이어도 좋고 과거의 인물이어도 좋다. 유명한 사람인지 아닌지는 중요하지 않다. 뭔가 특별한 일을 하거나 뛰어난 인물이면 된다. 함께 저녁을 먹을 수 있는 기회가 주어진다면 누구를 선택할 것인가? 세 명을 골라보라. 그들은 어떤 업적을 달성했는가? 롤모델의 자질과 행동을 분석해 보면 자신의 소명이 어디 있는지 실마리를 찾을 수 있다.

4. 무엇을 배우고 싶은가?

호기심을 자극하는 것은 무엇인가? 어떤 주제 또는 어떤 분야를 더 탐구하고 싶은가? 엄청난 유산을 물려받아 세계 어느 곳이든 가서 2년 동안 공부를 할 수 있다면, 무엇을 공부하고 싶은가?

이러한 질문에 답하다 보면 자신의 소명을 찾을 수 있을 것이다. 소명은 영혼에서 우러나와야 한다. 존재의 이유이자 본질이기 때문이다. 소명은 우리가 이 세상에 온 이유다.

한 가지 분명히 기억해야 할 사실은 소명은 돈과는 전혀 무관하다는 것이다. 소명이란 자신의 고유한 재능을 적극 활용하여 인류가 처한 상황을 개선하는데 보탬이 되고자 하는 마음이다. 그러한 활동에서 느끼는 만족과 보람은 개인의 삶을 높은 수준으로 끌어올린다. 물론 소명을 달성하기 위해 노력하다 보면 몇 가지 뜻하지 않은 부산물도 얻을 수 있다. 그 중 하나가 돈이다.

요약하자면, 소명은 인간의 내적 욕망을 채워준다. 돈이나 지위처럼 세상이 제시하는 잣대는 절대 제공할 수 없는 감정이다. 무엇보다도 진정한 소명은 나 자신에 대한 자긍심을 느낄 수 있도록 도와준다. 윈스턴 처칠은 이렇게 말했다.

"사람은 누구나 살아가면서 특별한 순간을 경험을 하는데, 그 때 비로소 진정한 사람이 된다. 그 특별한 순간을 붙잡아야 자신만이 이룩할 수 있는 소명을 실현할 수 있다. 자신의 존엄함을 느끼는 순간 최고의 삶을 맛볼 것이다."

즐거운 노동의 열쇠

직장생활도 즐기고 여가생활도 즐기는 것은 꿩도 먹고 알도 먹는 것에 비유할 수 있다. 물론 꿩을 먹으면 알은 먹을 수 없고, 알을 먹으려면 꿩은 먹을 수 없다. 하지만 꼭 그런 것은 아니다. 전혀 어려운 일도 아니다. 그냥 두 마리를 잡으면 된다. 이 책을 읽는 여러분은 일중독자나 출세주의자보다는 두 마리 꿩을 잡을 수 있는 가능성 측면에서 훨씬 앞서 있다고 할 수 있다. 일중독자와 출세주의자들은

진정한 안정은 내 안에 있다.
스스로 무엇이든 해낼 수 있다고 믿는다면, 누구도 나를 흔들 수 없다.
—메이 웨스트Mae West

너무 바쁘고 머리까지 굳어 있기 때문에 그런 생각을 할 여지조차 없다.

직장에서 승진가도를 달리는 사람들 중에 일과 여가의 균형을 맞출 수 있는 사람은 별로 없을 것이다. 하지만 불가능한 일은 아니다. 우선 시간을 조금만 투자하고도 업무성과를 높일 수 있는 방법을 배워야 한다. 앞에서도 말했지만, 역사상 위대한 업적을 남긴 이들 중에는 놀면서 창조적인 사고를 한 사람이 많다. 그들은 시간을 효율적으로 활용하며 보통사람들보다 훨씬 여유로운 삶을 즐겼다.

효율적으로 일하고자 한다면, 열심히 일하기보다는 현명하게 일해야 한다. 이 책에서 현명하게 일하는 법을 가르쳐주지는 못하지만, 창의성, 통찰력, 생산성을 적극적으로 활용한다면 더 많이 놀고 돈도 더 많이 버는 방법을 찾을 수 있을 것이다. 물론 이러한 것들을 활용하기 위해선 먼저 일을 줄이고 여가시간을 늘려야 한다.

하나마나 한 소리일 테지만 과도한 업무는 엄청난 스트레스를 유발하고, 스트레스는 건강에 심각한 문제를 일으킨다. 잉그리트 바치는《노력하지 않는 삶의 기술The Art of Effortless Living》에서 과도한 일과 스트레스는 관절염 같은 만성질환이나 암에 노출되기 쉽다고 경고한다. 바치 박사 자신도 과로와 스트레스로 인해 3년 동안 침대에 누워 있어야 하는 불행한 경험을 했다. 감정적, 육체적 스트레스에서 벗어나기 위해 꾸준히 노력하면서 서서히 건강을 회복할 수 있었다.

바치 박사는 강박적으로 일에 매달리는 습관을 끊고, 창조적이고 만족스럽고 건강한 삶을 살고 싶다면 일을 줄이고 평온하고 안정적인 마음을 유지하라고 조언한다. 그러면 직장에서든 스포츠경기에서든 개인적인 인간관계에서든 더 많은 것을 성취할 수 있다.

지나치게 많은 일에 쫓기며 지속적으로 불안과 좌절감에 시달리는 사람은 몸과 마음을 쉬게 해야 한다. 스트레스와 좌절감을 줄일 수 있으며, 창조성을 키울 수 있다. 능률적이고 생산적인 사람이 될 수 있다. 좋은 이야기만 늘어놓아 믿기지 않을 수도 있겠지만, 바치 박사는 풍부한 과학적인 증거로 이를 뒷받침한다.

효율적인 사람이 되기 위해서는 우선 자신에게 맞는 일을 찾아야 한다. 좋아하지도 않는 일을 억지로 해서는 능력을 발휘할 수 없다. 싫어하는 일을 위해 낭비한 하루는 좋아하는 일을 위해 투자한 한 달보다 훨씬 길게 느껴질 것이다.

멋들어진 직함과 기업의 온갖 포장에도 불구하고, 오늘날 직장인들이 느끼는 회사에 대한 불만족은 갈수록 상승하고 있다. 2002년 미국에서 직장인 5,000명에게 직장생활 만족도를 조사했을 때, 응답자의 51퍼센트만이 만족한다고 답변했다. 1995년에는 59퍼센트였던 것이 더 줄어든 것이다.

죽기보다 하기 싫은 일임에도 그만두지 못하는 것은 물론 돈 때문이다. 아무런 전망도 없이 매일 똑 같은 일을 해야 하는 한 회계사는 연봉 5,000만원을 포기할 수가 없어 계속 일을 한다고 말한다. 대학교수 역시 가르치는 일이 너무나 싫지만 연봉 1억 5,000만 원을 포기할 수 없어 계속 한다고 말한다. 고소득 전문직들도 이처럼 만

돈을 받고 하는 일은 사람의 혼을 빼앗고 자긍심을 갉아먹는다.
-아리스토텔레스

족을 느끼지 못하며 살아간다.

우리가 일을 하는 이유는 단순히 먹고 살기 위해서만은 아니다. 오지도 않은 내일을 위해서 만족과 보람을 보류하기보다 지금 즐기는 것이 훨씬 바람직하다. 돈보다는 자아실현과 심리적 안정을 우선해야 한다.

적성에 맞는 일을 선택하면 좀더 수월하게, 또 스트레스도 덜 받고 성과를 낼 수 있다. 일도 잘하면서 충분한 여유를 만끽하고 건강을 돌볼 수 있다. 남들은 노동으로 느껴지는 일도 자신에게는 놀이로 느껴질 수 있다. 좋아서 하는 일인데 돈도 벌 수 있다면, 이보다 좋은 일은 없을 것이다. 자신에게 맞는 일은 어떻게 알아낼 수 있을까? 다음 질문에 답해보라.

"생계를 위해 돈을 벌 필요가 없다면 무엇을 하고 싶은가?"

"돈을 주고서라도 해보고 싶은 일은 무엇인가?"

이 질문에 대한 답이 바로 자신의 적성에 맞는 일이다.

꿩도 먹고 알도 먹으려면 적성에 맞는 일을 효율적으로 하는 것도 중요하지만, 휴식을 즐길 여유가 있어야 한다. 우선 여가시간을 확보해야 한다. 세계적인 거부들은 돈 버는 것뿐만 아니라 여가에도 관심이 많다. 일과 여가의 균형을 맞추는 데 뛰어난 사람들이다.

긴 노동시간은 사람들을 심리적으로 압박한다. 연구결과마다 다르기는 하지만, 어떤 조사에 따르면 1970년부터 21세기 초까지 직장인들의 여가시간은 무려 37퍼센트나 줄어들었다고 한다.

물론 반대 결과도 찾을 수 있다. 자녀가 줄고 집안일 부담이 줄

면서 여가시간이 5시간 정도 늘어났다는 보고서도 있다. 하지만 이 보고서조차 여가의 질은 향상되지 않았다는 것을 지적한다. 실제로 여가시간 중 40퍼센트가 TV시청으로 채워진다. (연속적인 TV시청은 가장 대표적인 시간낭비다.)

하지만 여가시간이 줄어드는 것, 또 여가활동의 질이 떨어지는 것을 문제라고 생각하는 사람은 많지 않다. 장미꽃 향기를 음미하기는커녕 신선한 공기를 마음껏 들이마실 여유조차 없다면, 그것은 과연 제대로 된 삶인가? 직업을 잘못 선택했거나, 능력이 없거나, 여가시간을 활용할 의지가 없는 것이다.

예컨대 미국의 직장인 중의 21퍼센트는 자신에게 주어진 휴가를 사용하지 않는다. 더 심각한 문제는 미국의 휴가일수는 오스트레일리아, 독일, 프랑스, 스웨덴에 비해 짧다. 이런 상황에서 자신에게 주어진 휴가를 사용하지 않는 것은 바보 같은 일이다.

또한 단기휴가보다 장기휴가가 훨씬 즐겁다. 육체의 피로를 풀어줄 뿐만 아니라 머릿속도 가볍게 만들어 창조적인 사고를 가능케 해준다. 장기휴가의 효과는 오래 지속되어 직장생활을 더욱 활기차게 하며 업무에 매진할 수 있도록 도와준다.

휴가가 건강에 도움이 된다는 것은 과학적으로도 입증된 사실이다. 2002년 미국심신의학회American Psychosomatic Society는 35살에서 57살 사이의 성인 남성을 조사했는데, 매년 휴가를 가는 사람이 그렇지 않은 사람에 비해 조기사망 확률은 25퍼센트, 심장질환으로 사망할 확률은 32퍼센트가 낮다고 발표했다.

1억 원을 더 번다고 행복해지는 것은 아니다.
10억 원을 가진 사람이 9억 원을 가진 사람보다 행복한 것이 아니 듯.
－무명씨

여기서 말하고자 하는 핵심은 지금 당장 여가를 즐기라는 것이다. 그렇지 않으면 성공한 인생을 살 수 없다. 일과 여가의 균형을 맞추기 위해서는 삶의 방식을 바꾸어야 한다. 직장, 재산, 빚, 가족관계까지 되짚어봐야 한다. 단순히 돈을 더 많이 벌고 싶다는 욕심을 채우기 위해 스포츠, 여행, 취미활동을 포기해서는 안 된다. 건강만 놓고 보더라도 창조적인 빈둥거림은 그 무엇보다도 우리 삶에 가치 있는 일이다.

사소한 일에 집착하는 것은 불행의 씨앗이 될 수 있다. 전혀 중요하지 않은 것에 매달리느라 중요한 것을 놓칠 수 있다. 사실 우리가 집착하는 것은 대부분 필요 없거나 중요하지 않은 것이다. 가장 대표적인 것들이 바로 더 높은 직함, 더 큰 집, 더 고급스러운 차다. 진정으로 행복을 가져다 줄 수 있는 것은 몇 개 되지 않는다. 중요한 것과 중요하지 않은 것을 구분할 줄 알아야 한다.

어리지도 않고 늙지도 않은 나이

건강 때문이라도 적게 일해야 한다. 다른 사람들이 내세우는 기준에 신경 쓰지 말고 최대한 적게 일할수록, 자아를 발견하고 세상을 모험할 수 있는 기회는 커진다. 더 건강하고 행복한 삶을 누릴 기회가 늘어날 것이다.

토론토에 사는 거리의 음악가 벤 커Ben Kerr는 그런 삶을 살아간다.

지금까지 내가 만난 수천 명의 사람들 중에 가장 흥미로운 사람이다. 토론토 중심가에 가면 길거리에서 노래하는 그의 모습을 볼 수 있다. 그가 노래하면 수백 명이 모여든다.

1993년 나는 한 라디오토크쇼에서 일을 하지 않는 사람들의 전화를 받고 이야기를 나누고 상담해주는 게스트로 출연하고 있었다. 그 때 벤 커가 전화를 걸어왔다. 그와 몇 마디를 나눈 뒤 나는 다음 날 그를 직접 찾아가겠다고 약속했다. 이 책 초판본을 한 권 선물로 주었더니 벤은 답례로 그 자리에서 "죽은 자들의 도시에서 부자로 살긴 싫다"라는 노래를 불러 주었다.

1981년 3월 31일은 그에게 역사적 순간이었다. 당시 토론토 항만청에서 임원으로 일했는데, 사무실 안에서 담배를 피울 수 있도록 허용하는 정책을 못마땅해 하던 차에 회사를 그만두기로 결심한 것이다. 50대였던 그는 사무실 안에서는 금연을 해야 한다는 것을 알리기 위해 토론토에서 LA까지 말 그대로 4,000여 킬로미터를 달렸다.

LA로 떠나기 전 벤은 자신의 '십자군 원정'의 주제곡을 직접 만들어 녹음을 했는데, LA에서 토론토로 돌아온 뒤에도 자신의 열정을 쫓아 작곡을 하고 노래하는 일을 계속 이어가기로 한다. 21세기가 된 지금도 그는 거리의 음악가로서 기타를 연주하며 노래한다. 토론토의 혹독한 추위조차 그의 의지는 꺾지 못해 겨울에도 사람들을 위로하는 발라드와 자신의 인생에 대한 노래를 쉬지 않고 부른다. 그는 차갑고 신선한 공기를 마시며 노래를 한 덕분에 폐가 단

죽음은 이제 그만 쉬라는 자연의 충고.
—무명씨

련이 되었다고 말한다. 토론토에서는 이미 유명인사가 된 그는, 지역 잡지 〈나우Now〉 설문조사에서 이따금씩 "최고의 거리음악가"로 뽑히기도 한다.

토론토 항만청에서 65살 정년까지 버티려고 했다면, 아마도 이미 저세상 사람이 되었을 것이라고 그는 말한다. 하지만 지금 그는 매우 건강하다. 〈헬스퍼스펙티브Health Perspectives〉의 제리 길리언스 기자는 이렇게 썼다.

"남다른 열정과 에너지를 가진 노인들을 간혹 만나는데, 벤이 바로 그런 사람이다."

벤에게 나이를 물으면 그는 이렇게 대답한다.

"저는 언제나 청춘입니다. 나이란 마음가짐에 따라 달라질 뿐이죠. 저의 나이로 말할 것 같으면 무슨 일을 하든 너무 어리지도 않고 너무 늙지도 않은 나이입니다. 나이를 의식하지 않고 살면 아프지도, 지치지도 우울하지도 않습니다."

벤은 1985년부터 3년마다 실시되는 토론토시장 선거에 계속 출마하고 있다. 당선권과는 거리가 멀지만, 그럼에도 언젠가는 토론토 시장이 될 것이라고 말한다. 자신은 영원히 살 것이기 때문이란다.

"어쨌든 결국에는 내가 당선될 겁니다."

벤을 만날 때마다 느끼는 것은, 늘 행복해 보인다는 것이다. 벤은 많은 사람들이 부르는 합창에서 빠져 나와 자신만의 노래를 부른다. 거리에서 노래를 부르며 지나가는 사람들과 반갑게 인사를 나눈다. 2002년 6월 벤을 만났을 때 그는 이렇게 말했다.

"젊었을 땐 '나이 든' 사람을 보면서 최소한 저렇게 늙지는 말자고 다짐했던 적이 있지. 행복하고, 건강하고, 경제적으로 자립할 수 있는 노후를 보내야겠다는 확고한 신념이 있었어. 그리고 지금 나는 그런 노년을 보내고 있네. 나는 정말 세상에서 가장 행복한 사람이라고 장담할 수 있네. 하고 싶은 일은 언제든 할 수 있으니 말일세."

단 1초라도 더 살 수 있다면 가진 것을 모두 내 놓겠소.
－엘리자베스 1세

연간 평균 노동시간

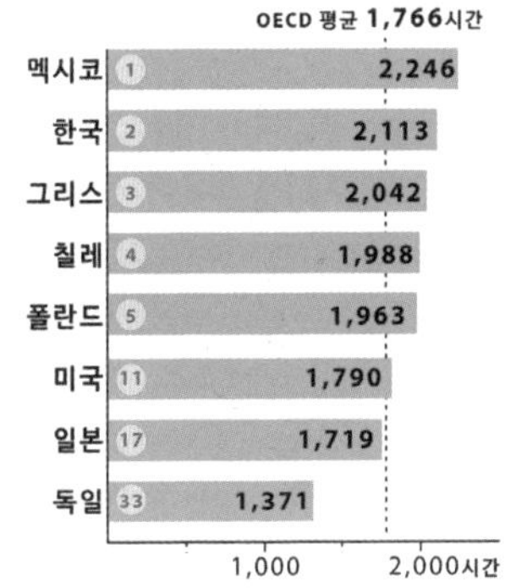
OECD 평균 1,766시간
멕시코 1 2,246
한국 2 2,113
그리스 3 2,042
칠레 4 1,988
폴란드 5 1,963
미국 11 1,790
일본 17 1,719
독일 33 1,371
1,000
2,000시간

취업자 1인당 1년 평균 노동시간: OECD 중 2위 (2015년 기준)

연간 평균 실질임금

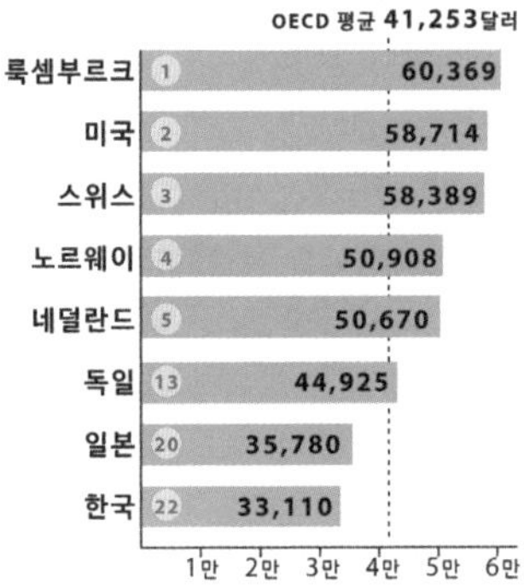
OECD 평균 41,253달러
룩셈부르크 1 60,369
미국 2 58,714
스위스 3 58,389
노르웨이 4 50,908
네덜란드 5 50,670
독일 13 44,925
일본 20 35,780
한국 22 33,110
1만
2만
3만
4만
5만
6만

구매력 평가기준 연간 평균 실질임금: OECD 중 22위 (2015년 기준)

청년실업률

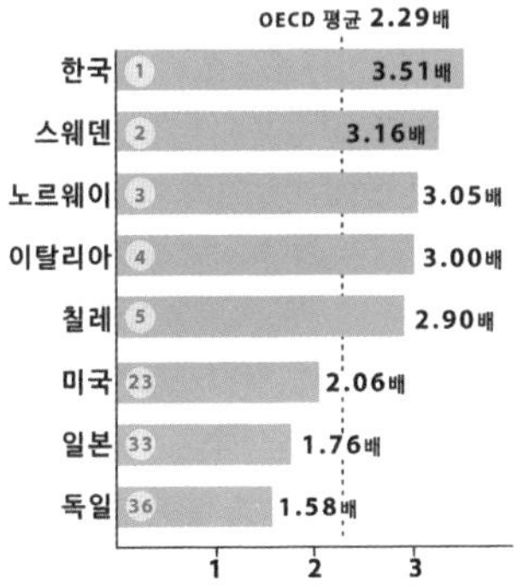
OECD 평균 2.29배
한국 1 3.51배
스웨덴 2 3.16배
노르웨이 3 3.05배
이탈리아 4 3.00배
칠레 5 2.90배
미국 23 2.06배
일본 33 1.76배
독일 36 1.58배
1
2
3

핵심생산인구(30–54세) 실업률 대비 청년(16–29세) 실업률 비율: OECD 중 1위 (2013년 기준)

시간당 노동생산성

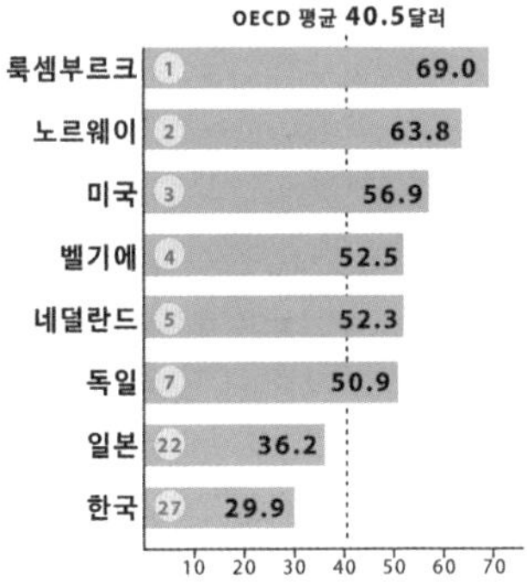
OECD 평균 40.5달러
룩셈부르크 1 69.0
노르웨이 2 63.8
미국 3 56.9
벨기에 4 52.5
네덜란드 5 52.3
독일 7 50.9
일본 22 36.2
한국 27 29.9
10
20
30
40
50
60
70

취업자 1인당 시간당 노동생산성: OECD 중 27위 (2013년 기준)

CHAPTER 05

진정한 나를
발견할 수 있는
소중한 기회

지금은 가지지 못한 것을 생각할 때가 아니라,
가지고 있는 것으로 무엇을 할 수 있을지
생각해야 한다.

−어니스트 헤밍웨이 Earnest Hemingway

실직: 오히려, 인생 최고의 시간

사람들은 흔히, 직장에 들어갈 때는 오랜 시간을 준비하지만 직장을 나올 때는 아무런 준비도 하지 않는다. 경력개발 컨설턴트들에 따르면 일반적으로 우리는 일생에 걸쳐 서너 차례 이직을 한다. 한 직장에서 근무하는 기간은 평균 3년 6개월밖에 되지 않는다. 더구나 갈수록 해고나 명예퇴직의 위험은 커지고 있다. 미국의 경우 40살이 될 때까지 사무직 직장인들은 평균 3번 이직을 하는데, 이 중 한 번은 해고에 의한 것이라고 한다.

이처럼 자의든 타의든 일을 하지 않는 시간을 우리는 여러 차례 경험한다. 그러한 시간을 최대한 활용할 줄 알아야 한다. 지금 이런 시기를 슬기롭게 보낸다면, 나중에 다시 일을 그만둬야 하거나 은퇴를 했을 때 훨씬 자신있게 대처할 수 있다.

CHAPTER 05_ 진정한 나를 발견할 수 있는 소중한 기회

시간을 활용하는 데에는 많은 변수가 작용한다. 여기서 가장 중요한 것은 당사자의 태도다. 많은 돈을 벌고 높은 지위를 쫓을 때는 죽어라 일만 할 수밖에 없는데, 한동안 그렇게 살다 보면 이러한 생활양식이 습관처럼 몸에 배고 만다. 인생을 즐기며 살 수 있는 기회가 와도, 일하지 않는 즐거움을 오롯이 만끽하기 힘들게 되는 것이다.

일을 하지 않더라도 얼마든지 세상을 즐기며 살 수 있다. 또한 일을 하지 않을 때, 시간이 많이 남아돌 때야말로 자신의 진정한 모습을 발견할 수 있는 기회가 많다. 일을 하지 않는 시간은 직장생활을 하면서 흐트러진 자아정체성을 되찾고 인격을 도야할 수 있는 소중한 선물이다. 일하지 않는 시기는 말 그대로 인생 최고의 시간이 될 수 있다.

실직의 불안과 공포는 어디서 오는가

은퇴든 실직이든 일자리를 잃는 경험은 상당한 충격을 준다. 그렇지 않다면 거짓말일 것이다. 일에 모든 것을 쏟아 부은 사람일수록 일자리를 잃은 슬픔을 극복하는 데 오랜 시간이 걸린다. 일반적으로 블루칼라 노동자들보다 관리자나 임원들이 실직했을 때 더 힘들어하는 데, 이는 화이트칼라가 일과 자신을 동일시하는 경향이 크기 때문이다.

124

우리가 떠올리는 성공의 이미지는 미디어, 대학, 기업과 같은 외부적인 요인들이 짜놓은 각본과 일치한다. 일을 할 때는 이런 외적인 요인들이 제시하는 시나리오만 따르면 되지만, 여가에 관한 시나리오는 어디서도 제공하지 않는다. 따라서 일을 하지 않는 상황이 되었을 때 우리가 어쩔 줄 몰라 하는 것은 당연하다.

청교도적인 가치관에 경도된 사람들은 좌절과 우울에 빠질 수도 있다. 사회규범에 모든 것을 맞추어 살기 위해 노력하던 사람들은 변화된 상황을 끝내 거부하다 자존감이 무너질 수도 있다. 은퇴 연령에 있는 사람들의 자살률이 다른 연령대에 비해 4배나 높은 것은 결코 우연한 일이 아니다.

연구결과, 은퇴한 사람 다섯 명 중 한 명이 새로운 생활패턴의 변화에 적응하지 못하고 우울증세를 경험하는 것으로 나타난다. 임상심리학자 메릴린 소렌손 박사는 《낮은 자존감의 사슬 끊기Breaking the Chain of Low Self-Esteem》에서 자존감이 낮을수록 은퇴 후 우울증을 앓을 확률이 높다고 말한다.

"자존감이 낮을수록 성공에 매달릴 확률이 높다. 자기 존재의 타당성을 입증해야 한다는 생각에 모든 것을 일에 바친다."

내가 경험한 바로는, 일이 아닌 다른 곳에서 즐거움을 쉽게 얻지 못하는 사람들은 한결같이 개성이 없다. 존재의 근거를 전적으로 외적인 요인에 의지하기 때문에 인성에 깊이가 없다. 사람을 깊이 사귀지 못하고 문제를 겪을 확률이 높다.

그래서 일을 그만두고 조직에서 벗어났을 때 가장 먼저 해야 할 일은, 바로 자신만의 개성이 넘치는 주체적인 삶을 개척하는 것이다. 물론 일과 자아를 동일시하는 경향이 강한 사람이라면, 그 여정이 쉽지는 않을 것이다. 그럼에도 패배자의 이미지를 벗어 던지고 승리자의 이미지로 탈바꿈하기 위해 노력해야 한다.

긍정적인 마음가짐을 절대 놓지 말라

갑자기 일을 그만두고 놀아야 하는 상황에 처했을 때 짧게는 며칠, 길게는 몇 주 정도 지나면 고비가 찾아온다. 공포나 공황을 느끼는 사람도 있고, 불안증세를 보이는 사람도 있다.

실직으로 인한 문제는 경제적인 어려움, 인간관계의 축소, 목표 상실, 성취감을 경험할 수 있는 기회의 감소 등을 들 수 있다. 이러한 권태나 절망감을 극복하는 가장 좋은 방법으로 전문가들은 한결같이 '건설적인' 여가활동을 권한다. 예컨대 하루 종일 TV 앞에 앉아 실직의 괴로움을 곱씹는 것은 가장 바람직하지 않은 방법이다.

삶의 중심을 노동에서 여가로 바꾸는 과정은 자아의 참 모습을 발견하는 과정이라 할 수 있다. 일에만 빠져 산 사람이라면 느긋하고 여유있는 시간이 생소할 것이다. 어쩌면 어른이 된 이후 처음 경험하는 것일지도 모른다.

일을 하는 동안에는 대부분 직업을 자신의 정체성으로 착각한다. 자신의 본성이나 자질이 아닌 회사나 조직의 가치관이 자신을

이 세상 돈을 모두 쓸어다 준다고 해도 내 여가시간과 바꾸지 않겠다.
-꽁 드 미라보Comte de Mirabeau

규정하는 것이다.

자신의 본래 모습을 파악하는 것은 사실 쉽지 않은 과업이다. 의식적으로 내면을 탐색해야 한다. 또 새로운 환경에서도 배우고 성장하려는 열의가 있어야 한다. 무엇보다도 긍정적인 삶의 자세를 유지하기 위해 끊임없이 노력해야 한다. 긍정적인 삶의 자세는 일하지 않는 시간을 불행 속에 빠지지 않도록 받쳐주는 버팀목이 되어줄 뿐만 아니라 새로운 일자리를 찾는 데에도 실질적인 도움을 준다.

토론토대학의 게리 라담Gary Latham 교수는 13개월 이상 실직상태에 있는 전직 관리자들 28명을 모아 두 그룹으로 나누었다. 한 그룹에는 자기지도self-guidance와 긍정적인 대화법을 가르치고, 다른 한 그룹에는 아무것도 가르치지 않았다. 9개월 후, 교육을 받은 그룹 중 절반이 전 직장에서 받던 급여수준의 대우를 받으며 재취업에 성공했다. 반면 교육을 받지 않은 그룹에서는 겨우 12퍼센트만이 재취업을 했다. 라담 박사는 이렇게 말한다.

"겨우 14시간짜리 교육이 이렇게 큰 차이를 낳다니 놀라지 않을 수 없습니다."

은퇴와 관련한 연구논문을 보면 대부분 은퇴 당시에는 상당히 혼란을 느끼지만 일정 시간이 지나면서 만족도가 점점 높아지고, 마침내 직장생활을 할 때보다 훨씬 보람찬 시간을 보내는 것으로 나타난다. 웨스턴온타리오대학의 심리학교수 모리스 쉬노레는 《은퇴, 축복인가 불행인가Retirement: Bane or Blessing》라는 책에서 은퇴자들의 생활양식에 대한 광범위한 조사결과를 보여준다. 그의 결론의 핵심은 행복한 삶에 직업은 필수요소가 아니라는 것이다.

쉬노레에 따르면 은퇴 후 정체성의 위기를 겪으며 적응하지 못하는 사람은 10퍼센트에 불과하다. 은퇴한 사람들은 대부분 중년의 직장인들보다 훨씬 만족스러운 일상을 즐겼다. 자신들이 예상했던 것보다 훨씬 행복하다고 말하는 사람들도 많다. 쉬노레는 은퇴 생활에 잘 적응하는 사람들에게는 다음과 같은 공통점이 있다고 말한다.

- 성취가능한 목표 추구
- 가진 것에 감사하는 마음
- 문제가 생겨도 헤쳐나갈 수 있다는 자신감

일하지 않아도 일할 때만큼 성취감을 느낄 수 있다는 것을 명심하라. 사회는 억대 연봉, 커다란 저택, 비싼 차, 그럴듯한 직장을 성공이라고 정의하지만, 이런 것이 성공의 유일한 잣대는 아니다. 세상은 생각하는 방식에 따라 다르게 보인다. 세상을 긍정적으로 바라보면, 일하지 않는 상태가 패배가 아니라 오히려 승리라는 것을 깨달을 수 있다. 자아실현을 위한 생산적인 활동에 열중하면서 느긋하게 살아갈 수 있다는 것은 그 자체로 엄청난 성공을 누리는 것이다. 물론 인류 역사상 그런 특권을 누렸던 사람은 많지 않았다.

시간은 우리에게 가장 소중한 것이기도 하지만,
가장 남용하는 것이기도 하다.
—윌리엄 펜William Penn

있지도 않은 좋은 시절 그리워 하기

우리는 어떤 상황에 적응을 하지 못하거나 만족을 느끼지 못할 때 과거를 더 예쁘게 포장한다. 자신에게 유리하고 좋은 것은 기억하고 나쁜 것은 잊어버린다. 많은 이들이 호시절 타령을 하지만, 실제로 그런 시절은 존재하지도 않는 경우가 많다.

나 역시 이런 향수에 젖은 때가 있었다. 몇 년 전 직업학교에서 시간제 강사를 하다가 학과장과 마찰을 빚어 일을 그만두었다. 일주일에 16시간 정도 일을 했을 뿐이지만, 갑작스레 여유시간이 늘어나 당황스러웠다. 아침만 되면 밖에 나가고 싶은데 막상 갈 곳이 없었다. 그러면서 일을 하던 생활이 그리워지기 시작했다. 나 역시 다른 사람들과 마찬가지로 일 없이는 살 수 없는 사람이 된 것 아닐까 하는 생각이 들었다.

그것은 전혀 예상하지 못했던 느낌이었다. 처음 이틀인가 사흘은 사표를 낸 것이 너무 후회스러웠다. 하지만 나흘째가 되면서 제정신이 들고 예전의 행복감이 다시 찾아 왔다. 좋아하지도 않는 일을 하기 위해 출근하는 사람들이 안되어 보인다는 생각이 들었다. 심지어 자기가 하는 일을 좋아서 하는 사람조차 불쌍해 보였다. 그들은 절대 나만큼 행복할 수 없었다.

일하는 것에 대한 미련을 쉽게 떨쳐버릴 수 있었던 이유는, 직장에서 경험한 부조리한 경험을 다시 떠올렸기 때문이다. 조직생활에서 느끼는 불만을 떠올려보면 일을 그만두기 잘 했다는 생각이 저

129

절로 든다. 향수병은 흔적도 없이 사라진다.

직장생활이 싫은 이유

전에 다녔던 직장에 대해서 솔직히 말해보자. 상사, 조직, 업무와 관련하여 마음에 들지 않았던 것을 나열해보자.

비참한 감정을 느끼며 일해야만 했던 직장경험을 돌이켜보면서, 조직생활을 내가 싫어하는 이유를 정리해보았다. 25가지나 되는 목록을 읽다 보면 직장생활에 대한 미련은 금방 사라지고 일하지 않는 것이 얼마나 행운인지 깨닫게 될 것이다.

- 빈번한 인원감축으로 끊임없이 과중한 업무를 떠맡긴다.
- 햇살 좋은 날에도 하루 종일 사무실에 갇혀 지내야 한다.
- 상사들이 자리에서 물러날 생각을 전혀 하지 않기 때문에, 승진할 가망성이 없다.
- 10년 전에 해고되었어야 마땅할 머저리들과 함께 일해야 한다.
- 가식적인 미소를 띠고, 극심한 경쟁과 중상모략을 일삼으며 권력다툼을 한다.
- 많은 업무를 처리하고 실적이 좋아도 연봉은 오르지 않는다.
- 출퇴근을 위해 매일 1-2시간을 지독한 교통체증 속에서 허비해야 한다.

인생은 잔치다. 정말 멍청한 사람만 굶어 죽는다.
–안티 메임Auntie Mame

- 하루 종일 책상 앞에 앉아 있어야 하며, 마음대로 시간을 쓸 수 없다.
- 끊임없는 간섭과 업무의 압박으로 생각할 여유조차 갖기 힘들다.
- 무의미한 서류작업을 매일 반복해야 하고, 아무도 읽지 않을 보고서를 작성해야 한다.
- 다른 부서와 협력이 전혀 이뤄지지 않는다.
- 상사들은 앞뒤가 맞지 않는 명령을 내린다.
- 결론도 내지 못할 회의는 한번 시작하면 2시간이 기본이다.
- 휴가를 가라고 해도 가지 않고 일에만 매달리는 일중독자들과 함께 일해야 한다.
- 일정을 마음대로 조절하기 힘들어 가고 싶을 때 휴가를 갈 수 없다.
- 일이 많다는 이유로 법정 휴가조차 못 쓰게 한다.
- 상사가 부하직원의 성과나 기획안을 가로챈다.
- 엄청난 연봉을 받는 임원들을 뺀 나머지 직원들에게는 주차할 공간도 주지 않는다.
- 남들보다 빠르게 업무를 처리해도 매일 똑 같은 시간에 출근해서 앉아 있어야 한다.
- 관료주의, 형식주의, 답답한 원칙, 부조리한 절차에 얽매여 전혀 동기부여가 되지 않는 나태한 사람들과 함께 일해야 한다.
- 성별, 학력, 신체적 특징, 결혼 여부 등을 따져 차별한다.

- 혁신적인 기업이라고 광고하면서 정작 혁신적인 아이디어는 외면한다.
- 에어컨은 겨울에만 제대로 작동한다.
- 성과를 내도 인정해 주지 않는다.
- 임금인상과 승진을 위해서라면 물불을 가리지 않는 역겨운 인간들과 함께 생활해야 한다.

이것은 내가 회사를 다니면서 경험한 것들이지만, 어느 직장에서나 크게 차이는 없을 것이라 생각한다. 이 목록을 보면 직장은 우리의 영혼을 파괴하는 곳임에 틀림없다. 조직생활을 한 번이라도 해본 사람이라면 수긍할 것이다. 회사를 그만 둔 사람이라면 입가에 미소가 번질 것이고, 현재 직장에 다니고 있는 사람이라면 우울해질지도 모른다.

일하지 않는 것을 두려워하는 세 가지 이유

실직은 앞날에 대한 불안, 규칙적이지 않은 생활, 사회적 관계의 단절 등 상당한 스트레스를 안겨준다. 이로 인해 회사가 죽도록 싫어서 사표를 낸 사람조차 직장생활을 다시 그리워하게 된다.

하지만 냉정하게 돌아보면, 그토록 지겹던 직장생활이나 동료들이 갑자기 좋아진 것은 아니다. 여기서 알아야 할 사실은, 직장생활

우리가 그리워하는 향수 속에는 원래 모습이 담겨있지 않다.
-무명씨

132

이 단순히 돈만 버는 활동이 아니라는 것이다. 예컨대 관리직에 있던 사람들은 직장생활을 통해 경제적 보상뿐만 아니라, 자존심, 지위, 성취감, 인정, 발전가능성, 권력과 같은 것을 얻는다. 회사를 그만두는 순간 이 모든 것들이 함께 사라져버린다.

직장생활은 인간의 기본적인 3가지 욕구를 채워준다. 규칙적으로 생활하고 싶어하는 욕구, 목표의식을 갖고자 하는 욕구, 공동체에 소속되고 싶은 욕구다. 직위나 만족도와는 별개로 직장을 다니면 누구나 이 세 가지 욕구를 충족할 수 있다. 하지만 이것은 직장에서만 채울 수 있는 욕구가 아니다. 하나씩 살펴보자.

1. 규칙적인 생활

좋든 싫든 규칙이란 것은 우리 사회가 설정해 놓은 하나의 틀이다. 어릴 적부터 은퇴할 때까지 모든 사회생활은 이 틀 속에서 이루어진다. 교육, 직업, 결혼, 가족부양 등 모두 마찬가지다. 직장이라는 사회적 공간은 자연스럽게 생활의 틀을 우리에게 제공하는데, 직장을 그만두면 우리 행동을 잡아주는 틀이 사라지고 이로써 우리는 방황하게 된다.

자신을 잡아주던 틀이 갑자기 사라지면 누구든 혼란에 빠질 수밖에 없다. 특히 규칙을 엄격하게 추구하던 사람들은 더욱 그럴 것이다. 어쨌든 흘러가는 시간 속에서 우리는 무슨 일이든 해야 한다. 아무 일도 하지 않고 지낼 수는 없다. 공허한 시간은 우리 삶을 권태로움 속으로 몰고 갈 것이다. 완고한 사람은, 사회와 인연을 끊고 은둔하거나, 때로는 정신적 육체적 능력이 퇴행할 수도 있다.

처음에는 어떤 틀에 얽매이거나 똑 같은 일상을 반복할 필요가 없다는 사실이 마냥 좋을 수도 있다. 아침에 일찍 일어날 필요도 없고, 허겁지겁 아침을 챙겨먹지 않아도 되고, 사람들 틈에 끼어 출퇴근할 필요도 없고, 시간에 쫓길 일도 없다. 이제 어떤 것에도 압박을 느끼지 않고 살아갈 수 있다. 하지만 아무리 창조적인 사람이라고 해도 최소한의 규칙과 일정은 필요하다. 습관의 동물이라고 할수 있는 인간은, 반복적인 일상과 규칙 속에서 심리적인 안정을 느낀다.

직장을 그만두면서 규칙과 틀을 상실했을 때 사람들은 대개 무력감을 느끼지만 독립적이고 창조적이고 도전적인 사람은 이러한 상실을 오히려 축복으로 받아들인다. 자신에게 맞는 새로운 규칙과 틀을 마련할 수 있는 기회가 온 것이기 때문이다.

나 역시 오래 전 회사를 그만두고 난 뒤, 조직생활이 나에게 부과했던 규칙과 일상의 틀을 대체할 수 있는 나만의 규칙과 틀을 만들어야 한다는 것을 깨달았다. 우선 건강을 위해 매일 두 번씩 운동을 하기로 했다. 아침에 일어나자마자 50분 정도 스트레칭을 하고, 오후에는 한 시간 반 정도 자전거타기, 달리기, 걷기, 테니스 같은 운동을 했다. 운동은 건강을 지켜줄 뿐만 아니라 무엇보다도 2시간짜리 일과를 만들어 주었다.

그리고 카페에 가서 커피를 마시면서 동네사람들과 이야기나누기, 신문 세 종 읽기도 규칙적인 일과로 정했다. 총 10가지 할 일을 만들었는데 그 중에는 이 책을 쓰는 일도 중요한 일과였다. 그 당시 세웠던 일과 중 몇 가지를 소개한다.

- 가까운 대학에 가서 수업 청강하기
- 매일 오후4시 드라이브하기
- 정기적으로 모이는 모임에 참여하기
- 테니스, 골프, 하키, 축구 등 정기적으로 모이는 스포츠 동호회 활동하기
- 자원봉사 하기

꾸준히 자기계발을 위해 노력해온 사람이라면, 할 일을 떠올리는 것이 어렵지 않을 것이다. 일과를 짤 때 가장 중요한 내적 자원은 창의성이다. 약간의 창의성만 있다면 여가, 친구, 세상을 중심으로 다양한 일과를 만들어 낼 수 있다. 이러한 일과에 따라 오롯이 자신만을 위한 삶을 살 수 있다.

2. **목표의식**

일을 하지 않는 사람에게 목표의식은 생사를 가르는 문제일지 모른다. 아무런 목적도 없는 삶은 살아도 사는 것처럼 느껴지지 않기 때문이다.

135

퇴직자들을 대상으로 한 연구에 따르면, 목표의식이 있는 노인들이 그렇지 않은 노인들에 비해 훨씬 오래 사는 경향이 있다. 아무런 목표도 없는 사람들 중 70퍼센트가 퇴직 후 2년 안에 사망한다. 이들은 평균적으로 퇴직 후 13개월밖에 살지 못한다.

또한 퇴직을 쉽게 받아들이는 사람과 그렇지 못하는 사람을 비교해보면 인생관에서 크게 차이가 난다고 한다. 삶의 목표와 의미를 자각하는 사람일수록 퇴직을 쉽게 받아들인다. 목표의식이 분명하고 존재의 의미를 아는 사람들은 일을 하든 하지 않든 인성적으로나 정서적으로나 훨씬 나은 삶을 살아간다.

벤저민 프랭클린은 '여가란 유익한 일을 하는 시간'이라고 말했다. 하지만 목표의식이 없다면 삶에 유익한 것이 무엇인지 판단할 수 없다.

일을 하지 않는 사람들 중 많은 이들이 우울증을 앓는 것도 이 때문이다. 우울증을 치유하는 가장 효과적인 처방은 바로 목표의식을 갖는 것이다. 살아가는 목표가 뚜렷한 사람은 스스로 쓸모 있으며, 열정적이고 생산적인 사람이라고 생각한다. 잉그리드 바치는 《노력하지 않는 삶의 기술The Art of Effortless Living》에서 이렇게 말한다.

"오늘날 우리는 소위 개인주의 문화 속에 살면서도, 많은 이들이 자신이 어떤 사람인지, 어떤 일에 열정을 가지고 있는지, 자신의 삶의 목표가 무엇인지 잘 모른다. 외적인 것에만 관심을 갖고, 일과 그에 따른 보상으로 자신의 존재가치를 입증하려고 하는 한, 우리의 참모습은 영원히 찾지 못할 것이다."

뭐니 뭐니 해도, 단조로움은
창조적 활동을 자극하는 가장 좋은 조건이다.
—마가렛 새크빌Margaret Sackvill

다시 말해 개인주의 문화 속에서 삶의 목표조차 갖지 못하는 것은 물질, 서열, 경쟁, 낭비와 같은 허울을 쫓기 때문이다. 열심히 일해서 돈만 많이 벌면 무조건 성공한 것이라고 믿는 사람들에게 자신이 어떤 존재인지 고민하는 것은 시간낭비일 뿐이다.

일이나 물질적인 것에 집착하다 보면 진정으로 살아있다는 느낌을 주는 것이 무엇인지 잊기 쉽다. 자기자신의 진정한 모습에서 멀어지고 마는 것이다. 따라서 퇴직 후 가장 우선적으로 설정해야 목표는 바로 진정한 자기 자신을 찾는 것이다.

자아를 찾고 나면 자연스레 삶의 목표를 재검토하게 된다. 어떠한 인생의 목표든 내면에서 나오기 때문이다. 삶의 목표란, 다시 말하지만 자신의 열정에 불을 붙이는 소명이다. 삶의 목표는 저절로 떠오르는 것이 아니다. 아직 목표를 발견하지 못했다면 여유를 갖고 기다리면서 자신의 내면을 탐구해야 한다. 며칠, 몇 주, 심지어 몇 달이 걸릴 수도 있다. 내면을 들여다보지 않는다면 인생의 목표를 영원히 찾지 못할 수도 있다.

오래 전 엔지니어로 일하다가 해고되었을 때, 내가 세운 목표는 2년 동안 신나게 노는 것이었다. 직장을 구하거나 직업교육을 받들 생각은 전혀 없었다. 여가활동에 온갖 열정을 쏟으면서 마음 가는 대로 자유롭고 행복하게 살았다. 나보다 능력 있고 똑똑한 사람도 나와 같은 선택을 하지는 못했을 것이다. 2년 동안 매 순간을 알차게 즐겼다. 그 시간 동안 엄청난 만족감과 성취감을 느꼈음은 말할 필요도 없다.

인생의 목표를 찾기 위해서는 자신을 먼저 발견해야 한다. 다음 질문에 답을 하다 보면 자기 자신에게 좀더 가까이 다가갈 수 있을 것이다.

- 좀더 나은 세상을 만들기 위해 내가 하고 싶은 일은 무엇일까?
- 어떤 일을 한다면 내가 더 나은 사람이 될 수 있을까?
- 어떤 목표를 가진 사람을 볼 때 존경심이 우러나오는가?
- 90살이 되어 인생을 회고할 때 업적으로 내세우고 싶은 것은 무엇인가?
- 어떤 일을 하면 내 삶이 만족스럽게 느껴질까?

일을 하지 않을 때 삶의 목표로 삼을 수 있는 활동은 무수히 많다. 개인의 관심사와 가치관에 따라 달라질 것이다. 많은 사람들이 가치 있다고 여기는 활동 중에는 다음과 같은 것들이 있다.

- 사람들의 삶에 변화의 계기를 제공하는 일.
- 공동체 활동처럼 사회에 기여하는 일.
- 창조적으로 자신을 표현하는 일.
- 발명이나 발견.
- 환경을 보전하는 데 이바지하는 일.
- 인생을 즐기며 사는 법을 남들에게 직접 보여주기.
- 어려운 임무에 도전하여 성취하기.

인생은 욕망과 욕망의 연속일 뿐 만족과 만족의 연속이 아니다.
-사무엘 존슨Samuel Johnson

- 건강과 안정 찾기.
- 개인적인 행복과 만족감 찾기

일을 하지 않는 사람에게 삶의 목표는 매우 중요하다. 열정을 자극하는 목표가 있는 사람은 인생을 무한히 사랑할 수 있지만, 그런 목표가 없는 사람은 인생에서 괴리되고 만다. 목표를 달성하기 위해 노력하는 과정에서 정신적, 육체적 건강을 유지할 수 있으며 감정적, 영적 충만을 만끽할 수 있다.

3. 소속감

직장은 수익, 성과, 권력도 중요하지만 무엇보다도 하나의 공동체다. 직장동료가 친구로 발전하기도 하고, 퇴근 후 함께 취미생활을 함께 하기도 한다. 이처럼 공동체의 일원이라는 느낌과 그 속에서 맺는 관계는 직장이 제공하는 즐거움 중 하나다.

직장동료의 인정, 배려, 존중은 소중한 경험이다. 우리가 직장을 그만두지 않고 계속 유지할 수 있는 중요한 요소다. 심지어 어떤 이들에게 직장은 이러한 관계를 맺을 수 있는 유일한 장소이기도 하다.

거의 모든 시간을 회사에서 보내는 직장인들에게 직장은 사람을 사귀고 교제할 수 있는 유일한 공간이다. 실제로 오랜 시간 회사를 통해서만 인간관계를 맺어온 사람들은 회사 밖에서는 친구를 어떻게 사귀어야 하는지 알지 못하는 경우가 많다. 친밀감과 안정감을 제공하는 피난처 역할을 하던 회사를 벗어나면 큰 상실감을 느끼며 사회 부적응자로 전락할 수 있다.

많은 이들이 일자리를 잃으면 새로운 사람을 만날 수 있는 기회도 사라진다고 생각한다. 직장을 그만두고 나서 집 안에 처박혀 있다면 당연히 새로운 친구를 사귈 수 없다. 하루종일 TV를 보거나 혼자 즐기는 취미활동만 고집한다면 당연히 새로운 친구는 사귀기 힘들다. 새로운 친구를 사귀고 싶다면 다른 사람과 함께 즐길 수 있는 사교모임이나 공동체활동에 참여해야 한다.

어디를 가느냐에 따라 만나는 사람이 달라진다. 사람은 자신과 비슷한 사람한테 더 끌리게 되어 있다. 퇴폐적인 나이트클럽이나 수상쩍은 술집에 가면 거기에 어울리는 사람들을 만날 수 있을 것이다. 하지만 내게 그런 곳이 고마운 이유는, 어울리고 싶지 않은 사람들을 효과적으로 격리해주기 때문이다.

좋은 사람을 만나려면 그런 사람들이 모이는 장소에 가야 한다. 폭주족이 어울리는 장소에 가서 예술가를 찾으려고 하는 것은 바보짓이다. 마찬가지로 철학에 대해서 이야기하고 싶은 사람이 동네 미용실이나 식당에 모이지는 않을 것이다. 그런 곳은 스포츠나 TV프로그램 등 소소한 잡담을 나누는 곳이다.

미술관, 박물관, 천문대 같은 곳은 사람을 만나기에 적절한 장소처럼 보이지 않는다. 하지만 동네술집보다는 이런 곳에서 자신과 비슷한 사람을 만날 확률이 훨씬 크다.

쾌락이 곧 행복이라고 착각하지 마라.
이 둘은 종자가 다른 개다.
−조시 빌링스Josh Billings

관심사나 목표가 비슷한 사람들의 모임에 참여해 보라. 크기와 상관없이 봉사모임, 독서모임, 취미모임, 정치적인 활동을 하는 모임도 좋다. 모임에 들어가면 사람들과 사회적인 관계도 맺고, 자신도 알리고, 다양한 기회를 만들어야 한다.

일하지 않고 행복하게 사는 방법을 효과적으로 터득하는 방법 중 하나는 다른 사람을 관찰하고 거기서 교훈을 얻는 것이다. 여가 활용을 즐기며 행복하게 살아가는 창조적인 사람들을 사귀면 좋다. 일하지 않고도 행복하게 사는 사람을 친구로 만들라. 그들이 살아 가는 방식을 연구하라.

내 직업은 자아실현 전문가

직장을 그만둔 날부터 여가가 자신의 직업이라고 생각하라. 이 직업을 통해 우리는 자기만족, 자아실현, 목표성취라는 보상을 얻을 수 있다. 일을 하지 않는다고 해서 자신을 쓸모없는 사람이라고 생각하면 안 된다. 직장에 다니지 않고도 사회에 공헌하는 길이 많다는 것을 명심하라.

토론토에 사는 한 독자가 일을 그만두고 나서 느끼는 자유로움을 공유하고 싶다고 편지를 보냈다.

어니 선생님께,

방금 전《일하지 않아도 좋아》를 두 번째 읽고 나서 감사의 말을 전하고 싶어 이렇게 편지를 씁니다.

저는 지난 7월, 회사 일이 너무 힘들고 스트레스도 많아서 그만두었습니다. 건강에도 문제가 생기기 시작했었죠. 그 때 우연히 TV에서 선생님 모습을 보고 책까지 사서 읽게 되었습니다. 책에는 제가 직장생활을 하면서 느꼈던 감정들이 고스란히 적혀있더군요. 저와 같은 생각을 하는 사람이 있다는 사실에 무척 반가웠습니다.

회사를 그만두고 나서 6개월 째 실컷 놀고 실컷 쉬고 정말 여유로운 생활을 만끽하고 있습니다. 그 기간 동안 캐나다 동부지역과 태국도 여행했고 책이랑 잡지도 많이 읽었습니다. 그리고 가족이나 친구들에 대해서도 좀더 깊이 알 수 있었고, 무엇보다도 저 자신에 대해 알게 되었습니다. 완전한 자유인이 된 나를 주변사람들은 한없이 부러워했죠.

하지만 지금은 돈이 떨어져 다시 일을 해야 하는 상황이 되었습니다. 어쨌든 새로운 직장을 이미 구한 상태이고, 다음 달부터 다시 출근을 합니다. 하지만 제 삶의 방식은 크게 달라지지 않을 겁니다. 일하는 것보다 여가를 즐기는 것이 행복하다는 것을 이미 몸소 체험했기 때문입니다. 앞으로도 기회가 되면 다시 일을 그만두고 긴 시간 여가를 즐기고 싶습니다.

감사합니다.

-카렌 홀 드림

돈이 없어도 우아하게 살 수 있다.
단, 돈에 환장한 사람이 곁에 없다면.
-마가렛 케이스 해리슨Margaret Case Harriman

일을 하지 않는 기간은 카렌에게 큰 혜택이었다. 누구에게나 마찬가지다. 일을 하지 않는 시간은 무한한 가능성의 시간이다. 직장이라는 울타리에 얽매일 필요가 없는 자유시간이다. 생각의 자유, 사색의 자유, 행동의 자유를 얻을 수 있다. 실직을 하든 은퇴를 하든, 일을 할 필요가 없는 시간은 진정한 나를 찾아가는 소중한 기회가 될 수 있다. 내 모습 그대로 살아볼 수 있는 더 없이 값진 기회다.

CHAPTER 06

모험하지
않는 삶은
아무것도
아니다

찾습니다. 어제 일출과 일몰 사이에 황금으로 된
두 시간을 분실했습니다.
그 안에는 120 개 다이아몬드로 장식된
120 분이 있습니다. 현상금은 없습니다.
영원히 되찾을 수 없는 것이기에.

−호레이스 만 Horace Mann

도대체 뭘 해야 하지?

미국사람과 유럽사람이 인생의 즐거움에 대해 토론을 벌이고 있었다. 유럽사람이 먼저 태연하게 자신은 섹스하는 법을 100가지나 알고 있다고 말했다. 그러자 미국사람은 눈이 휘둥그레지며 자기는 한 가지밖에 모른다고 말했다. 유럽사람은 그 한 가지가 무엇이냐고 물었다. 미국사람이 대답했다. 가장 일반적이고 본능적인 방법이었다. 대답을 듣고 나서 유럽사람은 이렇게 말했다.

"생각지도 못한 방법이군요. 덕분에 섹스하는 법을 101가지나 알게 되었네요."

여러분은 미국사람에 가까운가? 유럽사람에 가까운가? 한 가지 방법만 고집하는 사람인가, 여러 방법을 찾는 사람인가?

현대의 유행병

미국인 중 2천만 명이 이 병을 앓고 있다. 이 병은 두통, 요통을 동반하며 우울증, 불면증, 성기능장애를 유발하기도 한다. 도박과 과식의 원인으로 지목되기도 한다. 이 병의 이름은 무엇일까?

지금 이 순간 머리가 아프거나, 잠이 오지 않는다면, 방금 밥을 먹었음에도 뭔가 맛있는 것을 먹고 싶다는 생각이 든다면, 세상이 따분한 것이다. 현대의 유행병은 바로 따분함이다.

따분함은 실제로 다양한 정신적 육체적 질병의 원인이다. 따분함으로 인해 나타나는 가장 흔한 신체적 증상으로는 호흡곤란, 두통, 수면과다, 피부발진, 어지럼증, 생리불순, 성기능장애 등이 있다.

더구나 따분함은 인생의 의미를 빼앗고 열정을 훼손한다. 흔히 이 병은 게으르고 일을 하지 않는 사람들에게서만 나타날 것이라고 여겨지지만, 직장에 다니는 사람들에게도 자주 나타난다.

만성적으로 따분함에 시달리는 사람들에게는 다음과 같은 특징이 있다.

- 안정과 물질적인 풍요를 갈망한다
- 비난에 유난히 민감하다
- 체제순응적이다
- 걱정이 많다

모든 것을 갖는다는 것이 무슨 의미인지 알았다면,
부족한 대로 그냥 살았을 텐데.
–릴리 톰린Lily Tomlin

- 자신감이 없다

- 창의성이 없다

　따분함이라는 질병은 상대적으로 안정적인 길을 선택한 사람들에게 주로 발병한다. 이런 사람들은 위험을 감수하려 하지 않기 때문에 성취, 만족, 보람과 같은 값진 열매를 수확하지 못한다.

　다양한 분야에 관심을 갖고, 다양한 해결책을 찾기 위해 노력하는 창의적인 사람들에게 삶은 늘 흥미진진하고 신바람 나는 것이다. 섹스하는 방법을 101가지나 아는 사람이라면 따분할 틈이 없을 것이다.

내가 지금 따분한 이유

정도의 차이는 있겠지만 우리는 살면서 몇 번은 권태기를 거친다. 열정적으로 시작했던 일조차 한 순간 따분하기 그지없는 일로 전락한다. 그렇게 들어가고 싶던 직장도 시간이 지나면 따분하게 여겨지고, 흥미롭던 인간관계도 지겨워진다. 마냥 즐겁기만 할 것 같던 여가생활도 예외가 아니다.

　사람들은 따분함의 원인을 사회, 친구, 가족, 반복되는 TV 프로그램, 따분한 도시생활, 경제불황, 옆집의 멍청한 강아지, 우울한 날씨 등 바깥에서 찾는다. 책임을 밖으로 돌리는 것은 책임을 회피하는 가장 쉬운 방법이지만, 책임을 회피하는 것은 물이 새는 배 밑바닥을 방충망으로 막는 것만큼이나 멍청한 짓이다.

따분함은 어떻게 극복할 수 있을까? 심리학자들은 따분함이 다음과 같은 상황에서 발생한다고 말한다.

- 기대하는 만큼 결과를 얻지 못했을 때
- 도전의식을 자극하지 않는 지루하고 단순한 일을 반복할 때
- 신체적인 활동이 부족할 때
- 직접 참여하기보다는 방관할 때

이러한 원인을 자세히 살펴보면 따분함을 유발한 책임은 모두 밖에 있는 것이 아니라 자기 자신에게 있다. 이러한 원인이 발생하도록 스스로 방관하기 때문이다. 한마디로, 따분함의 주범은 바로 나다.

일상에서 따분함을 자주 느낀다면 이들의 말을 되새겨보라. 따분함을 느낀다면, 그것은 내가 선택한 것이다. 인생은 자기가 어떻게 하느냐에 따라 행복하고 즐거운 인생이 될 수 있고, 불행하고 따분한 인생도 될 수 있다. 이렇게 말한다.

다시 말하지만 따분함을 극복하기 위해서는 안전하고 익숙한 것들을 포기해야 한다. 그럴만한 가치는 충분하다. 특히 따분한 일을 하며 지금까지의 삶을 낭비한 사람이라면, 일을 하지 않는 시간마저도 따분하게 보내는 어리석음을 범해서는 안 될 것이다.

누군가 나를 따분하게 만든다.
그 누군가는 바로 나인 듯하다.
-딜런 토마스Dylan Thomas

노는 게 따분하면 삶에서도 은퇴해야 할 때

얼마 전 영화감독인 마리안 마르진스키Marian Marzynski는 미국의 공영방송 PBS의 의뢰를 받아 마이애미의 한 마을에 대한 다큐멘터리를 찍었다. 이 마을은 거주자들의 연령이 높아지면서 자연스럽게 노인들만 모여 사는 마을이 되었다. 마리안은 이곳에 사는 노인들과 관계를 맺고 인터뷰를 하며 그들의 꿈, 즐거움, 괴로움 등에 대해서 알게 되었다. 그들은 삶의 의미에 대해 고민을 하고 있었지만 한편으로는 젊은 시절을 여전히 그리워했고, 지금은 열심히 일할 수 없다는 것을 아쉬워했다.

마리안은 다큐멘터리를 만드는 과정에서 흥미로운 사실을 발견했다. 운명에 모든 것을 맡긴 듯 소극적으로 살아가는 노인들이 대부분이었지만, 개중에는 새로운 것을 배운다던가 하며 긍정적으로 살아가는 노인도 있었다. 따분하게 시간을 흘려 보내기 보다는 활발하고 유쾌하게 살아가는 사람들에게는 어떤 특징이 있을까?

마리안은 행복한 노년생활이 나이나 교육수준과 무관하다고 결론내린다. 물론 경제적 여유와도 그다지 상관이 없었다.

행복은, 늘 그렇듯이 노력한다고 해서 얻을 수 있는 것이 아니다. 흔히 돈이 넉넉하면 행복할 것이라고 생각하지만 실제로 돈을 많이 벌어도 행복은 그곳에서 기다리지 않는다. 모든 것을 운명이라고 생각하며 수동적으로 산다고 해도 행복은 다가오지 않는다. 그런 방식으로 살면 삶은 지겹도록 따분해질 것이 뻔하고, 만족이나 마음의 평온은 먼 나라 이야기가 될 것이다.

따분함을 심각한 문제라고 여기는 사람은 없겠지만, 직장을 다니지 않는 사람들이 겪는 심리적 고통의 주요한 원인이라는 점에서 쉽사리 무시하면 안 된다. 실제로 따분함은 일하지 않는 사람들의 육체적 질병 이상으로 큰 문제를 야기한다. 젊은 시절에는 치열한 경쟁 속에서 살아남기 위해 온 힘을 다해 뛰고, 나이 들어서는 따분함 속에서 몸부림치며 죽어가야 한다면 얼마나 억울할까?

웨스턴온타리오대학의 임상심리학 교수 데이비드 에반스David Evans 와 세인트폴대학의 인문학 교수 테리 린 갈Terry Lynn Gall은 건강이 삶의 질을 결정하는 데 중요하긴 하지만 그에 못지않게 퇴직 후 헤쳐 나가야 할 정신적인 압박도 중요한 역할을 한다는 것을 발견했다. 따분함이 비참함, 우울증, 외로움 등을 유발할 수 있으며, 이런 증세들은 육체적인 질병보다 삶의 질을 더 크게 떨어뜨릴 수 있다는 것이다.

그런 면에서 마리안이 제작한 다큐멘터리에 출연한 설리번이라는 할머니는 행복한 노년의 전형적인 모습을 보여준다. 인터뷰 당시 69살이었는데, 할머니는 다른 사람들과 달리 자신의 삶이 따분하지도 실망스럽지도 않다고 말한다.

할머니는 마이애미대학 동물병리학과에서 17년 동안 일하고 퇴직했다. 젊을 때는 매사추세츠에서 남편과 함께 가전제품 가게를 운영했다고 한다. 할머니에게 은퇴란, 가정을 유지하기 위해 일을 해야하는 엄청난 책임감에서 비로소 벗어나는 해방을 의미했다.

사는 게 따분하다면, 그건 내가 따분한 사람이기 때문이다.
따분함에서 구해줄 수 있는 사람은 나 자신밖에 없다.
—레오 버스카글리아Leo Buiscaglia

"퇴직을 앞두고 많은 동료들이 농담반 진담반 은퇴 후 삶이 생각만큼 쉽지 않을 것이라며 나를 걱정해주었지요. 긴 시간이 따분하게 느껴질 것이고, 이곳 저곳 몸도 아플 것이고, 목표도 사라질 것이고, 우울증을 앓게 될지도 모른다고 말했죠. 그런데 저는 그런 걸 한 번도 경험하지 못했어요. 그 이유는 아마도, 매일 아침 9시부터 5시까지 되풀이되는 직장생활을 자유롭고 여유있게 살 수 있는 삶의 양식과 맞바꾸었기 때문이죠."

누가 봐도 설리번 할머니의 삶이 행복과 자유로움으로 가득 차 있었다. 할머니는 일하지 않는 삶이 직장생활 이상으로 재미있고 즐겁다는 것을 분명히 알고 있었다.

"오랫동안 직장생활을 했는데 그 시절이 그립지 않느냐구요? 전혀 안 그리워요. 제 하루는 건강과 관련한 활동으로 일정이 꽉 차 있죠. 수영, 피트니스, 요가, 자전거타기를 하죠. 또 남는 시간에는 글쓰기, 미술 수업도 듣고 쇼핑을 해요. 저녁에는 영화나 콘서트를 보러 가기도 하고, 가끔 외식도 하고 춤도 추러 갑니다. 조금 있으면 여행도 갈 예정이에요. 물론 아무것도 하고 싶지 않을 때는, 정말 아무것도 하지 않고 집 주변을 어슬렁거리기도 하죠."

은퇴생활이 따분하다면 그것은 곧, 인생이 따분하다는 뜻이다. 설리번 할머니는 은퇴 후 세상이 또 다른 기회로 가득 차 있다는 것을 보여준다. 은퇴 후에도 얼마든 다양한 세상을 경험할 수 있다. 능동적으로 새로운 경험을 찾아나서는 사람들에게 은퇴는 끝없는 희열과 만족을 느낄 수 있는 소중한 기회일 뿐이다. 이런 사람들에게 따분함이란 생소한 단어일 뿐이다.

편한 길 총량의 법칙

일을 하든 하지 않든, 자신의 삶이 따분하다고 느끼는 사람은 '편한
길 총량의 법칙'을 새겨야 한다. 이것은 우주가 돌아가는 기본적인
원리로 매우 강력하다. 이 법칙에 얼마만큼 순응하느냐에 따라 전체
인생의 행/불행이 결정된다고 해도 과언이 아니다.

　　편한 길 총량의 법칙을 간단하게 요약하면 다음과 같다. 이 법칙
의 핵심은 인생을 쉽고 편하게 살 수 있는 시간이 정해져 있다는 것
이다. 거의 모든 사람들이 눈 앞에 보이는 편안함에 이끌려 쉽고 편
안한 길을 선택한다. 하지만 편안한 삶에는 한 가지 문제가 있는데,
그러한 삶을 선택하는 순간 삶이 따분해진다는 것이다.

〈도표6-1〉 편한 길 총량의 법칙

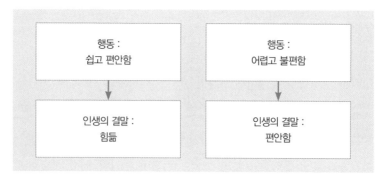

당연히 사람들은 고통은 줄이면서 쾌락은 늘리고 싶어한다. 쾌락이 넘치는 쉽고 편한 길은 바로, 정해진 틀에 맞춰 똑 같은 일을 반복하는 것이다. 쉽고 편한 길과 무덤은, 땅 위에 있느냐 땅 밑에 있느냐 하는 것만 다를 뿐 살아 있어도 죽은 것이나 전혀 다르지 않다. 지겹고 따분한 무덤 속 삶을 미리 경험할 수 있는 가장 확실한 방법이다.

이에 반해, 어렵고 불편한 길을 선택하면, 인생의 결말은 오히려 편안해진다. 10명 중 1명 정도만 이런 길을 선택하는데, 긴 안목으로 멀리 내다보고 눈앞의 불편함을 감수하는 것이다. 어렵고 불편한 길을 걸을 때 우리는 삶의 만족과 성취감을 얻을 수 있다. 이는 진정으로 활기차게 살아간다는 뜻이며, 이런 삶에는 따분함이 깃들 여지가 없다.

편한 길 총량의 법칙은 중력의 법칙과 같다. 허공에서 물건을 놓으면 어떻게 되는지 모르는 사람은 없을 것이다. 쉬운 방법을 찾으려고 우물쭈물하다가는 아래로 곤두박질친다. 예외는 없다.

뉴욕에 사는 한 독자가 다음과 같은 편지를 보냈다.

어니 씨에게,
잠깐 몇 분 동안 《일하지 않아도 좋아》에서 제안하는 것을 실천해 보았습니다. 책을 읽고 선생님께 편지를 쓰고 싶다는 생각만 하다가, 정말 글을 씁니다.
저는 뉴욕 청소년보호감호센터에서 청소년들을 가르치고 있습니다. 아이들에게 편한 길 총량의 법칙을 복사해서 보여줬더니 아이들이 관심을 갖더군요. 이 법칙에 자신의 경험을 대입하여 아이들이 이야기하는 모습을 보고 놀랐습니다. 예컨대 남의 돈을 뺏어 쉽게 돈을 벌면 결국 가정파탄, 고통, 죽음, 감옥과 같은 결과로 이어진다고 말하더군요. 그런 것을 다른 식으로 가르치려고 했다면, 아이들에게는 지겨운 설교로만 들렸겠지요.

개인적으로는 이 일을 그만두고, 하루에 3시간 이상 드라이브를 즐기고 싶습니다. 어떠한 스트레스도 느끼지 않는 소중한 여가시간을 갖고 싶습니다.

선생님의 책 덕분에 그동안 나 스스로 만들어 놓은 굴레를 인식하고 벗어나고 싶다는 생각을 하게 되었습니다. 물론 현재의 삶도 더욱 소중해진 느낌입니다.

감사합니다.

–린 틸론

편한 길 총량의 법칙은 비행청소년들도 금방 이해할 수 있을 만큼 평범한 것이다. 그럼에도 어른들은 그것을 행동으로 옮기지 않는다. 편한 길만 가면 따분함을 느낄 수 밖에 없다.

편한 길 총량의 법칙은 우리 삶의 모든 면에 영향을 미친다. 경력 계발, 경제수준, 친구관계, 가정생활, 양육, 사랑, 건강, 여가활동의 질이 달라진다. 예컨대 담배를 피우는 사람이라면, 현재 가장 쉽고 편한 길은 금연을 고민할 필요 없이 계속 담배를 피우는 것이다. 반대

안전하다고 느껴질 때 따분함도 활짝 핀다.
따분하다는 것은 안전하다는 증거다.
–유진 이오네스코Eugène Ionesco

로 이들에게 어렵고 불편한 길은 담배를 끊기 위해 노력하고 도전하는 것이다.

정말 담배를 끊는다면, 삶에서 가장 중요한 목표를 수행했다는 성취감을 느낄 수 있을 것이다. 그 성취감에 자신감도 급상승 할 것이다. 물론 금연으로 인해 건강도 좋아질 것이다. 더욱 활력이 넘치고, 기침은 줄어들고, 호흡기도 좋아지고, 감기도 덜 걸리며, 폐암이나 심장질환의 위험이 크게 감소한다. 담배를 사느라 쓴 돈도 절약할 수 있다. 삶이라는 긴 게임에서 볼 때, 금연은 당장 불편하고 힘들게 느껴질지라도 삶은 더 쉽고 편해질 것이다. 일을 할 때나 놀 때도 금연의 혜택을 느낄 수 있을 것이다.

분명한 것은, 이 원칙을 충실히 따를수록 문제를 겪을 소지는 줄어들고 성공의 확률은 높아진다. 물론 여가시간도 훨씬 효과적으로 활용할 수 있으며, 무엇보다도 따분하게 살 필요가 없다.

현재 하는 일이 정말 따분하게 느껴진다면, 다른 일을 찾아보는 것이 좋다. 이럴 때에도 편한 길 총량의 법칙은 유용하다. 일을 그만두면 당장은 어렵고 힘들겠지만 그 길을 선택해야 나중에 후회하지 않는 행복한 인생을 살 수 있다.

편한 길 총량의 법칙은 일중독자들도 활용할 수 있다. 일중독자들은 남들보다 일을 훨씬 많이 한다는 측면에서 자신이 더 어렵고 힘든 길을 가고 있다고 생각할 수 있다. 자신이 옳은 길을 가고 있으며, 따라서 언젠가는 남들보다 훨씬 높은 위치에 올라서고 부귀영화를 누릴 수 있을 것이라고 생각한다. 그것이 자신이 치른 고생에 대한 마땅한 보상이라고 믿는다. 하지만 정말 이렇게 믿는다면 최소 몇 달은 심리치료를 받아야 할 것이다.

다시 말하지만, 일중독은 중독일 뿐이다. 가장 쉽고 편한 길에 불과하다. 사람들이 일에 집착하는 것은, 일이 아닌 다른 것에는 신경쓰고 싶지 않기 때문이다. 일중독자들은 대개 실직에 대한 불안, 자신에 대한 비판, 불행한 결혼생활, 빚, 외로움 등을 회피하기 위해 장시간 일에 매달린다. 효율적인 사람들이 칭찬, 만족, 자존감, 도전, 재미 때문에 일을 하는 것과는 비교된다. 효율적인 사람들은 인생의 다양한 즐거움을 느끼고 싶어하며, 일은 그 중 한 가지 방법일 뿐이다. 열심히 일을 하지만 어떠한 문제에서도 도피하지 않는다.

일중독자의 삶은 결국 불행으로 끝난다. 효율적인 사람들이 만끽하는 마음의 평화와 만족을 얻을 수 없으며, 삶 전체가 따분함으로 파산하고 만다. 우여곡절 끝에 따분함을 극복한다고 하더라도, 여가를 즐겨본 적이 없기 때문에 삶의 느긋하고 즐겁게 살지 못한다.

세상은 넓고 할일은 많아!

많은 사람들이 생산적이고 가치 있는 일은 대개 신나기보다는 따분하다고 생각한다. 안타까운 일이다. 합리적이고 발전했다고 여겨지는 선진국일수록 이렇게 생각하는 경향이 강하다. 일이 따분하고 지

자신을 따분하게 방치하기에는 우리 삶이 너무 짧지 않은가?
—프리드리히 니체Friedrich Nietzsche

겁다고 생각하면서도 일을 그만두지 못하는 것은 회사를 그만두어도 따분함을 이겨낼 자신이 없기 때문이다.

물론 삶의 고차원적인 목표를 갈망하기보다 그저 직장에서 자신의 재능을 과시하는 것에 목숨을 거는 사람이라면 더 완성된 인격체가 되는 것에는 전혀 관심이 없을 것이다. 죽는 날까지, 아니면 병에 걸려 더 이상 일을 할 수 없을 때까지 일에만 매달려 살 것이다.

하지만 이 책을 읽는 독자들은 일만 하는 사람들과 다를 것이다. 여가생활도 즐길 줄 알고, 일생에 이루고 싶은 꿈도 하나씩 품고 있을 것이다. 다만, 경제적인 이유로 그러한 취향과 꿈을 지금까지 억눌러 왔을 것이다.

직장생활을 하는 목표 중에는 명예도 있다. 명예나 재산은 물론 무시할 수 없는 요소지만 인생이라는 긴 시간을 놓고 볼 때 진정으로 중요한 것은 조금 다를 수 있다. 인류학자 애슐리 몬태규Ashley Montagu 는 "인간이 느끼는 가장 깊은 좌절감은 자신이 될 수 있었던 모습과 현재 모습의 간극에서 나온다"고 말했다. 다시 말해 우리가 세상을 떠날 때 가장 크게 느끼는 비애는 자신이 할 수 있었음에도 하지 않은 일에서 나온다는 뜻이다.

일중독 상태에서는 아무리 하찮은 일을 하고 있더라도 그만두기가 쉽지 않다. 돈을 벌어야 하기 때문일 수도 있고, 단순히 다른 일을 찾아 볼 여유가 없기 때문일 수도 있다. 하지만 지금 하고 있는 일이 따분할 뿐만 아니라 인성을 훼손한다면, 미래의 건강과 행복을 위해서 지금 당장 때려치워야 한다. 무슨 일이든 해야만 한다는 이유로 재미있게 살 수 있는 기회를 포기한다면, 인생 전체가 따분해질 뿐만이 아니라 자기 스스로 지루한 사람이 되고 말 것이다.

밥 블랙은 《노동을 폐지하라The Abilition of Work: Workers of the World, Relax》라는 책에서 이렇게 말한다.

"당신이 하는 일이 바로 당신이다. 따분하고 단순하고 단조로운 일을 하면 당신 역시 따분하고 단순하고 단조로운 인간이 되고 만다."

자신이 하는 일이 얼마나 가치 있는 것인지 확인하는 방법이 있다. 회사에서 가장 기다려지는 시간이 언제인지 생각해 보라. 가장 기다려지는 시간이 점심시간과 퇴근시간이라면 두말할 나위 없이 그만 둘 때가 된 것이다. 자신에게 진정으로 의미 있는 일을 찾기 전까지는 자신의 삶을 사는 것이 아니다. 도전하는 활기찬 삶을 살고자 회사를 그만두는 것은 쉬운 일이 아니다. 하지만 불가능한 일도 아니다. 많은 이들이 그렇게 했고, 당신도 그렇게 할 수 있다.

늘 하고 싶었지만 행동으로 옮기지 못했던 것들을 이제 할 수 있다고 상상해보라. 크루즈 여객선을 타고 여행하기, 아이들과 많은 시간 보내기, 사찰에서 몇 달 생활하기, 발리에서 1년 살아보기… 이렇게 꿈에 그리던 일들이 구체적으로 머릿속에 떠오른다면 사표를 낼 때가 온 것이다.

이 책을 읽고 삶의 질에 대해 고민한 수많은 독자들이 실제로 사표를 던졌다. 스코틀랜드의 한 독자 역시 이 책을 읽고 곧바로 결단했다. 그는 먹고 살기 위한 것이 아닌, 더욱 생산적인 목표를 달성

안정은 일종의 죽음이다.
-테네시 윌리엄스Tennessee Williams

하며 살아가기 위한 계획을 세웠다. 그는 자신이 제출한 사표를 편지에 동봉했다. 그의 허락을 받고 사표 중 일부를 책에 싣는다.

퇴직 사유서

앞으로 몇 년 정도는 인생을 즐기며 살기 위해 9월 30일부로 퇴직하고자 합니다. 기술분야가 제 적성에 맞고 소질이 있다고 생각하여 지금까지 열정을 다해 일을 했습니다. 하지만 회사에서 기술부문이 차지하는 비중은 점차 줄어들고 있음을 실감합니다.

사내 근무평가시스템도 기술업무뿐만 아니라 관리업무에서도 더 많은 성과를 보여달라고 요구하고 있습니다. 물론 관리업무 비중이 상대적으로 늘어났기 때문이라는 것은 저도 알지만, 기술업무가 아닌 다른 업무는 제게 잘 맞지 않고, 그다지 동기부여도 되지 않습니다.

기술분야 출신인 제가 승진을 한다 하더라도 이 회사에서는 한계가 있을 것이라는 것도 잘 압니다. 안타깝게도 저는 이런 조직에서 제 자신을 희생하며 일을 하고 싶은 생각은 없습니다. 겉으로 보이는 것으로 평가받기 보다는, 제 능력과 성과에 걸맞은 보상을 받으며 일하고 싶습니다. 말해 봤자 실행으로 옮겨지지 않는 회의를 하고, 읽지도 않을 보고서를 작성하느라 시간을 허비하는 상황은 저를 더욱 한심스럽게 만듭니다.

어쨌든 지금 회사를 그만둘 수 있게 된 것을 다행스럽게 생각합니다. 이 회사에서 시간을 낭비하느니 시골에 사는 아버지와 즐거운 시간도 보내고 프랑스에 있는 친구들도 만나고, 뉴질랜드에서 자전거를 타고 캠핑을 하면서 올 겨울을 날 예정입니다. 내년 봄 다시 이곳에 돌아와서는 그동안 하고 싶었지만 못했던 일을 몇 가지 해 볼 생각입니다.

기업은 자신이 회사에 기여하며 또 그러한 기여를 인정받고 있다고 철썩 같이 믿는 사람들 덕분에 유지되고 있다는 것을 기억해주시기 바랍니다. 이들의 노력없이 어떠한 기업도 성공하기 힘들 것입니다.

귀사의 앞날에 무궁한 발전을 기원합니다.

1997년 5월 26일

이안 해먼드

젤린스키 선생.

사실, 저는 이 책을 지금까지 세 번 읽었습니다. 읽어도 또 읽어도 구절 구절이 마음에 와 닿는군요. 우리가 일상에서 쉽게 지나칠 수 있는 내용을 명확하게 집어주셨군요.

비 오는 어느 날 아침, 버스를 기다리며 서점 앞을 기웃거리다 이 책을 발견했습니다. 두어 페이지를 읽고는 바로 샀습니다. 계산하느라 버스를 놓치기는 했지만, 그래도 세상에 나 같은 생각을 미친 사람이 또 있구나, 그런 사람이 책도 냈구나 하는 생각에 내 마음은 몹시 설레었습니다.

사실 이것은 대단한 칭찬입니다. 근래 몇 년 동안 유일하게 구입

바보라고 해도 늘 위기를 겪는다.
그 위기란 바로 우리를 지치게 만드는 반복되는 일상이다.
-안톤 체홉Anton Chekhov

한 책이 바로 이 책입니다. 저는 사실 책을 많이 읽는 편이지만, 늘 마을도서관에서 빌려서 읽기 때문에 책을 산 적이 없습니다.

여러 해 머릿속에서 떠나지 않던 고민을 이 책을 읽으며 정리할 수 있었습니다. 일, 사회, 삶의 목표, 고독, 돈, 동기부여 등 모든 것이 머릿속에서 엉켜 있었죠. 저는 이 지역에 있는 제법 큰 회사에서 분석화학자로 일했습니다. 이 회사는 조만간 더 큰 회사와 합병할 예정입니다. 어쨌든 합병하고 나면 대규모 구조조정이 있을 듯 합니다. 직장에 남아있는 동료들 얼굴빛이 어둡습니다.

퇴사하기 1년 전 써서 가지고 있던 "퇴직사유서"도 편지에 동봉합니다. 기술직으로 입사했지만 관리직에 올라가면서 조직의 불합리성이나 한계를 몸으로 체감하였습니다. 업무평가에 관한 이야기를 하려고 제 자리를 찾았던 상사가 마침 이 책을 빌려가서 읽었는데, 이 책에서 하는 말이 다 맞다고 하면서 침울한 표정이 되어 돌아왔더군요.

회사규정상 사직의사는 한 달 전에 밝혀야 하는데, 미리 알려주는 것이 회사에도 좋을 것이라고 여겨져 저는 1년 전에 이야기를 했습니다. 물론 상사들은 무표정했지만, 동료들은 진심으로 축하해 주더군요. (제가 회사를 그만두겠다고 선언하자 동료들이 《일하지 않아도 좋아》를 읽고 싶다고 서로 빌려달라고 하더군요!)

퇴직하기 전 6개월 동안은 회사에서 정말 멋진 시간을 보냈습니다. 관리업무는 모두 인계했고, 급한 프로젝트에서 모두 빠졌죠. 대신 신입직원을 훈련하고 문제가 생기면 도와주는 해결사 노릇을 했는데, 이런 일만 할 수 있다면 회사를 계속 다니고 싶다는 생각도 들더군요.

직장생활도 그리 나쁜 것은 아니었지만, 일을 그만두고 난 뒤 일이 술술 잘 풀리는 기분이 듭니다. 자전거를 타고 뉴질랜드에서 캠핑을 하며 돌아다녔죠. 4개월을 계획하고 갔지만, 풍광도 좋고 날씨도 좋고, 사람들도 정말 좋아서 결국 6개월을 놀다 왔습니다. (같은 사이클 매니아로서 한마디 드리자면, 지금까지 다녀 본 바로는 뉴질랜드는 진정한 자전거 천국입니다. 한 번 가보세요.)

미국과 카나리아 제도도 두 달 정도 다녀왔습니다. 계획대로 스페인어도 배웠죠. 수채화도 몇 장 그렸는데, 생각했던 것보다 훨씬 마음에 드네요. 내년에는 파스텔화에도 도전해 볼 생각입니다. 1년에 절반은 여행을 하느라 집을 비웠음에도 가족과 친구들은 훨씬 자주 만나고 있습니다.

올 여름에는 두 달간 아일랜드에 머물며 전자공학을 공부해 볼 생각입니다. 그런 다음 시드니로 가서 오랫동안 만나지 못한 친구들 얼굴도 보고 겨울에는 오스트레일리아 전역을 자전거를 타고 횡단하고자 합니다. 이런 생활이 이렇게 즐거운 줄 미처 몰랐네요! 이렇게 생활을 하려면 1년에 대략 1,500만원 정도 드는데, 이 돈은 그동안 투자한 곳에서 나오니 경제적으로 걱정할 것은 없습니다. 책 내용 중에서도 특히 저는 돈과 환경에 관한 이야기에 깊이 동감합니다. 저는 최대한 모든 것을 재활용하고 재사용하기 위해 노력합니다. 사실 회사를 그만두고 난 뒤에는 쓰레기통을 비울 일

따분함은 호기심으로 치료할 수 있다.
하지만 호기심은 그 무엇으로도 치료할 수 없다.
—엘렌 파르Ellen Parr

이 없습니다. 과일이나 야채는 직접 길러서 먹는데, 농사일이 재미있기도 하고, 제가 선택한 라이프스타일과도 아주 잘 맞는다는 생각이 듭니다.

혹시 스콜틀랜드에 오시면 연락 주세요. 직접 만나 이야기를 할 수 있다면 영광일 듯 합니다. 또는 제가 직접 캐나다로 갈 수도 있겠군요. 같이 자전거라도 타면 좋겠습니다. 밥도 한 번 사겠습니다!

다시 한 번 감사드리며, 또 연락드리겠습니다.

–이안 해먼드

이안의 편지에서 볼 수 있듯이, 직장생활이 그리 불행하지 않았던 사람들도 퇴직을 하고 난 뒤 더 큰 행복과 즐거움을 만끽할 수 있다. 물론 회사를 그만두기 위해서는 동료, 친구, 가족들의 시선에 아랑곳하지 않을 용기가 필요했을 것이고, 이는 결코 쉬운 결정이 아니었을 것이다.

많은 이들이 이 사람은 결혼하지 않은 독신일 것이라고 생각한다. 먹여 살려야 할 가족이 있다면 그렇게 쉽게 일을 그만두지 못할 것이라고 생각할 것이다. 그렇다면 103쪽에 있는 레스가 보낸 편지를 다시 읽어보라. 그는 결혼해서 아이도 있음에도 일을 그만 두었다. 더 이상 무슨 말이 필요한가?

어쨌든 하고 싶은 것을 즐기며 살기 위해서는 시간을 신중하게 배분해야 한다. 일하는 시간은 물론, 모험을 즐기는 시간도 계획에

넣어야 한다. 돈이 있든 없든, 형편에 맞게 즐길 수 있는 여가활동은 많다. 이런 활동에 얼마나 열심히 참여하느냐에 따라 보람된 삶을 살 수도 있고 후회하는 삶을 살 수도 있다.

분명한 사실은, 후회하는 삶에서는 직장생활에서 아무리 성공한다고 해도 의미가 없다. 오히려 직장에서 지나치게 성공한다면, 인생의 다른 즐거움을 놓칠 위험이 커진다. 얼마 되지 않는 돈 몇 푼 때문에 현재의 행복, 즐거움, 만족을 희생하는 어리석은 선택을 하면 안 된다.

시간이 없으면, 돈이 아무리 많아도 소용이 없다. 건설적인 여가활동은 인생의 목표를 세우고 거기에 맞춰 살아가기 위해 반드시 갖춰야 하는 요소다. 친구, 가족, 모험, 산책, 명상, 창조적인 빈둥거림, 영적 충만함이 없다면 우리는 어디서 살맛 나는 경험을 할 수 있겠는가? 이런 것들은 열심히 일한다고 해서 얻을 수 있는 것이 아니다.

일과 돈만 생각하는 사람은 영혼이 빈곤한 사람이다. 돈은 없어도 여가생활을 마음껏 즐기는 사람들의 영혼이 훨씬 풍요롭다. 돈이 중요한 것은 사실이지만, 다른 모든 것을 포기해도 좋을 만큼 절대적인 것은 아니다. 돈을 벌기 위해 따분한 삶을 견디고 산다면, 돈을 아무리 많이 번다고 한들 결코 행복하지는 못할 것이다.

따분함을 벗어나는 가장 좋은 방법은 약간의 위험이 도사리는 모험을 하는 것이다. 실패를 경험할 수 있는 기회에는 따분함이 깃들 여지를 없다.

이 책의 초판을 읽고 내게 전화를 한 40대 중반 독자가 있었다.

같은 일을 반복하면 따분하다.
일을 지배하기는커녕 일에 지배당하고 만다.
─헤라클레이토스

그는 위험을 무릅쓰는 태도가 꼭 필요하다면서 창의성의 중요성에 대해 말했다.

그는 토론토에서 줄곧 살았는데, 친구들이 어느 순간 따분한 존재가 되었다고 했다. 중년의 위기를 겪는 친구들도 많았다. 그는 아내와 함께 꾸준히 자기계발을 통해 발전하고 변화된 삶을 살기 위해 노력했지만 친구들은 15년 전과 똑같은 생활을 고집했다. 친구들과 만날 때마다 자신이 과거에 정체되어 있다는 느낌을 받았다고 했다.

그는 이러한 상황을 친구들 탓으로만 돌리지 않았다. 그는 이러한 따분함을 떨쳐버리기 위해 캘리포니아로 이주하는 모험을 했다. 아이들은 이미 독립을 했기 때문에 큰 부담없이 새로운 도시에서 제2의 인생을 시작할 수 있었다. 그는 새로운 도전에 대해 이렇게 말했다.

"아직 중년의 위기를 겪는 친구들이 많습니다. 하지만 저는 중년의 위기 대신 중년의 모험을 시작하고자 합니다."

따분함을 견디는 사람들은 언젠가는 그 고통을 보상받을 수 있으리라 기대하며 스스로 위안한다. 그때 가서 실컷 즐기며 살 수 있을 것이라 기대한다. 하지만 연구에 따르면, 현재를 희생하면서 판에 박힌 일상을 반복하는 사람보다 자신이 좋아하는 일을 하면서 현재를 즐기는 사람이 훨씬 행복하게 오래 산다고 한다.

결론적으로 따분함은 우리 자신이 끌어들이는 것이다. 따분함을 극복하는 가장 좋은 방법은 당장 새로운 것을 시작하는 것이다.

CHAPTER 07

열정을
자극하는
나만의 목표를
찾아라

위대한 사회에서는 사람들이 소유물의 양보다
목표의 질에 더 관심을 갖는다.

－린든 존슨 Lyndon B. Johnson

전봇대도 춤추게 하는 힘

한 청년이 가까스로 용기를 내어 아름다운 여자에게 다가가 춤을 청했다. 잠시 춤을 추던 여자는 남자에게 춤 솜씨가 형편없다며 떠나가 버렸다. 차라리 전봇대를 붙잡고 춤을 추는 편이 낫겠다는 말도 했다.

이런 굴욕적인 경험을 하면 사람들은 대개 다시는 춤을 추고 싶지는 않을 것이다. 다시 춤을 추느니 TV를 보거나 집에서 뒹굴거리는 것이 훨씬 나은 선택일 것이다. 하지만 그는 전혀 다른 결정을 한다. 오기로 시작한 춤은 그의 열정을 자극했고, 춤은 그의 삶이 되었다.

그가 바로 현대무용가 아서 머레이Arthur Murray다. 그는 11년 동안 TV에 출현해 '전봇대보다' 춤을 못 추는 사람들에게 춤추는 법을 가르쳤다. 1991년 그가 세상을 뜰 때 그의 이름을 딴 무용학교가 500곳이 넘을 정도로 대단한 성공을 거두었다.

아서 머레이의 일화는 동기부여와 목표설정이 얼마나 중요한지 알려준다. 그가 위대한 무용가가 될 수 있었던 것은, 원하는 것을 성취하고자 하는 동기를 스스로 부여할 수 있었기 때문이다.

사람들이 대부분 성공하지 못하는 것은, 스스로 동기를 부여할 만큼 열정적인 일을 찾지 못하기 때문이다. 우선, 자신이 진정으로 원하는 것이 무엇인지 찾아야 한다.

어디로 가자고 하는가?

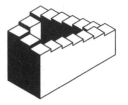

오른쪽 그림에서 시계방향으로 돌면 실제로 어느 순간까지는 계단을 올라가고 있는 것처럼 느껴지지만 결국에는, 원래 있던 계단 위에 다시 서있다는 사실을 깨닫는다. 계단을 올라가기 위해 아무리 노력해도 더 높이 올라갈 수 없다.

이처럼 그저 눈 앞에 보이는 계단만 계속 오른다고 해서 성취감, 만족감, 행복을 느낄 수 있는 것은 아니다. 목표가 있어야 한다.

열심히 노력하며 살아가는 많은 사람들이 목표 없이 살아간다. 그저 열심히 살다 보면 어떻게든 행복해질 것이라 생각하지만 그것은 착각에 불과하다. 하지만 아무리 노력해도 그런 것은 얻을 수 없다. 그림에서와 마찬가지로 같은 자리만 계속 맴돌 뿐이다. 높은 곳에 오르고 싶다면 목표를 가지고 움직여야 한다. 여가생활에도 목

인간은 굳이 없어도 되는 것들을 얻기 위해 땀 흘려 노력한다.
－세네카Senca

표가 필요하다. 새로운 곳으로 가려면 먼저 어디로 갈 것인지 결정해야 한다. 목적지가 있어야 방향을 정할 수 있다.

여가생활의 목표는, 다른 활동으로는 성취할 수 없는 것이 되어야 한다. 목표가 정해지면 자연스럽게 방향도 찾을 수 있다. 좀더 효율적으로 라이프스타일을 혁신하고 창조할 이유가 된다. 목표를 달성하기 위해 더 노력하고 단련해야 한다.

하지만 목표는 시간이 지나면서 바뀔 수 있다. 몇몇 목표는 성취할 수도 있고, 몇몇 목표는 더 이상 열정을 유발하지 못할 수도 있다. 그래서 끊임없이 목표를 점검하고 수정해야 한다. 서너 달에 한 번식은 목표를 재평가하는 것이 좋다.

한 마디로 말해서, 행복한 여가생활을 누리고 싶다면 목표를 먼저 정하고 그것을 통해서 성취감과 만족감을 얻을 수 있어야 한다. 내가 원하는 여가생활이 어떤 것인지, 어떻게 그러한 목적을 달성할 것인지 명확하게 알아야 한다. 인생에서 무엇을 이루고자 하는지 정확하게 아는 사람은, 자신이 바라는 성공이 무엇인지도 분명히 알 것이다.

네가 원하는 게 뭐야?

일을 하는 사람이든 하지 않는 사람이든 여유있고 느긋하며 생산적이고 성공적인, 일과 여가가 균형잡힌 삶을 즐기고자 한다면 동기가 분명해야 한다. 동기가 분명해야 무엇이 중요한지 우선순위를 매길 수 있으며, 중요한 일에 매진할 수 있다. 또한 동기가 있어야 중요하지 않은 일은 과감하게 포기할 수 있으며, 미래에 대한 불안 없이 인생을 즐길 수 있다.

사회적인 기준에서 볼 때 성공했다고 하더라도 자기 자신에 대해서 만족하지 못하는 사람들을 흔히 볼 수 있다. 밤낮 없이 죽어라 일해서 성공에 도달했는데, 알고 보니 그것이 진짜 성공이 아니라면 어떤 기분이 들까? 어쩌면 실패했을 때보다 훨씬 큰 고통을 감당해야 할지도 모른다. 때로는 꿈을 이루고 나서 보니 자신의 꿈이 어리석은 것이었다는 사실을 뒤늦게 깨달을 수도 있다. 특히 꿈을 이루기 위해서 인생 전체를 바친 사람들이 느끼는 허망함이란 이루 말할 수 없을 것이다.

2001년 플로리다에 위치한 노바사우스이스턴대학은 흔히 '성공한' 사람들이라고 일컬어지는 월스트리트의 주식거래 중개인들을 면밀히 조사했다. 이들은 연봉이 최소 3억 원을 넘는 고액연봉자들로(10억 원이 넘는 사람도 많았다), 22살에서 32살 사이의 남자들이었다. 하지만 그들은 우리가 생각하는 것처럼 그다지 성공한 사람들이 아니었다.

하루 평균 10-12시간씩 일을 했으며, 세 명 중 두 명이 우울증을 앓고 있었다. 특히 세 명 중 한 명은 당장 입원치료를 해야 할 만큼 상태가 심각했다. 일반적으로 성인남자 중에서 입원을 해야 할 정도로 심각한 우울증을 앓는 사람은 5퍼센트에 불과하다는 것에 비춰볼 때, 상당히 심각한 상황이라 할 수 있다.

분명한 사실은, 우울증을 앓는 상태에서는 인생을 즐기며 살 수

내 인생에는 무수한 장애물이 가득하다.
그 중 가장 큰 장애물은 바로 나 자신이다.
—잭 파르Jack Parr

없다는 것이다. 이 연구결과는 아무리 돈을 많이 벌더라도 자신이 원하는 삶을 살지 않으면 정신건강에 심각한 문제가 발생한다는 것을 보여준다. 하지만 더 놀라운 점은, 우울증으로 고생하면서도 일을 그만두거나 휴가를 내는 등 문제를 해결하려고 하는 사람이 거의 없다는 것이었다. 과연 그들을 보고 성공한 사람이라고 할 수 있을지 의심스러울 정도였다.

현대인들이 꿈꾸는 성공은 인생의 심오한 의미를 깨닫는 것과는 거리가 멀다. 자아실현, 인간적인 미덕, 진정한 행복을 뺀 경제적 성공은 천박하기 그지 없는 것이다. 오늘날 많은 이들이 월스트리트의 주식중개인들과 마찬가지로 물질적 풍요를 성공의 잣대라고 생각하겠지만, 그것은 진정으로 성공한 삶이라고 할 수 없다. 정신적이고 영적인 것은 생각할 여력도 없이 의미도 목표도 없는 삶을 살 뿐이다. 그 결과는 욕구불만, 스트레스, 만성피로로 이어지고 틱 장애, 신경쇠약, 경련, 발작, 심장마비와 같은 질병으로 발전하기도 한다.

사회적인 성공이 행복을 가져다 줄 것이라는 생각은 환상에 불과하다. 사회적인 성공과 행복은 무관하다. 넓은 집, 해변의 별장, 멋진 차, 매력적인 배우자, 권력과 같은 사회적인 성공은 오히려 우리 삶을 황폐화시킬 뿐이다.

내가 말하고자 하는 핵심은, 성공이란 자신이 정의하는 것이지 사회가 정의하는 것이 아니라는 사실이다. 성공은 사람마다 다른 것을 의미할 수 있다. 두 사람이 비슷한 삶을 살았다고 할 때, 낙관적인 사람은 자신이 성공했다고 생각할 수 있고, 비관적인 사람은 실패했다고 생각할 수 있다. 더구나 같은 사람이라고 해도 시기에 따라 성공을 정의하는 방식이 달라질 수 있다.

실패로 가는 가장 확실한 길은 성공을 다른 사람에게 정의해달라고 맡기는 것이다. 친구나 가족, 사회, 미디어, 광고에서 정의하는 성공을 그대로 받아들이는 것은 실패를 향해 돌진하는 것과 다름없다. 더 완벽한 결혼상대를 찾아야 하고, 이상적인 가족을 구성해야 하고, 돈을 많이 버는 직업을 가져야 하고, 해외여행도 다녀야 하고, 고급아파트에 살아야 하고, 비싼 차를 몰아야 하고, 거기다 은퇴를 대비해 10억 원 정도는 통장에 넣어 두어야 한다.

이 모든 것을 따라 할 자신이 있는가? 그럴 수 있는 사람은 별로 없을 것이다. 하지만 중요한 사실은, 이것을 모두 따라 한다고 해도 성공했다는 느낌은 받기 힘들다는 것이다. 우리가 진정으로 원하는 것이 아니기 때문에 결국엔 허무함을 느낄 수밖에 없다.

합리적인 사람이라면 어떻게 사는 것이 성공한 삶일까 끊임없이 고민할 것이다. 스스로 성공했는지 실패했는지 판단하는 것은 궁극적으로 성공을 규정하는 방식에 따라 달라질 수밖에 없다.

얼마 전, 캐나다의 한 독자가 편지를 통해, 성공을 바라보는 자신의 관점을 들려주었다.

젤린스키 선생님께,

얼마 전 선생님의 책 《일하지 않아도 좋아》를 읽었는데, 너무 재미있게 읽어서 감사의 말씀을 전하고 싶어서 펜을 들었습니다.

저는 1년 반쯤 전에 해고를 당했습니다. 하늘이 무너지는 줄 알았죠. 한 2주 정도 좌절감에서 벗어나지 못했습니다. 그러던 와중에 바쁘다는 핑계로 몇 년 동안 보지 못한 친구와 친지들을 찾아보고 싶다는 생각이 들더군요. '성실한 직원' 노릇을 하느라 잊고 지냈던 테니스도 다시 할 수 있다는 생각을 하니 오히려 들뜨기까지 했습니다.

작년에는 사업을 하나 시작했는데, 제법 잘 되어서 또 다른 사업을 하나 더 시작했습니다. 용기가 없어 늘 생각만 하던 일이었는데, 해고를 당하고 나니 배짱이 생기더군요. 지금은 창업을 준비하는 사람들을 대상으로 정기적으로 강의를 하러 가기도 합니다. 강의를 나가면 사람들은 내게 '스스로 성공했다고 생각하는지' 자주 묻습니다. 그런 질문에 저는 무엇을 성공이라고 생각하는지 되묻습니다. 통장잔고? 비싼 자동차? 고급 아파트? 물론, 사업을 안착시키기 위해 여전히 고군분투하고 있지만 나 스스로 성공한 사람이라고 생각한다고 자신 있게 대답합니다.

사업을 하면서 고객도 점점 늘어나고 있습니다. 그들이 원하는 것을 충족시켜 줄 때마다 보람을 느끼죠. 무엇보다도 하고 싶은 일을 하고 산다는 것이 정말 행복합니다. 돈은 많이 벌었냐고요? 아닙니다. 하지만 만족하는 고객들을 볼 때마다 저는 성공했다는 확신이 듭니다. 그래서 선생님이 쓰신 책에서 성공을 다룬 부분이 특별히 의미 있게 다가옵니다. 많은 사람들이 돈을 성공의 유일한 기준으로 삼지만, 제게 돈은 우선순위가 아니거든요.

어쨌든 이렇게 좋은 책을 써주셔서 감사합니다. 주변에도 일만 하며 사는 사람들이 있는데 그들에게 이 책을 소개할 생각입니다.

그럼 안녕히 계세요.

—조이 발로우

진정한 성공을 얻고자 한다면 자신이 무엇을 원하는지 정확히 알아야 한다. 원하는 것을 얻지 못하는 것은 사실 큰 문제가 아니다. 진짜 큰 문제는, 원하는 것을 얻었는데, 알고 보니 진정으로 원하던 것이 아닐 때 발생한다. 우리가 원하는 것을 얻지 못하는 이유는 무엇을 원하는지 제대로 알지 못하기 때문이다.

내가 진정으로 원하는 것이 무엇인지 찾기 위해서는 노력과 실천을 해야 한다. 돈을 많이 준다는 이유만으로 남들이 부러워하는 직장에 들어가 일하는 것은 시간낭비일 뿐이다. 행복을 향해 가는 길은 그곳에 있지 않다.

자신이 어느 정도까지 성공할 수 있느냐 하는 것은 자신이 무엇을 원하는지, 또 그것을 어떻게 실현할 수 있는지 판단하는 능력에 달려있다. 내가 원하는 것은 과연 무엇일까?

QUIZ 9

가장 단순한 질문

인생에서 진정으로 성취하고 싶은 것은 무엇인가?

《갈매기의 꿈》을 쓴 리처드 바크는 '가장 단순한 질문이 가장 심

가장 돈이 많은 사람의 쾌락이 가장 값싸다.
—헨리 데이빗 소로우Henry David Thoreau

오한 질문'이라고 말했다. 이 질문 역시 단순하지만 쉽게 답하기는 어려울 것이다. 대답하기가 어렵다면 질문을 바꿔보자.

지금 당장 휴가가 생긴다면 무엇을 할 것인가?

그냥 쉬고 싶은 사람도 있을 것이고 여행을 가고 싶은 사람도 많을 것이다. 약간의 휴식, 따스한 햇살, 그동안 읽지 못한 책을 읽을 수 있는 시간, 집안의 아늑함, 배우자와 산책을 한 뒤 카페에 들러 카푸치노 한 잔 마실 수 있는 여유만 있으면 충분히 기분전환을 할 수 있다. 하지만 모처럼 받은 휴가를 그렇게 보내고 싶다. 어딘가 멋진 곳으로 여행을 가고 싶다. 어디로 갈지 몰라 주변사람들에게 추천을 받는다.

친구가 괌을 추천한다. 그가 괌을 추천하는 이유는 단순하다. 한 번 가봤더니 괜찮았다는 것이 전부다. 실제로 그곳에서 안 좋은 경험도 했겠지만 그런 것은 모두 잊어버렸다.

더 나은 곳이 있는지 여행사를 찾아가보면 어떨까? 여행사직원은 오사카, 코타키나발루, 항저우, 자그레브, 리마 등 이름도 생소한 해외도시를 소개하는 리플렛을 눈앞에 펼쳐놓는다. 여행사뿐만 아니라 무수한 광고와 미디어들은 그런 곳에 가서 휴가를 즐길 수 있어야 진정으로 성공한 사람이라고 부추긴다. 결국 여행사직원의 설득으로 코타키나발루행 비행기에 몸을 싣는다.

코타키나발루에 도착하여 3일이 지나니 더 이상 볼 것이 없다. 배우자와 하루 종일 해변에 누워 있는 것밖에 할 일이 없다. 주위를 둘러보니 사람들 모두 따분하다는 표정을 짓고 있다. 나 역시 마

179

찬가지다. 책은 달랑 한 권 들고 왔는데 벌써 다 읽어버렸다. 이곳에는 책을 파는 서점도 없다. 게다가 숙박하는 호텔에서는 내가 좋아하는 카푸치노를 팔지 않는다. 휴가라기보다 유배를 온 느낌이 들기 시작한다. 이제 직장으로 복귀할 날을 손꼽아 기다리기 시작한다. 그토록 출근하기 싫었던 직장이 그리워지는 것이다.

돌아오는 비행기에서 피로가 물밀 듯 밀려온다. 가까스로 집에 도착하고 난 뒤 이번 여행은 자신이 진짜 원했던 것이 아니었다는 것을 깨닫는다. 휴가를 마치고 나서 뿌듯한 감정도 느끼지 못할 뿐만 아니라 휴가 가기 전보다 더 피곤하다. 남의 말만 듣고 결국 휴가만 망친 것이다.

이 이야기에서 말하고자 하는 것은, 자신이 무엇을 원하는지 알지 못하면 성공할 수 없다는 것이다. 물론 자신이 무엇을 원하는지 알아내는 일은 그렇게 쉽지 않다. 그것을 알아내기 위해서는 시간을 투자해야 한다. 남들의 이야기, 남들의 기대에 맞춰 움직이는 것은 코타키나발루 여행처럼 허탈감만 더해줄 것이다.

오늘날 광고와 미디어는 사람들에게 무엇을 원해야 하는지 알려준다. 많은 이들이 그러한 주입을 의심없이 받아들인다. 또한 대중의 믿음에 의심을 품고 홀로 다른 길을 가는 것보다, 대중을 따르는 것이 속편하고 쉽기 때문에, 많은 사람들이 그 길에 동참한다.

현대사회에서는 이러한 사회적 기준이 개개인의 고유한 욕구보다 훨씬 중요하게 여겨진다. 내가 무엇을 원해야 하는지 남들의 시

안락과 풍요라는 목표에 다가갈수록 존재의 의미를
뒷받침하는 토대는 더 흔들린다. 역설적인 진실이다.
—프란츠 알렉산더Franz Alexander

선을 지나치게 신경 쓴다. 사회가 원하는 것, 광고가 원하는 것, 가족이 원하는 것, 친구가 원하는 것, 신문이나 라디오에서 원하는 것, 여행사에서 원하는 것. 결국 주변의 목소리에 파묻혀 내가 원하는 것은 정작 잊어버리고 만다.

자신이 무엇을 원하는지 안다고 해도 마찬가지다. 인간의 욕망은 바람 부는 대로 쉽게 바뀐다. 절실히 원했던 것이지만, 막상 얻고 나니 별 것 아니라는 사실을 깨달은 경험이 있을 것이다.

따라서 내가 원하는 것이 진정으로 내가 원하는 것인지, 남들이 부추겨 '원하게 된' 것인지 따져봐야 한다. 무엇이 나의 욕망이고, 무엇이 다른 사람의 욕망인지 구분할 줄 알아야 자신의 진정한 관심사를 찾아내고 계발할 수 있다. 물론, 이것이 쉬운 일은 아니다. 나의 욕망과 다른 사람의 욕망이 헷갈릴 때도 많고, 나의 욕망이라고 생각했는데 시간이 흐른 뒤 그렇지 않다는 것을 깨달을 때도 있기 때문이다.

내가 진정으로 원하는 것이 무엇인지를 알아내기 위해선 치열하게 고민해야 한다. 치열한 고민이 없으면 평생을 남들에게 휘둘려 살 수 있다. 엄마가, 친구가, 사회가 원하는 것은 내가 원하는 것이 아니다. 이것을 구분하는 일이 행복하게 살기 위한 첫 번째 필수조건이다.

진정으로 원하는 것을 추구하다 보면 상당한 변화를 감당해야 하는 경우도 있다. 캐나다의 한 독자는 자신이 원하는 것을 명확하게 깨닫고 나서 직장을 그만두기로 결심했다고 한다. 사회에서 제시하는 성공의 기준이 자신이 생각하는 성공의 기준과 달랐던 것이다.

안녕하세요.

선생님이 쓰신 《일하지 않아도 좋아》가 제게 큰 도움이 되었다는 것을 이야기하고자 이렇게 편지를 씁니다. 최근 저는 8년 동안 다닌 회사를 그만두고 프리랜서 컨설턴트로 독립했습니다. 지금은 한 회사에 컨설팅을 하고 있는데, 일주일에 단 3일 출근합니다. 나머지 시간은... 모두 여가시간입니다!!!

저는 36살로 결혼한 지 11년이 되었습니다. 아이는 없습니다. 아내는 간호사로 일하다 3년 전 일을 그만두었습니다. 한동안 진지하게 고민을 하더니 간호사가 자신이 원하던 직업이 아니었다고 결론을 내리더군요. 아픈 사람을 돌보고 싶어 간호사가 되었지만 현실은 병원 내 사내정치가 훨씬 중요한 것처럼 보인다면서요. 하지만 간호학 학위를 받기 위해 대학에서 4년 동안 공부한 것이 아까워 그만두기까지는 상당한 결단이 필요했습니다. 아내는 지금 섬유예술 쪽에 열정을 불태우고 있습니다. 아직은 예술가라고 할 수는 없어서 수입은 전혀 없는 상태입니다.

저도 일을 40-50퍼센트 줄이는 바람에 수입이 크게 줄어든 상태입니다. 어쨌든 현재 우리 부부에게 가장 큰 관심사는 경제적인 사정입니다. 제가 회사를 그만둔 지 2개월밖에 안 되기 때문에 아직은 그런 대로 잘 해쳐 나가고 있습니다.

사실 이런 생활을 준비하기 시작한 것은 2년 전이었습니다. 그때 우연히 도서관에서 선생님의 책을 빌려서 읽었죠. 그리고 1년 뒤 책을 사서 다시 읽었습니다. 내가 잘 하고 있는 것인지 확인하고

싶었습니다. 또 내 삶의 방향을 바꾸는 데 중요한 역할을 한 책이

니 직접 소장하고 싶기도 했습니다.

제 직업은 정확하게 말하자면 네트워크 애널리스트입니다. 책을

사서 다시 읽고 난 뒤 곧바로 구체적인 실행계획을 세웠습니다.

사실, 그런 용기를 낼 수 있었던 것은 우리 부부가 소박한 삶에서

도 큰 기쁨을 느끼기 때문입니다. 우리 부부는 숲 속을 느긋하게

거니는 것을 가장 좋아합니다.

아직 도전해보고 싶은 일이 많기 때문에 현재의 직업도 언제 바뀔

지는 모르겠습니다. 하지만 앞으로도 시간 나는 대로 독서를 하며

자아를 성찰할 생각입니다.

이런 삶의 영감을 불어넣어주셔서 진심으로 감사드립니다.

—길스 가뇽

가뇽이 삶의 큰 변화를 감행할 수 있었던 것은 자신만의 방식대

로 살아가고자 하는 용기가 있었기 때문이다. 우리에게도 그런 용기

가 필요하다. 세상이 요구하는 대로 따라가려고 애쓰지 않을수록,

자신의 진짜 모습을 찾는 모험을 할 수 있는 기회는 더 커진다. 진정

으로 원하는 것을 얻으려면 남의 시선에 기대지 말고 자신의 주관

대로 살아야 한다.

만족스럽고 발전하는 삶을 살아가는 데 가장 힘든 것이 바로 대

중에 휩쓸리지 않고 자신만의 소신을 지키는 것이다. 언뜻 화려해

보이는 남들처럼 살아가고 싶다는 유혹을 느낄 때도 있겠지만, 앞에

서도 이야기했듯이 실제로 그들을 가까이 들여다보면 그다지 행복하지 않다. 또한 우리 주변에는 마음의 소리에 귀 기울이며 꿋꿋하게 자신의 라이프스타일을 지키며 살아가는 사람들이 많다는 것을 기억해야 한다. 내 책을 읽은 독자 중에 행복한 삶을 위해 미국에서 유럽으로 과감하게 이주한 사람도 있다.

젤린스키 씨에게,

선생님이 쓰신 《일하지 않아도 좋아》를 감명 깊게 읽었습니다. 저는 워싱턴D.C.에서 규모가 큰 컨설팅회사를 다니다 지난 여름 지긋지긋한 회사를 탈출했습니다. 다른 직장을 구할 생각도 없었고 특별한 계획도 없었습니다. 회사를 때려치우고 6개월 후 결혼을 한 뒤, 덴마크로 건너와 이곳 말도 배우고 글도 쓰며 살고 있습니다.

저는 얼마 전까지만 해도 염세적이었으며 과도한 업적을 쌓기 위해 노력했습니다. 하지만 이제는 마음의 소리에 귀 기울이기만 하면 모든 것이 다 잘 될 것이라는 확신을 갖게 되었습니다. 이러한 확신을 갖는데 선생님의 책은 큰 힘이 되었습니다.

정말 감사합니다!

−아이다 허드슨

자기에게 무엇이 중요한지, 그것을 충실히 따르고 있는지는 자신만이 알 수 있다. 무엇보다도 어떤 삶을 살고 싶은지 명확하게 인지해야 한다. 정말 의미 있는 일을 찾고, 그 일에 얼마나 시간과 노력을

정말 능률적인 사람은 노동으로 하루를 꽉꽉 채우기보다,
느긋한 여유로움 속에서 하루를 즐긴다.
−헨리 데이빗 소로우Henry David Thoreau

투입하느냐에 따라서 우리가 누리는 만족의 수준은 달라질 것이다.

마음 속 깊은 곳에서 우러나는 목소리를 찾기 위해서는 스스로 삶의 주인의 되어야 한다. 사회, 국가, 배우자, 상사에 맡기면 안 된다. 평생 돈만 쫓으며 일만 하면서 살 것인지, 보람 있는 일을 하면서 충분한 휴식과 여가를 즐기며 가족과 행복하게 살 것인지 스스로 결정해야 한다.

일만 하던 사람이 갑자기 여가를 즐기는 경지에 이르기는 어려울 것이다. 하지만 이미 많은 사람들이 그렇게 했다. 또 그런 사람들의 경험과 감동은 책이나 글을 통해 쉽게 접할 수 있다. 가족과 함께 하는 시간이 늘고, 자연과도 더 가까워지고, 지역공동체를 위해 봉사도 하며, 일 때문에 잊고 지내던 다양한 활동을 통해 행복과 보람을 만끽하며 산다. 물론 미국에서 이런 삶을 즐기는 사람은 2퍼센트밖에 되지 않는다. 하지만 그 2퍼센트에 들어가는 것은 전혀 어렵지 않다. 스스로 선택을 하기만 하면 된다. 하지만 그 선택이 가져다주는 보답은 이루 말할 수 없을 정도로 크다.

마음의 평화, 건강, 사랑 같은 것을 만끽하는 데에 돈, 직업, 지위, 명성은 중요하지 않다. 그렇다면 무엇이 중요할까? 행복은 인생의 목표가 아니라 과정이라는 것을 명확하게 인식하는 것이다. 즉 행복이란 매 순간을 충실하게 보낼 때 얻을 수 있는 부산물이다. 그리고 매 순간을 충실하게 보내기 위해서는 충분한 여가시간이 뒷받침되어야 한다.

마지막으로 다시 한 번 강조하자면, 하고 싶은 일을 이런 저런 이유로 하지 못하고 계속 미루고 있다면, 그것은 자신이 무엇을 원하는지를 정확하게 알지 못하기 때문일 수 있다. 목적지도 없이 무조건 좋은 곳에 도착하기만 바라는 것이다. 자신이 무엇을 원하는지 알아야 한다. 그러기 위해서는 먼저 자신의 내면을 깊이 탐구하고 이해해야 한다. 그래야만 진정으로 원하는 것을 얻을 수 있다.

| 나만의 여가활동 나무를 심을 시간

삶의 기쁨은 돈, 권력, 명예에서 나오는 것이 아니라 가치 있는 활동을 할 때 나오는 것이다. 그것이 직업이든 여가든 상관없다. 하지만 일은 지시나 업무규범을 따라서 하면 되지만, 여가는 스스로 알아서 해야 한다. 그런 점에서 여가활동을 제대로 하기 위해서는 시간을 들여 미리 계획을 해두어야 한다.

평소에 하고 싶었던 일

임종을 한 달 앞두고 있다고 가정해보자. 신에게 이렇게 기도한다.
"신이시여, 저에게 한 번만 더 기회를 주세요. 제가 가진 모든 것을 드리겠습니다."
신이 대답한다.
"좋다. 그렇다면 앞으로 5년을 더 줄테니, 평소에 하고 싶었던 것을 하면서 건강하게 살아보거라. 하지만 일을 해서는 안 된다. 진짜 삶을 즐겨 보라."

1억원짜리 질문: 5년 이란 시간이 덤으로 생긴다면, 무슨 일을 하면서 후회하지 않고 보낼 것인가?

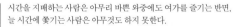

시간을 지배하는 사람은 아무리 바쁜 와중에도 여가를 즐기는 반면,
늘 시간에 쫓기는 사람은 아무것도 하지 못한다.
ㅡ잔마리 롤랑Jeanne-Marie Roland

그 동안 하고 싶었지만 못하던 여가활동을 목록으로 적어 보자. 현재 일을 하든 하지 않든 이 목록은 여러분 삶의 의욕을 자극할 것이다.

여기서 한 걸음 더 나아가 목록을 좀더 체계적으로 이미지화하는 방법을 알려주고자 한다. 바로 '스포크 다이어그램'이라는 도구를 활용하는 것이다(스포크spoke는 '바퀴살'을 의미한다). 스포크 다이어그램은 단순해 보이지만, 그 효과는 강렬하다. 삶을 충만하게 만드는 데 필요한 다양한 활동을 찾아낼 수 있도록 도와준다.

인간의 기억력은 우리가 생각하는 것만큼 좋지 않기 때문에, 아이디어를 떠올릴 때 머릿속에 떠오르는 것을 모조리 적어야 한다. 이때 사람들은 대개 목록형식으로 아이디어를 나열하는데, 스포크 다이어그램은 목록보다 훨씬 효과적으로 아이디어를 떠올릴 수 있도록 도와준다.

스포크 다이어그램을 그리려면 먼저 종이 한가운데에 달성하고자 하는 목표를 쓴다. 옆의 그림에서는 '여가활동'이 목표다. 그리고 가운데 원에서 사방으로 가지를 뻗는다. 각각의 가지는 목표를 달성하기 위한 다양한 활동을 묶어주는 범주를 상징한다.

여기서는 우선 여가활동을 세 가지 범주로 구분하기로 한다.

1. 지금 당장 하고 싶은 활동
2. 예전에 흥미가 있었지만 지금은 하지 않는 활동
3. 해본 적은 없지만 앞으로 하고 싶은 활동

개념적으로 더 세분화할 수 있는 활동은 가지를 치고 거기에서 다시 또 가지를 쳐서 정리하면 된다. 예컨대 '해본 적은 없지만 앞으로 하고 싶은 활동'에는 '연기(영화출연)', '자원봉사활동', '야간강좌수강'이 있는데, 야간강좌수강 밑에는 '참선', '와인시음', '소설쓰기', '경영학수업'이 있다. 물론 이 아래에 더 가지를 칠 수 있다. 예컨대 경영학수업 밑에 '마케팅', '회계' 같은 세부적인 과목을 표시할 수 있다.

이제 직접 나만의 스포크 다이어그램을 그려 보자. 우선 앞에서 본 세 가지 범주를 기반으로 브레인스토밍을 한다. 최소한 50개 이상 아이디어를 낸다. 하찮아 보이는 아이디어라고 해도 생각나는 것은 무조건 적는다. 브레인스토밍 단계에서는 아이디어를 평가하려 해서는 안 된다. 시간이 걸려도 좋고, 하루 만에 끝내지 않아도 좋다. 꼭 50개 이상 적어보라. 49개로는 부족하다.

세 가지 범주 외에 추가하고 싶은 범주가 있다면 가지를 더 만들어도 된다. 예컨대 운동이나 여행에 관심이 있다면 앞의 그림처럼 운동, 건강 같은 가지를 따로 만들어 이에 속하는 활동을 별도로 만들어도 좋다. 종이가 부족하면 새로운 가지를 만들어도 된다. 그렇게 뻗어 나온 가지는 옆의 그림처럼 그릴 수 있다.

같은 활동이 여러 범주에 들어가도 상관없다. 그런 활동은 그만큼 중요하다는 뜻이다. 그림을 보면 수영이 '예전에 흥미가 있었지만 지금은 하지 않는 활동', '운동', '여행'에도 들어가 있다. 그렇다면 수영은 지금 가장 하고 싶은 활동인 것이 분명하다.

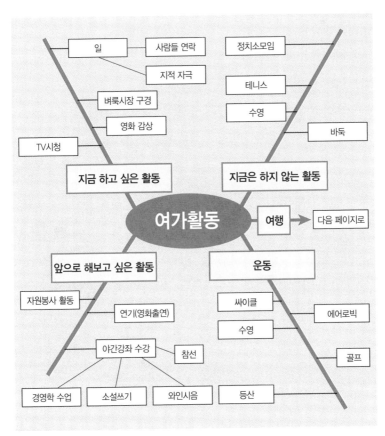

〈도표7-1〉 스포크 다이어그램

　스포크 다이어그램은 아이디어를 떠올릴 때 유용한 도구다. 스포크 다이어그램의 장점은 다음 세 가지로 정리할 수 있다.

• 간단하다. 복잡한 아이디어도 종이 한 장에 모두 정리할 수 있다. 필요한 만큼 덧붙이면 된다.

　　　　　　　　CHAPTER 07_ 열정을 자극하는 나만의 목표를 찾아라

- 아이디어가 범주 별로 구분되어 있기 때문에 아이디어를 묶어서 정리하기 좋다. 가지를 만들어 새로운 아이디어를 덧붙이기도 쉽다.
- 오랜 시간 활용할 수 있다. 잠깐 제쳐놨다가도 언제든 다시 꺼내서 사용할 수 있다. 새로운 아이디어가 떠오를 때마다 쉽게 추가

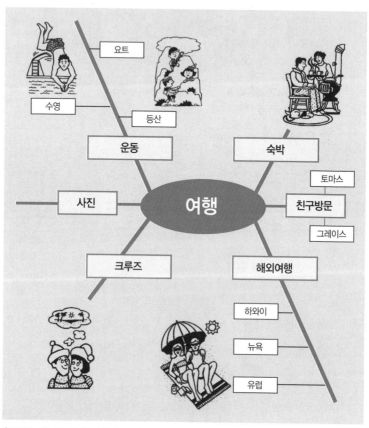

〈도표7-2〉 이미지를 넣어 꾸민 스포크 다이어그램

할 수 있다. 스포크다이어그램은 처음에 표를 만들어놓고 계속

해서 업데이트를 해야 한다. 그래야 다양한 여가활동 중에서 자

신이 진정으로 원하는 것이 무엇인지 결정할 수 있다.

- 다이어그램에 색칠을 하거나 그림을 넣으면 기억하는 데 도움이

  될 뿐만 아니라 훨씬 독창적으로 보인다. 단순한 목록보다 훨씬

  흥미를 자극한다.

스포크 다이어그램을 대여섯 개 만들어 놓으면, 갑작스럽게 여유

시간이 생겼을 때 무엇을 할 것인지 고민할 필요가 없다. 삶에 대한

열정이 있는 사람이라면 5년은 물론 50년을 지루할 틈 없을 만큼

많은 여가활동을 떠올릴 수 있을 것이다.

여가활동 아이디어

물론 사람마다 관심사나 흥미를 느끼는 활동은 다를 것이다. 그래

도 아이디어가 잘 떠오르지 않는 사람들을 위해서 잠재적인 여가활

동 300개를 소개한다.

내가 즐길 수 있는 여가활동

- 자녀, 손녀들과 좀더 긴 시간을 즐기기

- 등산하기(가보고 싶었지만 그동안 가지 못했던 산을 오른다)

- 골프 배우기

- 평일 오후 야구경기 관람하기

- 테니스(예전에 하다가 그만둔 운동 다시 하기)

- 일본 3대 마쓰리 참가하기

- 이주민이나 외국인에게 한국어 가르치기

- 그동안 연락하지 않던 친구에게 전화해 수다떨기

- 계곡물에 발 담그기

- 인터넷에서 자기 이름을 검색하여 어떤 내용이 뜨는지 살펴보기

- 돈을 버는 것이 목적이 아닌, 재미를 위해 사업 해보기

- 시나 노래가사 쓰기

- 비영리단체 가입하기

- 크루즈 타고 여행하기

- 자신이 사는 지역의 역사 기록하기

- 마사지 배우기

- 다시 어린 아이로 되돌아가기

- 벽장 속에 처박아 두었던 기타를 꺼내 쳐보기

- 머릿속으로만 쓰던 글을 진짜 써보기(말만 하던 것을 행동으로 옮기기)

- 초상화 그리기(그림이 마음에 안 들면 모델 탓으로 돌리면 된다)

- 저소득층 자녀들에게 독서 지도하기

- 자서전 쓰기

- 새로운 악기 배우기

- 산책하기

매 순간 창조성을 의식적으로 발휘하고 싶다면, 규율과 질서는 느슨하게 풀고
그 자리를 놀이와 순수한 어리숙함으로 채워라.
―메이 사튼May Sarton

- 달리기

- 자원봉사하기

- 그 동안 미워하던 사람에게 화해의 편지 쓰기

- 토론클럽 참여하기

- 바다를 바라보며 명상하기

- 고마움을 느끼거나 존경하는 동네 어르신을 초대해 저녁식사 대접하기

- 5년 안에 이루고 싶은 목표를 적어서 5년 후 열어 볼 수 있도록 타임캡슐 만들기

- 친한 친구를 위해 깜짝 이벤트하기

- 자신만을 위한 밥상을 차리기

- 요리 배우기

- 친구가 일하는 곳에 찾아가기

- 어릴 적 살던 동네 찾아가기

- 새로운 친구 사귀기

- 도보여행하기

- 유명인에게 편지 쓰기

- 관심주제에 대해 설문조사하기

- 명상하기

- 시내 한 바퀴 돌기

- 자동차로 전국일주하기

- 이 목록이 정말 300개가 넘는지 세어보기

- 책 읽기

- 여행하기

- 단편영화 만들기

- 컴퓨터 배우기

- 웹사이트 만들기

- 집에 페인트칠하기

- 낚시하기

- 숲 속 탐험하기

- 캠핑하기

- 암벽 등반하기

- 정당에 가입하거나 정치활동에 참여하기

- 시 낭독회 참석하기

- 시를 읽고 느낀 감정을 시로 쓰기

- 시를 직접 낭독하여 오디오 만들기

- 개인 신문 만들기

- 시간을 정하지 말고 친구와 허심탄회하게 대화하기

- 조상의 생애 추적하기

- 방대한 가계도 그리기

- 맛집 탐방하기

- 카페에 앉아 커피를 마시면서 출근하는 사람들 구경하기

- 자전거 타기

- 오토바이 타기

- 친구를 집에 초대하기

바쁜 일상을 쪼개 만든 시간에 우리는 겨우,
무엇을 할 것인지 고민하는 데 쓴다.
-윌 로저스Will Rogers

- 보드게임 만들기

- 도서관 가기

- 토크쇼 방청하기

- 보수를 받지 않고 일해주기

- 당구치기

- 춤 추며 명상하기

- 댄스 배우기

- 오래된 자동차 복원하기

- 고가구 복원하기

- 집 수리하기

- 대청소하기

- 연락이 끊어진 사람 찾기

- 일기 쓰기

- 만화 그리기

- 다른 사람의 전기 쓰기

- 옷이나 모자 만들기

- 10만 원 정도 예산으로 효율적인 가구 만들기

- 무언가 수집하기

- 사금 채취하기

- 일광욕 즐기기

- 수영하기

- 섹스하기

- 교회나 절에 가기
- 스쿠버다이빙하기
- 스노클링하기
- 비행기 조종사 자격증 따기
- 사진 배우기
- 사진앨범을 만들기
- 글을 그림으로 표현하기
- 내가 태어난 날 무슨 일이 있었는지 조사하기
- 오래된 물건 내다팔기
- 가구 배치 바꾸기
- 연기 배우기
- 시나리오 쓰기
- 연 날리기
- 뒤로 달리기
- 유명인들의 성대모사, 흉내내기
- 정원 가꾸기
- 꽃, 식물 채집하기
- 외국 시 번안하기
- 친구에게 편지/엽서/카드 쓰기
- 물구나무서기 기록 세우기
- 작곡하기
- 영어단어 외우기

너무나 많은 사람들이 기회보다는 안정을 우선한다.
죽음보다 삶을 두려워하는 것이다.
-제임스 번즈James F. Byrnes

- 인카운터그룹(집단심리상담) 참가하기

- 명언 수집하기

- 팝송가사 외우기

- 별 관찰하기

- 일몰 구경하기

- 새로운 종교 공부하기

- 위키피디아 기여하기

- 독특한 집 설계하기

- 다른 나라에 가서 살기

- 요트 타기

- 구글지도에 지역 사진 올리기

- 보트 만들기

- 법원에 가서 재판 구경하기

- 주식시장 공부하기

- 더 나은 쥐덫 개발하기

- 새로운 모임 만들기

- 윈도우쇼핑하기

- 자동차 정비 배우기

- 다양한 사람들을 모아 파티 열기

- 전혀 모르는 사람들이 모이는 연회에 참석하기

- 비 흠뻑 맞기

- 나만의 구글지도 만들기

- 다른 사람으로 하루를 살아보기
- 길거리에서 처음 보는 사람에게 말 걸기
- 울퉁불퉁한 시골길을 걷기
- 잡지도서관에 가서 옛날 잡지를 훑어보며 어릴 적 기억을 떠 올려 보기
- 어릴 적 재미있게 놀았던 추억을 떠올려 다시 해보기
- 목공 도전하기
- 캘리그라피 배우기
- 아이들과 긴 시간 이야기를 나누며 배울 점 찾기
- 씨티버스 타고 도시 여행하기
- 야외활동을 하면서 자연을 사진에 담기
- 공공장소에서 사람들 구경하기
- 롤러스케이트 타기
- 카드게임하기
- 라디오쇼에 전화하기
- 식탁에 촛불을 켜 놓고 저녁식사하기
- 대중연설 훈련 동호회 가입하기
- 와인 동호회 가입하기
- 대학에 다시 입학하여 학위 따기
- 스카이다이빙 배우기
- 건강과 피트니스에 관한 정보 습득하기
- 과수원에 가서 과일 따기

불멸을 갈망하는 수많은 사람들이
정작 비 내리는 일요일 오후에 뭘 해야 할지 모르고 방황한다.
—수잔 에르츠Susan Ertz

- 가까운 관광명소 찾기

- 말장난 만들기

- 환경오염을 줄이는 활동하기

- 벼룩시장 구경하기

- 인터넷으로 학교동창 검색하기

- 학창시절 선생님 찾아가기

- 은퇴 후 하고 싶은 일 구상하기

- 자신이 쓴 글과 낙서를 출판할 수 있는 상태로 정리하기

- 팟캐스트/ 동영상 만들기

- 오디오북 만들기

- 전자책 만들기

- 빈곤지역 아이들의 양부모가 되어 후원하기

- 빈곤지역 양아들/딸 만나러 가기

- 블로그 만들기/꾸미기

- 해외여행계획을 세우고 경비마련계획 세우기

- 나무 오르기

- 3만원 들고 경마장 가기

- 버스나 지하철을 타고 무작정 돌기

- 뉴스레터/잡지 만들기

- 다른 나라에 펜팔 친구를 만들기

- 숲 속 걷기

- 낱말 맞추기

- 에어BNB 등록하기
- 수영장 만들기
- 공상하기
- 운동경기 보러 가기
- 옛날에 자주 갔었던 곳 다시 찾아가기
- 급류타기
- 열기구 타기
- 아이들의 멘토 되어주기
- 테니스 연습하기
- 개 훈련시키기
- 고양이 장난감 만들어주기
- 연극이나 공연 보러 가기
- 오케스트라 연주듣기
- 요리대회 출전하기
- 무료강연 찾아 다니기
- 정치노선 학습하기
- 동물원 가기
- 맥주 만들기
- 종류별로 과일주 만들기
- 금융지식 습득하기
- 애니어그램 배우기
- 구름의 변화 관찰하기

여가를 현명하게 활용할 수 있다는 것은
문명이 낳은 가장 훌륭한 열매다.
-버트란드 러셀Bertrand Russell

- 살면서 성공했다고 여겨지는 것 적어보기
- 새로운 장난감/문구 만들기
- 식사시간을 두 배로 늘려보기
- 새 관찰하기
- 캐리커처 그리기
- 아무것도 하지 않고 가만히 있기
- 박물관 가기
- 새로운 동호회 가입하기
- 이 목록에서 반복되는 활동 찾기
- 스마트폰앱 개발하기
- 줄넘기
- 해변에 누워 책 읽기
- 세차하고 광내기
- 주말농장 하기
- 네티즌 수사대 참여하기
- 태양광발전기 설치하기
- 책을 쓸 주제 찾기
- 최면술 배우기
- 관상/손금 배우기
- 퍼즐 맞추기
- 각종 전시회 구경하기
- 마술 배우기

- 외국어 배우기

- 아픈 사람 간호하기

- 철학학파 세우기

- 정치인 괴롭히기

- 올해 나의 가장 큰 실수를 다섯 가지 적고, 원인 분석하기

- 죽기 전에 해야 할 일 목록 만들기

- 동화 쓰기

- 공원을 거닐며 계절의 아름다움 만끽하기

- 반대하는 정당에 대항하는 조직 만들기

- 죽기 전에 하지 말아야 할 목록 만들기

- 쓰지 않는 물건을 중고로 팔아 친구들과 파티하기

- 공동묘지에 가서 가장 웃긴 묘비문 찾기

- 나의 묘비문 쓰기

- 취미활동을 통해 배운 기술 무료로 가르치기

- 관심 있는 시대 찾아 공부하기

- 다른 도시나 나라에 사는 친구와 한 달 동안 집을 바꿔서 살아보기

- 후손들을 웃길 수 있는 유언장 작성하기

- 창의적인 서비스, 가전제품, 가구 개발하기

- 50킬로미터 이내에 있는 동네에 가서 한나절 나기

- 공원벤치에 30분 동안 가만히 앉아 자연의 소리 온 몸으로 느끼기

- 모험이 될 만한 일 찾기

- 마음에 드는 작가의 책 모두 찾아 읽기

축구중계를 연달아 3게임 이상을 보는 사람은,
법적으로 죽은 사람으로 판단해야 한다.
–에르마 봄벡Erma Bombeck

- 10년 뒤 세상이 어떻게 바뀔지 예측해보기
- 젊었을 때 즐겼던 취미를 현재의 취미와 접목해보기
- 느긋하게 목욕하기
- 구글어스에서 세계여행하기
- 주짓수 배우기
- 컴퓨터 파일 정리하기
- 쌓아둔 서류/문서 정리하기
- 나의 MBTI 유형 찾기
- 다양한 온라인 서비스 사용법 익히기
- 나만의 패션 스타일 찾기
- 와인/맥주 종류별로 시음해보기
- 지금까지 읽은 책 서평쓰기
- 프로그래밍 언어 배우기
- 무료 온라인대학 수강하기
- 이 목록을 500개로 늘리기

이 목록을 다음 네 가지로 구분해보라.

1. 지금 당장 하고 싶은 활동
2. 예전에 흥미가 있었지만 지금은 하지 않는 활동
3. 해본 적은 없지만 앞으로 하고 싶은 활동
4. 전혀 관심이 없는 활동

1, 2, 3에 속하는 활동은 스포크 다이어그램에 표기하라. 또 정리하다 보면 새로운 아이디어가 머릿속에서 떠오를 것이다. 스포크 다이어그램은 오랜 시간 즐길 수 있는 흥미로운 활동으로 가득 찰 것이다. 미루다가 나중에 후회하지 말고 지금 당장 이러한 활동을 하나씩 실천해보자.

스포크 다이어그램을 활용하여 삶의 계획을 짠 캘리포니아에 사는 한 독자가 편지를 보내왔다. 그녀의 경험담을 들어보자.

어니 씨에게,

좋은 책을 써주셔서 감사합니다. 이미 여러 번 읽었음에도 지금도 가끔 영감이 필요할 때마다 책을 들쳐봅니다. 저는 올해 42살로 한참 돈을 벌 나이입니다. 저는 캘리포니아의 아름다운 도시 맨도치노에 있는 큰 와인회사에서 일합니다. 마음만 먹으면 승진도 할 수 있고, 앞으로 15-20년은 문제 없이 다닐 수 있습니다. 연봉도 계속 올라가겠죠. 하지만 저는 다른 길을 선택하기로 했습니다. 사람들은 현재 제 직위를 부러워하지만, 저는 사실 '일하지 않을' 그날만을 손꼽아 기다리고 있습니다.

저는 3년 안에 주택대출금을 다 갚고, 회사를 그만둘 계획입니다. 씀씀이를 줄이고 좋아하는 일을 하면서 살고자 합니다. 남자친구와 함께 여가활동 계획도 세워봤습니다. 스포크 다이어그램도 작성해봤는데 달리기, 테니스, 독서, 산책, 여행, 사진찍기, 섹스, 음악, 자원봉사 등이 우선순위에 올랐어요(나열된 순서대로 중요한 것은

아닙니다). 선생님께서 지적하셨듯이, 더 많은 돈을 벌기 위해 필요
한 것이 아니라 제대로 살아보기 위해 필요한 것들이죠.

하지만 많은 사람들이 이런 사실을 깨닫지 못하고 있는 현실이 안
타깝습니다. 남들이 만들어 놓은 계획표에 따라 좋아하지도 않는
일을 정년까지 해야 한다고 철썩 같이 믿고 있으니 말입니다. 행
복으로 가는 열쇠를 자기 호주머니에 있는데도 그걸 모르고 살아
갑니다. 모두들 누군가의 희생양이 아닌 자기 삶의 설계자가 되어
살아가기를 바랍니다. 와인의 나라에 오시면 꼭 한번 연락주세요.
그럼 이만 줄이겠습니다.

―카렌

몸을 움직이지
않으면
아무 일도
생기지 않는다

인생, 건강, 생기를 결정짓는 가장 중요한 조건은
몸을 움직이는 것이다.
몸을 움직여야 신체기능이 발달하고
에너지가 솟아나고 주어진 수명이
다 할 때까지 살 수 있다.

—피에르조제프 프루동 Pierre-Joseph Proudhon

⎮ 참여자가 될 것인가, 구경꾼이 될 것인가

집에만 오면 주전부리를 옆에 놓고 TV 앞에 앉아 시간을 보내는 사람들이 많다. 무기력하고 수동적인 이들은, 마치 좀비처럼 살아있어도 산 사람이라기보다는 죽은 사람과 비슷하다.

자동차가 있다고 해서 운전을 잘한다고 할 수 없듯이, 여가시간이 많다고 해서 여가를 잘 활용하는 것은 아니다. 40-50년 동안 따분한 일상을 이어온 사람들은, 오래 전 치즈가 사라진 터널에서 여전히 기웃거리며 변화할 생각을 하지 못한다. 자신의 삶을 신나게 해줄 사람이 나타나주기만을 기다리고 있는 것이다. 신나는 인생을 살려면 여가생활을 적극적으로 즐길 줄 알아야 한다.

현대인들은 직접 몸을 움직이기 보다는 앉아서 구경하는 것을 좋아한다. 집에서 TV로 중계해주는 운동경기를 보고, 라디오를 들는다. 물론 과거에는 이러한 수동적인 여가가 필요했다. 많은 노동이 육체적인 에너지를 써야 했기 때문에, 집에서는 편하게 쉬어야만 했다. 하지만 지금은 전혀 그렇지 않다. 육체노동을 해야 하는 직업이 많이 사라졌고, 또한 육체노동을 해도 상당부분 기계와 도구가 대신해주기 때문이다.

육체노동이 훨씬 흔했던 1930년대 사람들은 지금보다 적극적으로 여가를 즐겼다. 당시 사람들은 지금보다 더 책을 많이 읽었고, 극장에 가서 영화를 보고, 춤을 췄다. 그에 반해 오늘날 많은 이들이 TV를 보거나 인터넷, 스마트폰을 보면서 별로 힘 들이지 않는 시간을 보낸다.

실제로 미국과 캐나다 사람들을 조사한 바에 따르면, 90퍼센트 정도가 적극적인 여가활동보다는 수동적인 여가를 선호한다. 몸을 움직여야 하는 실외활동보다는 TV시청과 같은 소극적인 실내활동에 10배나 더 많은 시간을 쏟는다. 가까스로 집밖으로 나온다고 해도 그다지 적극적으로 활동하는 것은 아닌듯하다. 시간이 남을 때 가장 즐겨찾는 장소는 바로 쇼핑몰이기 때문이다.

수동적으로 여가생활을 하는 것은 왜 문제가 될까? 몸을 움직이지 않는 수동적인 활동은 따분함을 극복할 만한 정신적인 쾌감을 주지 못한다. 수동적인 활동에는 목표도 없고, 모험도 없고, 기분전환할 만한 새로움도 없다. 너무 뻔하기 때문에 안전하고 편하기는 하지만 만족이나 즐거움은 크지 않다.

심리학에서는 행복을 두 가지 유형으로 구분한다. 기분에 기반한 행복과, 가치에 기반한 행복이다. TV에서 야구중계를 보는 것은 기분이 좋아지는 행복이다. 하지만 이런 행복에는 수확체감의 법칙이 작동한다. 쉽게 말해, 시간이 지날수록 만족의 수치가 떨어진다. 대개 몇 분, 길어봤자 1시간 정도 지나면 만족도는 0으로 떨어진다.

이에 반해 가치에 기반한 행복은 의미 있는 활동에서 나온다. 무미건조한 쾌락보다는 높은 차원의 목표를 실현함으로써 만족을 느낀다. 개인의 가치관에 기반한 고차원적인 목표를 달성했을 때 보람을 느낀다. 가치에 기반한 행복은 수확체감의 법칙이 작동하지 않는다. 물론 시간이 지나면서 만족도가 떨어질 수는 있지만, 기분에 기반한 행복보다 훨씬 오래 간다.

수동적인 여가활동으로는 다음과 같은 것들이 있다.

- TV시청
- 군것질
- 쇼핑
- 도박
- 잠자기

- 음주
- 드라이빙
- 돈 쓰기
- 스포츠관람
- 비디오 게임

물론 수동적인 여가가 필요할 때도 있다. 특별한 목적 없이 빈둥거리는 것도 몸과 마음에 어느 정도 위안이 될 수 있다. 하지만 수동적인 활동은 적절하게 끝내야 한다. 이런 활동은 능동적인 활동을 뒷받침해줄 수 있을 만큼만 유지되어야 한다.

결국, 행복을 오래 지속하기 위해서는 능동적인 여가활동을 해야 한다. 6장에서 설명한 '편한 길 총량의 법칙'은 여가에도 적용된다. 여가도 마찬가지다. 수동적인 활동만 하면 당장은 편하겠지만 머지않아 어렵고 힘든 시간이 닥친다. 이런 여가생활은 여전히 삶을 따분함에서 구해내지 못한다. 반대로 활동적이고 도전적인 여가활동은 막상 힘들고 어렵게 느껴지더라도 삶을 갈수록 편하고 여유롭게 만들어준다.

볼링이나 글쓰기와 같이 육체적으로나 정신적으로 몰입해야 하는 일은 TV를 보는 것과 같은 수동적인 여가활동보다 훨씬 흥미진진하며 더 큰 만족감을 준다. TV를 끄고 공상, 명상, 묵상을 하는 것이 훨씬 유익하다. 실제 연구결과에서도 활동적인 여가활동에 참가하는 사람들이 그렇지 않은 사람들보다 훨씬 육체적, 정신적으로 건강하다고 한다. 능동적인 여가활동으로는 다음과 같은 것들이 있다.

- 글쓰기
- 운동
- 그림 그리기
- 사람 만나기
- 교양강좌 듣기

- 독서
- 산책
- 악기 연주하기
- 춤추기
- 무언가 만들기

사람들은 흔히 책임과 의무에서 벗어나면 인생이 즐거워질 것이라 생각한다. 전혀 그렇지 않다. 수동적인 여가활동과 단순한 쾌락

행동하는 것에 만족하라.
말하는 것은 다른 사람 몫으로 남겨두라.
–발타사르 그라시안Baltasar Gracián

만 좇으면 금세 따분해질 뿐만 아니라 허무한 감정에 다시 휩싸인다. 그럼에도 대다수 현대인들은 모험을 해야 하는 신나는 활동보다는 아무런 노력을 들이지 않고도 즐길 수 있는 값싼 활동만을 추구한다. 쾌락만으로는 지속적인 행복을 달성할 수 없다.

이러한 측면에서 사람도 크게 두 가지 유형으로 나눌 수 있다. 참가자와 구경꾼이다. 참가자는 직접 일을 벌이는 데 시간을 주로 보내고, 구경꾼은 일을 구경하는 데 시간을 보낸다. 옆에서 구경만 하다가 짧은 인생을 끝내버리는 실수를 범하면 안 된다.

능동적인 여가활동은 수동적인 활동보다 우울증, 불안, 스트레스를 극복하는데 훨씬 효과적이다. 늘 건강하고 행복하게 사는 사람들은 거의 예외없이 자신의 열정을 자극하는 일을 찾아 매진한다. 태도와 동기가 삶의 질을 결정한다는 사실을 받아들인다면, 행복한 삶의 조건을 만드는 것은 전혀 어렵지 않다.

여가활동에서도 성취감은 매우 중요하다. 물론 사람마다 목표와 방법은 다를 수 있다. 예컨대 60대라면 매일 8킬로미터씩 달리는 것도 충분한 도전이 될 것이다. (이 시기에는 6킬로미터를 달리는 것도 힘들다.) 또는 패러글라이딩이나 스카이다이빙처럼 창공을 나는 짜릿한 활동도 상당한 활력을 불어넣어줄 것이다. 이처럼 자신에게 맞는 목표를 설정하고 도전하고 성취하는 것은 자신감을 높여준다.

기존의 여가활동이 지겨워지면, 새로운 여가활동을 계발해 보는 것도 좋다. 이때 큰 도움이 되는 것이 바로 스포크 다이어그램이다. 육체적, 정신적 따분함을 극복할 수 있는 최고의 무기는 다양한 활동을 하는 것이다.

열정을 불태울 수 있는 여가활동을 찾아보라. 대학 때 좋아했던 수업, 가보고 싶은 나라, 도시, 휴양지, 직접 해보고 싶었던 스포츠, 게임, 운동, 관심있는 예술가, 작가, 예술활동을 목록으로 나열하고, 목록과 연관된 다양한 활동을 떠올려 보자. 이러한 활동은 인격과 자존감을 높여줄 것이며, 스트레스를 줄여주고, 모험과 신선함과 보람을 안겨줄 것이며, 건강과 행복과 삶의 질을 높여줄 것이다.

｜ TV 앞의 좀비

사실 현대인들은 TV의 노예라고 해도 과언이 아니다. 설문조사에 따르면, 현대인들은 여가시간의 40퍼센트 이상을 TV 보는 데 사용한다. 운동이나 산책을 할 시간이 없고, 친구도 만날 시간이 없다는 사람들, 사는 게 따분하다고 투덜대는 사람들도 TV는 꼭 본다.

어떤 일과와 마찬가지로 TV도 적당히 보면 문제는 없을 것이다. 하지만 많은 사람들이 그렇게 하지 못한다. 최근 조사에 따르면, 은퇴한 미국인들은 1주일 동안 평균 26시간이나 TV를 본다고 한다. 하루에 4시간 가까이 TV를 보는 것이다. 하지만 실제로 TV를 아예 보지 않는 사람들도 있다는 것을 고려할 때, 매일 6시간 이상 TV를 보는 사람들도 많을 것으로 추정된다..

또 다른 조사에서는 미국과 캐나다에 사는 18살에서 65살 사이의 사람들을 대상으로 22가지 여가활동을 제시하고 어떤 활동에서 가장 큰 만족을 얻는지 물었다. 여기서 TV시청은 17위를 차지했고, 독서는 9위를 차지했다. 또한 1주일 동안 즐길 수 있는 여가시간은 40시간으로 나왔다. 그런데 이 조사에서 재미있는 것은, 여가시간 중 16시간을 TV보는 데 사용한다는 사실이었다. 그다지 재미도 없고 만족스럽지도 않은 활동으로 여가시간 중 40퍼센트를 허비하는 것이다. 이에 비해 친구나 가족, 지인들과 대화하는 시간은 4시간, 책 읽는 시간은 2시간으로 조사되었다.

인생을 스스로 책임지려는 사람이라면 현실을 직시해야 한다. TV를 보는 것도 자신의 선택이지만, 여가시간을 보내는 최선의 방법은 될 수 없다. 특히 직장에 다니면서 여가시간을 대부분 TV 앞에서 보낸다면, 은퇴 후 삶의 모습은 그다지 밝지 않을 것이다. 일중독과 마찬가지로 과도한 TV시청은 매우 위험한 중독이다. TV는 활력을 불어넣어주기는커녕 현실을 왜곡하고 비현실적인 환상을 심어준다.

2000년 하버드대학의 연구에 따르면 TV는 사람을 직접 만날 수 있는 기회를 차단한다. TV시청이 주요 여가활동인 사람들은 파티에 가거나 친구를 만나는 일이 드물었고, 사람들을 집으로 초대하지 않는 경향을 보였다. 소풍을 가거나 헌혈을 하거나 축하카드를 보내는 일에도 그다지 관심이 없었다. TV가 사교적인 삶과 공공의 삶을 파괴하는 것이다. TV 보느라 우리 삶에 진정한 만족과 행복을 가져다 주는 소소한 활동을 모두 뿌리치는 것이다.

하버드대학 보고서는 더 나아가 TV 앞에 오래 앉아 있는 사람은 성격적으로도 문제가 있을 가능성이 크다는 놀라운 조사결과를 내놓는다. 이런 사람들은 실제로 운전할 때 욕을 많이 하는 경향이 있다고 한다. 물론 이러한 과격한 행동이 과도한 TV시청에서 비롯된 것인지, 아니면 이런 특징이 있는 사람이 TV에 매달리는 것인지는 아직 밝혀지지 않았다.

진정으로 행복해지고 싶다면 TV를 멀리해야 한다. 물론 적당히 보는 것은 문제가 되지 않는다. 하지만 자신의 삶이 만족스럽지 않다고 여겨진다면, 또 TV 보는 시간이 너무 많다고 여겨진다면 소파에서 박차고 일어나 새로운 여가활동을 찾아야 한다. 창의적이고 건설적인 여가활동을 하면, 실제로 TV를 켤 시간도 없다. 하다못해 종이접기, 연필 돌리기, 낙서하기, 잡지 읽기 같은 것이 TV를 보는 것보다 훨씬 유익하다.

뚱뚱한 것은 개성이 아니다

언제든 먹을 것을 찾는 사람들이 있다. 과자든 과일이든 곁에 두고 끊임없이 먹는 식탐도 대표적인 수동적인 여가활동이다. 앞에서 본 지나친 TV시청과 식탐이 결합하면 젊어서 죽을 확률은 더 높아진다.

오늘날 풍족한 삶은 결국 과체중 인구의 증가로 나타나고 있다.

폭식은 칼보다 더 많은 사람을 죽인다.
—조지 허버트George Herbert

캐나다통계청에 따르면, 전체 인구의 13퍼센트가 비만이며, 이들을 포함하여 48퍼센트가 과체중에 속한다. 미국의 경우 전체 인구의 20퍼센트가 비만이며 이들을 포함하여 61퍼센트가 과체중에 속한다. 하지만 사람들은 자신의 체중을 조금씩 줄여서 말하기 때문에 실제로는 이 통계치보다 상황은 훨씬 심각할 것이다.

비만은 이제 미국과 캐나다만의 문제가 아니다. 날씬한 국가로 여겨지던 프랑스조차 비만인구의 비율이 매년 상승하고 있다. (한국 역시 과체중인구의 비율이 30퍼센트를 넘어섰다.) 이러한 상황에서 세계보건기구who는 비만을 전 세계적으로 경계해야 할 질병이라고 선포하기도 했다. 역설적인 사실은, 전 세계를 통틀어 11억 인구가 과체중 또는 비만에 속하는 반면, 그와 같은 숫자의 사람들이 먹을 것이 없어 죽어가고 있다는 것이다.

비만이 갈수록 흔해지고는 있지만, 그렇다고 해서 비만을 유행이나 떳떳한 개성이라고 여겨서는 안 된다. 비만은 나쁜 것이다. 비만은 삶의 수많은 즐거움을 앗아간다. 체중이 늘어나는 데에는 수많은 이유가 있겠지만, 그것은 변명에 불과하다. 그러한 변명에 편승하고 싶다는 마음이 드는 순간 뱃살은 늘어나기 시작한다. 나이가 들면서 체중이 느는 것은 어쩔 수 없다고 변명하고 싶겠지만, 여전히 많은 사람들이 운동과 식이요법으로 체중을 관리하고 있다. 나이가 들어도 자신에게 맞는 건강한 체중을 유지하기 위해서는 꾸준히 자기관리를 해야 한다. 내 경우, 나에게 가장 적당한 몸무게는 74킬로그램이라고 생각하여, 거의 30년 동안 꾸준히 이 몸무게를 유지하고 있다.

많은 전문가들이 한결같이 나이와 허리둘레가 비례해서 늘어나는 것은 위험하다고 말한다. 미국정부에서 배포한 건강관리 가이드라인에서도 키 성장이 완료되는 21살 이후 몸무게는 그대로 유지되어야 한다고 명시하고 있다. 21살 때 몸무게에서 5킬로그램 이상 늘어나면 위험하다.

물론 과체중인 사람들은 이러한 가이드라인이 마음에 들지 않을 것이다. 살을 빼기 위해 노력하는 것보다 자신을 과체중이라고 규정하는 시선을 부정하는 것이 훨씬 쉽고 편하기 때문이다. 문제는 이러한 '정신승리'를 한다고 해도 건강상태는 나아지지 않는다는 것이다.

비만을 예방하기 위해서는 운동도 중요하지만 먹는 것도 중요하다. 무엇보다도 적게 좋은 음식만 먹어야 한다.

지구상에서 가장 건강하고 날씬한 노인들이 모여 사는 오키나와에서는 '하라하치부'라는 생활습관이 있다. 하라하치부腹八分는 '배가 80퍼센트 정도만 차면 그만 먹으라'는 뜻이다. 이러한 규칙을 적용하기만 해도 금방 살은 빠질 것이다. 이러한 방법으로도 살이 빠지지 않는다면 1주일에 하루 이틀은 1일1식을 실천하라. 그리고 이렇게 절약한 돈은 제3세계를 돕는 자선단체에 기부하라. 나는 살을 빼서 건강해지고, 가난한 이웃은 살이 붙어 건강해지니 1석2조의 효과라 할 수 있다. 기부활동은 자긍심을 높여줄 것이니 정신도 건강해질 것이다.

움직인다고 해서 행복해지는 것은 아니다.
하지만 움직이지 않으면 행복은 절대 오지 않는다.
—벤저민 디즈레일리Benjamin Disraeli

주변에 보면 70이 넘는 나이에도 정신적으로나 육체적으로 건강한
사람들이 있다. 가끔은 40-50대보다도 훨씬 생기있고 즐거워 보인
다. 산책, 테니스, 달리기, 대화, 어떤 활동에서도 젊은이들 못지 않
게 열정이 느껴진다.

　반면 40-50대 나이에도 늘 피곤하고 열정이 없어 보이는 사람이
있다. 아침에 눈을 뜨자마자 TV를 켜고 게으르게 하루를 난다. 이
들은 결국 건강에 문제를 겪을 뿐만 아니라, 정신적으로도 문제를
겪는다. 이런 사람들의 특징은 늘 투덜대며, 새로운 것을 배우려고
하지 않는다는 것이다. 염세적이고 비관적일 뿐만 아니라 늘 욕구불
만 속에서 살아간다.

　1,000만원짜리 질문을 해보자. 당신은 육체적으로 정신적으로
어느 정도의 건강을 유지하며 살고 싶은가? 의심할 여지없이 삶의
기쁨을 누릴 수 있는 최상의 상태를 유지하고 싶다고 말할 것이다.
이제 1억원짜리 질문을 해보자. 그런 상태를 유지하기 위해 당신은
오늘 어떤 노력을 기울였는가? 30대든 60대든, 일을 하든 하지 않든
상관없다. 이 질문에 무엇이라고 대답할 수 있는가?

　은퇴할 때가 되면 정신적으로는 건강하더라도 육체적으로 건강
하지 못한 사람들이 많다. 물론 그런 사람들도 얼마든 행복하게 살
수 있겠지만 쉽지는 않다. 자유롭고 행복한 은퇴생활을 즐기기 위해
서는 몸도 마음도 건강해야 한다. 정신적, 육체적 건강을 제대로 유

지하지 못한 사람은 후회할 수밖에 없다.

건강한 라이프스타일을 유지하지 못하면 아무리 큰 돈을 모았다고 해도 소용없다. 기껏 열심히 벌어놓은 돈을 병원비로 다 써야 한다면 얼마나 참담한가? 나이 들어 건강하지 못하면 돈이 아무리 많아도 부자라고 할 수 없다.

물론 운동도 하지 않고 먹고 싶은 것 마음대로 먹고 담배도 피우는 데도, 나이 든 뒤에도 건강한 사람들이 있다. 이런 사람들은 우쭐대면서 식단을 가리거나 운동을 하는 것은 시간 낭비, 돈 낭비라고 비아냥거린다. 하지만 그것도 한때에 불과하다. 나이는 속일 수 없다. 건강이 예전 같지 않다는 것을 느낄 때가 온다. 그때 가서야 건강관리를 하지 않은 것을 후회할 것이다.

TV, 소파, 냉장고가 집에서 가장 친숙하다면, 지금 당장 조치를 취해야 한다. 운동 프로그램을 만들어 벽에 붙여라. 운동은 몸을 건강하게 해줄 뿐만 아니라, 기분도 좋게 해준다. 운동을 하면 자신감도 붙고 적극적인 태도가 베어나올 것이다.

건강한 사람과 그렇지 않은 사람을 비교해보면, 건강한 사람들은 능동적인 여가활동을 즐기는 반면 건강하지 못한 사람들은 수동적인 여가활동을 즐긴다. 규칙적으로 운동하고 알맞은 몸무게를 유지하는 것은 건강뿐만 아니라 행복의 지름길이다. 규칙적인 운동은 육체적 역량을 최적의 상태로 유지해 줄 것이다.

규칙적인 운동이 좋다는 것은 누구나 알고 있겠지만, 좀더 구체적으로 알아두는 것도 나쁘지 않다. 여러 연구를 통해 입증된 규칙

살을 빼기 위해 2주 동안 술도 끊고 과식도 하지 않았다.
내 인생에서 2주가 날아갔다.
—조 루이스Joe E. Lewis

적인 운동의 효과로는, 체중감량, 불안감소, 우울증치유, 식탐억제, 숙면, 신체적 매력 상승 등이 있다. 대장암, 유방암, 심장질환, 뇌졸중, 고혈압, 전립선 이상, 당뇨병 등 위험도 완화된다.

로이 쉐퍼드Roy Shephard의 2002년 논문 '운동과 노화'에 따르면, 적당한 운동을 규칙적으로 꾸준히 한 사람은 그렇지 않는 사람보다 은퇴 후 10년, 많게는 20년 더 요양시설에 의존하지 않고 지낼 수 있다고 한다.

지금 당장 운동을 시작할 수 없는 핑계를 찾는 것은 쉽고 편하다. 하지만 운동을 해야 한다는 것을 알면서도 운동을 하지 않는 것은 자신에 대한 나쁜 감정만 안겨줄 뿐이다. 이런 감정이 쌓일수록 삶의 에너지는 고갈되며 더 나아가, 건강도 나빠질 수 있다.

미국의 피트니스계를 한동안 주름잡았던 리처드 시몬스Richard Simmons은 〈USA투데이〉와 인터뷰를 하면서 이렇게 말했다.

"저는 지난 24년 동안 사람들을 만날 때마다 '운동 좀 하세요. 지금 하지 않으면 안 됩니다'라고 말하고 다녔죠. 사람들은 영화를 보고 쇼핑을 하고 외식을 하러 다닐 시간은 있어도 운동할 시간은 없다고 합니다. 큰 돈을 들여 산 운동기구는 빨래걸이로 활용될 뿐이죠."

운동에서 가장 넘기 힘든 고비는 집을 나서는 것이다. 집을 나서면 거의 성공한 것이다. 운동을 하고 싶은 기분이 들지 않을 때, 그때가 바로 운동이 가장 필요한 순간이다. 동기가 무엇보다 중요하다. 운동을 하지 않아도 될 온갖 핑계가 머릿속에 떠오를 때, 강력한 의지로 몸을 일으켜 세워야 한다.

어떤 운동이든 처음 10분이 가장 힘들다. 나 역시 운동이 하기 싫을 때가 많다. 하지만 무조건 밖으로 나가 뛰거나 자전거를 타면 기분이 좋아진다. 그리고 운동이 끝날 때가 되면 늘 운동하기를 잘 했다는 뿌듯함이 밀려온다. 도대체 왜 이 좋은걸 하지 않으려고 했 는지 스스로 되묻는다.

건강하고 날씬한 몸을 만드는 지름길은 꾸준히 격렬한 운동을 하는 것이다. 시속 4킬로미터 속력으로 자전거를 타거나, 쇼핑을 하 면서 15분 걷는다고 해서 운동이 되는 것은 아니다. 하버드대학 연 구에 따르면, 운동으로서 효과를 발휘하려면 격렬한 동작을 오랜 시 간 유지해야 한다. 그런 면에서 골프는 운동이 되지 못한다. 마찬가 지로 30분 동안 정원을 가꾸는 일을 하는 것도—아무것도 안 하는 것보다는 낫겠지만—그것만으로는 튼튼한 몸을 만들 수 없다. 이렇 게 몸을 움직이는 것은 운동이 아니다.

2002년 5월, 브리스톨대학의 노화연구자 샤 에브라힘Shah Ebrahim 박사는 학술저널 〈역학과 공중보건〉을 통해 발표한 논문에서 대걸 레질을 하거나 먼지를 털거나 창문을 닦는 일은 운동효과가 거의 없다고 주장한다. 특히 집안일을 하는 것만으로 운동효과가 있을 것 이라고 많은 사람들이 기대하지만 그것은 바람에 불과하다.

탄탄한 몸을 유지하면서 장수하고 싶다면 45분 이상 시속 7-8 킬로미터 속력으로 빠르게 걷는 것이 좋다. 빠르게 걷기는 매일 하 면 좋겠지만, 최소한 이틀에 한 번씩은 해야 한다. 건강을 유지하기

좀더 오래 살자고, 굶고 싶은 생각은 없다.
－이렌느 피터Irene Peter

222

위한 가장 기초적인 운동은 몸 속 심혈관 시스템을 활발하게 작동하도록 만드는 유산소운동이다. 걷기, 뛰기, 수영하기, 춤추기, 자전거타기, 어떤 운동이든 좋다. 최소한 20분 이내에 땀이 날 정도로 운동을 해야 운동효과를 볼 수 있다.

오늘날 많은 이들이 힘 안 들이고 할 수 있는 운동을 찾는다. 힘 안 들이고 편안하게 할 수 있는 것을 운동이라고 이름붙일 수 있는지 모르겠지만, 설령 그런 운동이 있다고 하더라도 운동효과는 전혀 없을 것이 분명하다.

1주일은 총 168시간이다. 내 경험에 따르면, 168시간 중에서 5시간만 운동을 하는 데 투자하면 된다. 미국의 대학스포츠의학회에 따르면 최적의 몸을 만들기 위해서는 1주일에 3일 이상 에어로빅, 달리기, 빠르게 걷기, 수영하기, 춤추기 등을 20-60분 동안 하는 것이 효과적이다. 또한 일주일에 최소 두 번 이상 웨이트트레이닝을 하라고 권장한다. 무거운 것을 들어 올리는 운동은 몸에 균형감각을 유지해주고 자세를 교정해주고 근육과 뼈를 강화해준다.

탄력 있고 날씬한 몸은 사람들의 부러움을 살 뿐만 아니라, 무엇보다도 자신감을 불어넣어준다. 과체중으로 한번 몸이 망가지고 나면 원래 몸으로 되돌리는 일은 쉽지 않다. 평소에 시간을 들여 격렬한 운동을 해야 한다. 이것은 절대 밑지는 투자가 아니다. 남들보다 생기 넘치고 더 젊어 보이는 것이 얼마나 가치 있는 것인지는 나이가 들수록 절실하게 실감할 것이다.

나를 표현하는 글쓰기

많은 이들이 작가가 되고 싶어한다. 당신도 그런 사람 중 하나일지 모른다. 스타벅스 커피숍에서 노트북을 펼쳐놓고 우아하게 타이핑하는 로망은 누구나 갖고 있을 것이다. 하지만 작가가 되는 것은 그리 어렵지 않다. 정말 열정이 있다면, 글을 쓰지 않는 것이 글을 쓰는 것보다 오히려 힘들기 때문이다.

누구나 한번쯤은 서점에 진열된 베스트셀러를 보면서 "내가 이것보다 훨씬 잘 쓸 수 있는데"라고 중얼거려본 적이 있을 것이다. 그렇다. 할 수 있다. 못할 이유가 무엇인가? 책뿐만 아니라 다른 활동도 마찬가지다. 우리에게는 기존의 성과물 못지않게, 또는 그보다 더 잘해낼 능력이 있다. 도전해보고 싶은 분야가 있다면 뒷짐 지고 앉아서 망설이지 말고 과감하게 도전해보라.

이 책에서 글쓰기에 대해 이야기하는 것은, 실제로 많은 사람들이 책을 쓰고 싶어하기 때문이다. 책은 자신의 생각과 창조적인 재능을 마음껏 표출할 수 있는 유용한 통로다. 마음만 먹는다면 기회와 방법을 얼마든 찾을 수 있다. 우선 책을 쓰려면 자신이 열정적으로 도전할 수 있는 분야를 먼저 선택해야 한다. 소설, 자기계발서, 여행가이드 등 분야는 다양하게 선택할 수 있다.

분명한 사실은, 책을 쓰는 일은 쉽지 않다는 것이다. 리처드 바크는《갈매기의 꿈》의 후속작《환상》을 쓰는 과정이 너무나 고통스러웠다고 고백한다.《캐치-22》를 쓴 조셉 헬러 역시, 위대한 작가 치고 글쓰기의 고통을 겪지 않은 사람은 없다고 말한다. 어니스트 헤밍웨이도 이렇게 말했다.

"글을 쓰는 것이 힘들 때마다, 전에 쓴 책을 들춰본다. 그 글을 쓰는 것이 얼마나 힘들었는지, 가끔은 불가능하다고 여겨질 만큼 막막한 상황 속에서 어떻게든 그 글을 써냈다는 사실을 다시 떠올리며 힘을 얻는다."

물론 남들보다 탁월한 재능을 가지고 태어나는 사람도 있다. 작가도 예외는 아닐 것이다. 하지만 책을 쓰는 데에는 재능보다는 노력과 인내가 훨씬 큰 역할을 한다.

나 역시 책을 쓰기에는 많이 부족한 사람이다. 조지 버나드 쇼 같은 노벨문학상을 탄 작가들 앞에서는 명함도 내밀 수 없는 하찮은 작가다. 만에 하나 내가 노벨문학상을 받는다면 전세계 문학계에 폭동이 일어날지도 모른다.

하지만 내 능력의 분명한 한계는, 내가 책을 쓰지 못하는 이유가 되지 못한다. 내가 쓸 수 있는 한계 안에서 책을 쓰면 되기 때문이다. 윌리엄 셰익스피어 수준의 작품은 쓸 수 없지만 내 능력에 맞는 책은 얼마든지 쓸 수 있다. 실제로 나는 지금도 내 글솜씨가 얼마나 형편없는지 분명히 알고 있다. 우연히 내가 쓴 첫 책이 크게 성공하는 바람에 지금까지 글을 계속 쓰고 있을 뿐이다.

나보다 훨씬 똑똑하고 글재주가 뛰어난 사람들이 책을 쓰고 싶다고, 어떻게 하면 책을 쓸 수 있느냐고 내게 묻는다. 나는 대학 1학년 교양국어를 연달아 세 번이나 낙제했다. 나보다 세 배 이상 더 좋은 글을 쓸 수 있는 사람이 수백만 명 있다는 뜻이다. 하지만 진짜 글 솜씨가 뛰어난 사람은 실패할까 봐 너무 겁이 나서, 또는 책을 쓰기에는 너무 바빠서 쓰지 못할 뿐이다.

무엇보다도 내가 이런 책을 쓸 수 있었던 것은, 하루에 3시간 이상 글을 쓰겠다는 약속을 스스로 지켰기 때문이다. 매일 3시간 동안 4페이지를 쓰는 것이 나의 목표다. 걸작을 쓰려는 것이 아니다. 어떤 날은 신세를 한탄하는 글로 4페이지를 채울 때도 있다.

가끔 계획이 흐트러져 글을 쓰지 못하는 경우에는 15분만이라도 틈을 내서 글을 쓴다. 내가 경험한 바로는 글은 무조건 쓰는 것이 중요하다. 글을 쓰고 싶다는 생각을 10시간 동안 하고, 글을 쓰는 데에는 1분도 할애하지 않는 사람은 결코 책을 쓸 수 없다.

글쓰기 강좌를 수강하는 것도 좋지만, 꼭 그럴 필요는 없다. 실제로 유명한 작가들 중에 글쓰기수업을 들었다는 사람은 별로 없다. 나이키의 슬로건처럼 'Just Do It' 즉, 그냥 하면 된다. 어렵고 불편하더라도 무조건 시작하는 것이다. 편한 길 총량의 법칙은 글쓰기에도 그대로 적용된다. 지금 불편함을 감수하면 갈수록 익숙해진다. 헌신하지 않으면 영원히 이룰 수 없다.

글을 써서 단기간에 큰 돈을 벌 수 있다고 생각하는 사람은 없을 것이다. 경제적으로 한동안 어려움에 처할 수 있다. 하지만 글을 쓰는 것은 돈보다 훨씬 소중한 보람을 안겨준다. 모험, 개인적인 만족감, 독자들의 인정이다. 성공한 작가들 역시 글을 써서 얻는 가장 큰 보람은 금전적인 보상이 아니라고 고백한다. 세상에 대한 자신의

돈을 벌 생각을 하지 말고 글부터 써라. 하지만 3년이 지나도록 원고료를 주겠다는 사람이 나타나지 않는다면, 작가보다는 벌목꾼이 적성에 맞다는 분명한 신호다.
―마크 트웨인Mark Twain

생각을 남들과 공유하고 그들에게서 추천과 찬사를 받는 것은 정말 가슴이 뿌듯할 뿐만 아니라 더 나아가 '영적인 충만'을 느낄 수 있는 경험이다.

책을 쓰는 수고로움과 그 책을 베스트셀러로 만들기 위한 노력을 기꺼이 감수하고자 하는 마음만 있다면 이러한 기쁨은 누구나 느낄 수 있다. 최선을 다해 책을 썼는데도 책을 내 줄 출판사가 없다면, 자기 돈으로 출판하라. 베스트셀러 중에는 자기 돈으로 출판한 책도 많다. 물론 베스트셀러가 된다고 해서 성공했다고 생각하면 안 된다. 자신이 쓴 책이 단 한 사람이라도 감동시켰다면 성공한 것이다. 그 이상의 것은 보너스일 뿐이다.

일을 하지 않는 사람이든, 일과 삶의 균형을 맞추기 위해 노력하는 사람이든, 창조적인 기질을 발휘할 수 있는 기회는 많다. 여가 시간을 활용해 마음 속으로만 꿈꿔오던 글쓰기를 당장 시작해보라. 창의성을 발휘하는 시간은 인생을 더 풍요롭게 만들 것이다. 캐나다의 한 독자에게도 이런 일이 일어났다.

젤린스키 씨에게,

선생님의 책은 물질이나 노동에 관한 우리 사회의 잘못된 통념을 잘 짚어줍니다. 하지만 제가 가장 감명깊게 읽었던 부분은, 행복하게 살기 위해서는 창의성과 상상력을 발휘해야 한다는 대목이었습니다.

이 책을 읽은 후 저는 제 삶을 새로운 시선으로 바라보게 되었습

227

니다. 저는 그 동안 모르고 살았는데, 놀랍게도 저에게 창조적인 자질이 있더군요. 작년부터 글을 쓰기 시작했는데, 그 성취감은 이루 말할 수 없는 전혀 새로운 감정이었습니다. 너무나 벅찬 만족감에 이렇게 편지를 씁니다. 글을 쓰면서 제가 늘 마음속에 새겼던 문구가 있는데 그것은 바로 이 문장이었습니다.

"자신이 쓴 책이 단 한 사람이라도 감동시켰다면 성공한 것이다. 그 이상의 것은 보너스일 뿐이다."

이렇게 영감을 주는 책을 써주셔서 감사합니다. 선생님의 책은 제 인생을 살만한 것으로 만들어주셨습니다. 정말 감사합니다!

-닐 콘버거

어떤 분야에서도 특별한 재능을 발견하지 못한 사람만이 펜을 잡는다.
-오노레 드 발작Honoré de Balzac

행복감을 더해 주는 7가지 행동

HOW TO BE HAPPY

**사랑하는 사람과
함께시간 보내기**
함께 있기만 해도
좋은 사람을 만난다.

운동
에너지, 엔도르핀,
성취감을 얻을 수 있는
가장 좋은 방법이다.

오랜 관계 유지하기
결혼한 사람은 싱글보다
스트레스를 빠르게
떨쳐낸다.

목표의식
무언가를 성취하기 위해
에너지를 쏟는 것은
그 자체로 행복하다.

의미 있는 일
소명을 느끼는 일을
하는 사람은
누구나 행복하다.

신선한 음식
신선한 과일과 야채를
매일 먹으면 마음이
밝아진다.

경험
물질보다 경험이
더 오랜 행복을
가져다 준다.

출처: Business Insider 2015년 7월 4일 http://www.businessinsider.com/7-activities-
that-will-make-you-happier-2015-6

CHAPTER 09

내 인생
최고의 순간,
바로 지금!

좋은 음악, 재미있는 책, 멋진 그림, 훌륭한 연극,
따듯한 친구, 유익한 대화를 사랑하며,
여가를 정서적 계발의 기회로 활용하기 위해
노력하는 이들이 세상에서 가장 행복한 사람들이다.

―윌리엄 라이언 펠프스 William Lyon Phelps

지금을 경험할 수 있는 순간은 오직 지금뿐

〈월드테니스World Tennis〉라는 잡지에서 500명을 대상으로 설문조사를 한 결과, 54퍼센트가 테니스경기를 하는 도중 섹스에 대해 생각한 다고 대답했다. 이것은 무슨 뜻일까? 여러 가지로 해석할 수 있을 것 이다. 경기가 따분하다는 뜻일 수도 있고, 테니스경기에 함께 참여 한 동료나 상대방이 정말 섹시하게 보였을 수도 있다.

어쩌면 이들은 단순히 지금 이 순간에 집중하지 못한 것일 수도 있다. 테니스 도중에 섹스를 생각하는 사람들은 어쩌면 섹스를 하 면서도 테니스를 생각할지 모른다.

이처럼 지금 이 순간을 사는 것은 쉽지 않다. 우리는 대개 '현재' 가 아닌 '과거' 또는 '미래'를 산다. 과거나 미래에 초점을 맞추는 순 간 현재는 놓치고 만다. 과거와 미래에 지나치게 집착하다 보면 가장 소중한 순간을 대부분 놓치고 말 것이다.

현재에 충실하게 살라는 조언이 전혀 어렵거나 심오한 개념이 아 님에도 이를 실천하는 사람은 매우 드물다. 눈을 뜨고 돌아다니지 만 실제로는 잠을 자고 있는 사람들이 많다. 주변에서 벌어지는 일 에 전혀 관심이 없다.

행복한 삶의 첫 번째 조건은 현재를 사는 것이다. 과거나 미래는 경험할 수 없는 것이다. 오로지 현재만 경험할 수 있다. 간단히 말해 서, 지금이 전부다. 아무리 시간이 흘러도 우리가 누릴 수 있는 것 은 오로지 현재밖에 없다. 지금 이 순간이 마음의 평화와 자유를 만끽할 수 있는 유일한 통로다.

| 지금 이 순간을 만끽하라

일상적인 활동은 대부분 정확하게 시간에 맞춰 시작되고 끝나지 않 는다. 사람을 만날 때에도 15분, 30분 맞춰놓고 대화하는 사람은 없 다. 시작하면 시작하는 것이고 끝나면 끝나는 것이다.

하지만 시간에 구애 받지 않고 느긋하게 대화를 나누는 것은 갈 수록 어려워지고 있다. 한 설문조사에 따르면 부부가 1주일 동안 대 화를 나누는 시간은 평균 18분이라고 한다. 부부 사이에도 느긋하 게 대화를 나누는 것이 힘들다는 뜻이다.

다행히도 내게는 시간에 구애받지 않고 대화를 즐길 수 있는 친구가 있다. 우리는 가끔 점심을 함께 먹는다. 약속을 잡아도 30분 정도는 늦어도 별로 신경 쓰지 않는다. 한번 만나면 몇 시간씩 대화를 한다. 오전 11시 45분에 만나서 오후 5시 30분에 헤어진 적도 있다. 대화 도중에는 누구도 시계를 보지 않는다. 이런 것이 바로 현재를 즐기는 것 아닐까?

이 친구의 모토가 바로 '지금을 살라'는 말이다. 그는 사람을 만날 때뿐만 아니라 어떤 일에서도 이 원칙을 지킨다. 그는 43살이 되던 해 자신의 내면을 탐구하고 인격을 수양하기 위해 대학교수직을 그만두었다. 일을 그만둔 지 2년이 지났을 무렵, 어떻게 지내는지 물었더니 '현재에 충실'하게 지내면 일을 하든 하지 않든 아무런 차이가 없다고 대답했다.

여가시간뿐만 아니라 삶 전체를 만끽하기 위해서는 지금 이 순간을 즐길 줄 알아야 한다. 여가활동에 얼마나 몰입할 수 있느냐에 따라 삶의 질은 달라진다. 온전히 몰입하지 못하면 무슨 일을 하든 큰 만족감을 얻기 힘들다. 체스를 둘 때도, 친구와 대화를 나눌 때도, 계곡을 건널 때도, 일몰을 구경할 때도 마찬가지이다. 지금 이 순간에 몰입할 수 있는 여가활동을 즐기면 세상과 조화로우면서도 자유로운 경험을 할 수 있을 것이다.

불교의 선이 추구하는 개인적인 깨달음의 핵심도 '지금 이 순간에 충실하라'는 것이다. 지금 이 순간에 몰입하는 것의 얼마나 중요한지 잘 보여주는 일화가 있다.

참선수행을 하는 제자가 스승에게 물었다.

"스승님, 선이 무엇입니까?"

"선이란 마당을 쓸 때는 마당을 쓰는 것이요, 먹을 때는 먹는 것이요, 잠을 잘 때는 잠을 자는 것이다."

제자가 다시 물었다.

"스승님, 그건 너무 쉬운 것 아닙니까?"

"그렇다. 하지만 그걸 할 줄 아는 사람은 별로 없다."

선사상에서 보면, 테니스경기를 하면서 테니스에만 집중하고, 섹스를 하면서 섹스에만 집중하는 것이 곧 깨닫는 것이다. 과거나 미래에 경도된 사람들은 지금 이곳에서 괴리되어 자신이 하는 일을 온전하게 의식하지 못한다. 당연히 삶에서 소중한 것들을 놓치고 살 수밖에 없다.

반대로 '지금여기'에 몰입하는 사람들은 시간가는 줄도 모르고 자신이 하는 일에 집중한다. 자신이 현재 하는 일에만 몰두하기 때문에 다른 생각이 끼어들 여지도 없다. 이런 사람들은 지금 이 순간을 있는 그대로 즐기며, 미래에 대해 걱정하지 않는다.

사람들은 흔히 지금 하는 일이 어떤 목적을 이루기 위한 수단일 뿐이라고 생각하는 경향이 있는데, 지금 하는 일을 목적 그 자체라고 여기는 습관을 들여야 한다. 예컨대 샤워를 할 때는 비누향기, 물소리, 물의 온도, 물이 몸에 닿는 촉감 등에 섬세하게 관심을 기울여보라. 그러한 감각이 살아 있어야 진정으로 샤워를 경험했다고 말할 수 있다.

지금 이 순간을 즐기기 위한 핵심적인 기술은 한 번에 한 가지씩

시간은 모든 일이
한꺼번에 발생하지 않도록 막아주는 자연의 장치다.
–무명씨

236

하는 것이다. 몸으로는 이것을 하면서, 마음으로는 저것을 생각하는 것은 바람직하지 않다. 행동과 생각이 일치해야 한다. 지금 하는 일에 충실해야 한다. 도중에 그만두어서는 안 된다. 어떤 활동이든 온전히 관심을 둘 필요가 있으며, 그런 가치 있는 일이라면 끝까지 몰입해야 한다.

이렇게 지금 이 순간에 몰입하다 보면 어느 순간 불가사의한 에너지에 이끌려 형언할 수 없는 희열을 느낄 수가 있다. 평범한 사람들은 느끼지 못하는 감정이다. 서던일리노이대학의 심리학과 교수 하워드 틴슬리Howard Tinsley와 다이안 틴슬리Dianne Tinsley는 여가생활에 몰두할 때 경험할 수 있는 느낌을 다음과 같이 정리한다.

- 자유로움
- 지금 하는 일에 완전히 몰입
- 자신만 생각하던 관점에서 탈피
- 대상과 사건에 대한 인식의 확대
- 시간이 가는 줄 모름
- 몸에 대한 민감성 증가
- 감정에 대한 민감성 증가

캘리포니아에 사는 한 독자가 편지를 보내왔다. 그는 지금을 즐기는 방법을 제대로 알고 있는 것이 분명한 사람이다.

어니 선생님께,

선생님의 책을 정말 재미있게 읽었습니다. 어제 밤 자정부터 오늘 아침 8시까지 '보초'를 서면서 읽었습니다. 저는 인도양을 향해하는 배에서 조타수로 일하고 있는데 현재 정박하고 있는 중입니다. 일몰과 보름달을 보는 여유를 가지라는 부분을 읽고는 정말 하늘을 보니 보름달이 떠 있더군요. 그리고 머지 않아 아름다운 일출까지 볼 수 있었습니다. 아마도 느긋한 사람들은 일출을 보러 새벽에 일어나지는 않겠지요? 책을 읽다 보니 선생님과 저는 많은 부분에서 비슷한 듯합니다. 저도 제가 좋아하는 글귀들을 모아 책으로 낸 적이 있는데, 그런 글귀들이 선생님 책에도 많이 나오더군요.

저는 직업이 선원이라 여행 다닐 기회가 많습니다. 또 여행을 좋아하기도 합니다. 몇 년 전 여자친구랑 홍콩과 방콕을 다녀오기도 했고, 작년에는 런던, 암스테르담, 뮌헨, 베니스, 스위스, 파리 등을 여행했습니다. 오는 1월에는 크루즈를 타고 카리브해로 갈 예정입니다.

뱃사람들은 1주일 내내 일을 합니다. 주말이나 휴일에는 추가수당이 나오기 때문에 사람들은 대부분 쉬려고 하지 않죠. 그래도 저는 그럴 때 쉽니다. 해변에 가서 수영도 하고 편지도 쓰죠. 그런 나를 보며 사람들은 미쳤냐고 말해요. 내일도 일요일인데, 책읽기, 글쓰기, 수영하기 등 할 일이 많습니다. TV는 보지 않지만 비디오나 영화는 봅니다.

한 번도 빈둥대본 적 없는 사람보다
할 일 없이 빈둥대고 방황해본 사람이 나는 좋다.
-제임스 터버James Thurber

앞으로 6개월밖에 살지 못하는 사람처럼 살라는 선생님의 말씀은 닌자 철학과 예술을 공부하면서 공감했던 것입니다. 닌자 철학에서도 눈 앞에 닥친 상황에 온전히 집중하라'고 말하죠. 요가와 참선에서도 똑같은 말을 합니다.

저는 또한 고독감을 좋아합니다. 책장을 넘길 때마다 공감하는 내용이 나와서 정말 좋았습니다. 이 책 한 권에 이토록 많은 아이디어가 담겨있다는 것이 놀라울 따름입니다.

감사합니다.

-캠 게이스

캠이 즐겁게 살 수 있는 것은 재미있으면서 약간은 모험이 요구되는 여가활동을 하면서 지금 이 순간에 몰입하기 때문이다. 순간에 몰입하는 능력은 상상하는 것 이상의 즐거움, 만족감, 인생의 의미를 안겨줄 것이다.

지금 이순간에 몰입하는 것은 대단한 일이 아니다. 특별한 목적 없이 도서관에 가서 이 책 저 책 뒤적이며 한나절을 보낸다거나, 간단하게 편지를 쓰려고 펜을 잡았다가 다섯 페이지를 훌쩍 넘기는 것도 지금 이 순간에 몰입한 결과다. 지금 하고 있는 일에 깊이 빠져서, 시간과 공간에 대한 감각을 잃어버리는 것이다. 내가 누구인지도 모를 만큼 어떤 일에 빠질 수 있다면 그것이 바로 몰입이다.

톨스토이는 다음 세 가지 질문을 던졌다.

- 가장 주의를 기울여야 할 시간은 언제인가? 지금
- 가장 존중해야 할 사람은 누구인가? 지금 대답하는 사람
- 가장 먼저 추구해야 할 중요한 목표는 무엇인가? 그에게 도움이 되는 일

이 세 가지 질문은 지금의 중요성을 강조한다. 또한 결과가 아닌 과정의 중요성을 강조한다. 과정에 초점을 맞추는 것은 곧 과정과 결과를 모두 즐길 수 있다는 뜻이다.

지금을 산다는 말은 목표달성보다 노력하는 과정에서 즐거움과 만족을 얻는다는 뜻이다. 목표를 달성했을 때 느끼는 만족감은 아무리 짜릿하다고 해도 그리 오래가지 못한다.

행복한 여행을 하고 싶다면, 주변의 사소한 것들을 음미할 줄 아는 능력을 키워야 한다. 음악을 즐길 줄 알아야 하고, 일몰을 감상할 줄 알아야 한다. 내가 살아 있다는 것을 당연한 사실로 받아들여서는 안 된다. 그렇게 생각하면 고귀한 순간들은 날아가버린다. 작은 눈송이조차 똑같은 것이 없고, 일몰도 제각각 다르다. 아침에 눈 떴을 때 들려오는 새 소리에 귀 기울이고, 꽃 향기를 감상하고, 나무의 결을 온 몸으로 느껴보라.

매 순간 만끽할 만한 대상을 찾아보라. 어떤 상황에서든 긍정적인 면을 찾아라. 이러한 마음으로 하루를 시작하라. 의식적으로 즐거운 하루를 보내겠다고 마음먹고 실천하라. 마음의 평정을 유지하면서, 지금에 충실함으로써 매 순간을 진정으로 느껴보라. 지금 이

순간이 아닌 다른 순간은 없다는 사실을 기억하라. 우리는 한 번에 단 한 순간만 살 수 있다. 궁극적으로 그 순간이 바로 나다.

정말 서둘러야 한다면, 천천히 서둘러라

5분 후에 음식이 나오지 않으면,
8분이나 9분 후에 음식이 나올 것입니다…
어쩌면 12분 후에 나올지도 모르겠네요.
언젠가는 나오니 느긋하게 기다려주세요!

– 어느 레스토랑의 메뉴판

사람들은 늘 바쁘다. 왜 그렇게 서두르는지는 자신도 모른다. 심지어는 어디를 향해 가는지도 모른다. 하지만 목적지에 서둘러 도착해봤자 거기서 할 수 있는 일은, 더 오래 기다리는 것뿐이다.

그렇게 서두르는 이유는 무엇일까? 친구와 마음을 터놓고 이야기해 본 적은 언제인가? 한번쯤 멈춰 서서 왜 그렇게 바쁘게 사는지 생각해본 적 있는가? 전화벨이 울리면 허겁지겁 받는 것은 무엇 때문일까? 벨이 한 번 더 울린다고 무슨 일이 생기는 것도 아닌데 말이다.

어쩔 수 없이 서둘러야 하는 경우에는 천천히 서둘러라. 속도는

241

다양한 방법으로 우리의 수명을 단축한다. 시간에 쫓기며 사는 사람은 심장질환에 잘 걸리며 사망률도 높다. 생리학적으로 빠른 심장박동, 고혈압, 소화불량, 근육긴장과 같은 증상이 나타난다. 매사를 서두르는 사람들은 심각한 질병으로 인해 이른 나이에 사망할 확률이 높다. 미국의 철학자 에릭 호퍼EricHoffer 는 이렇게 말했다.

"서둘러야 한다는 생각이 드는 이유는 대게 인생을 더 충실하게 살기 위해서나 시간이 없기 때문이 아니다. 단순히 인생을 낭비하고 있다는 막연한 불안감 때문이다. 지금 이 일을 하지 않으면 다른 일을 할 수 없다고 생각하기 때문이다. 우리는 세상에서 가장 바쁜 사람들이다."

건강, 평화, 행복 같은 것은 필사적으로 쫓을수록 점점 더 멀어져 간다. 일반적인 통념과는 반대로, 목표에 도달하는 가장 빠른 방법은 속도를 줄이고 여유롭게 가는 것이다. 이와 더불어 결과를 마음대로 통제하겠다는 욕심도 버려야 한다. 통제하려고 들수록 자멸할 수 있다.

말을 타는 가장 쉬운 방법은 말이 가고 싶어 하는 대로 내버려두는 것이다. 인생살이도 마찬가지다. 세상이 가는 대로 같이 흘러가는 것이 인생을 사는 가장 편한 방법이다. 모든 일을 자기 맘대로 통제하고자 하는 욕심을 버려야 한다.

물살이 세찬 계곡에서 래프팅을 한다고 가정해 보자. 조금만 방심해도 보트가 뒤집어져 급류에 휘말릴 수 있다. 이런 상황에서 우리는 두 가지 선택을 할 수 있다. 하나는 물살을 통제하겠다는 생각

세상은 흘러가는 대로 움직이는 것이지
인위적으로 통제되는 것이 아니다.
―노자老子

242

으로 맞서 싸우는 것이다. 이런 방법은 바위에 부딪혀 심한 부상을 당하기 쉽다. 다른 하나는 완전히 물살에 몸을 맡기는 것이다. 물살을 통제하겠다는 생각을 버리는 순간 물은 당신을 지배할 것이다. 하지만 물살은 바위를 돌아서 흘러가기 때문에 보트가 바위에 부딪혀 뒤집히는 일은 없을 것이다.

인생도 물살이 센 계곡과 같다. 고통과 상처를 줄이는 최선의 방법은 속도를 늦추고 그 흐름에 합류하는 것이다. 흐름에 합류하기 위해서는 양보도 하면서 통제하려는 마음을 비워야 한다. 매사를 계획대로 하면 상황을 지배할 수 있다고 생각하는 것은 착각이다. 세상에는 우리가 통제할 수 없는 요소들이 셀 수 없이 많고, 이러한 것들로 인해 공들인 계획이 무너지기도 한다.

중요한 것은 결과가 아니라 과정에서 느끼는 만족감이다. 재미와 모험이다. 속도를 늦추고 상상력을 자극한다면 부자가 되기 위해 안달하는 사람들 눈에는 보이지 않는 돈 버는 아이디어가 떠오를 것이다. 또한 서두르지 않는다는 것은 지금 이곳에서 벌어지는 일에 관심을 갖는다는 뜻이다.

일이든 놀이든 제대로 하려면 어리석은 토끼보다는 지혜로운 거북이가 되어야 한다. 어리석은 토끼는 '행복'이라고 하는 목표만을 향해 정신없이 질주한다. 그에 반해, 거북이는 목표에 집착하지 않는다. '행복'이라는 목적지는 존재하지 않는다는 사실을 알고 있기 때문이다. 행복은 지금 과정 속에 있다는 사실을 잘 알고 있기 때문에 서두르지 않는다.

243

오늘날 많은 사람들이 토끼처럼, 있지도 않은 목표에 도달하기 위해 안달하며 살아간다. 지금 자신이 서 있는 곳을 제대로 둘러보기만 해도 90퍼센트의 사람들보다 훨씬 행복하게 살 수 있다.

걱정의 늪

늘 서두르는 조급증만큼이나 걱정근심도 병이다. 펜실베니아주립대학 연구에 따르면 미국인의 15퍼센트가 하루 중 절반을 걱정하는 데 쓴다고 한다. 또 다른 연구에 따르면 미국인 3명 중 한 명이 근심으로 인해 심각한 정신질환을 앓고 있다고 한다.

양잔과 테키도라는 스님이 진흙길을 걸어가고 있었다. 길을 가던 중 아름다운 여인이 길가에 서있는 것이 보였다. 비단신에 흙탕물이 튈까 봐 길을 건너지 못하고 머뭇거리고 있었다. 그 때 양잔은 아무 말 없이 여인을 업어서 길 건너편에 내려주었다. 그리고 두 스님은 계속 길을 갔다. 해가 질 때까지 아무 말도 하지 않았다. 드디어 목적지에 도착하자, 테키도가 말을 꺼냈다.

"수행자는 여자를 가까이 해서는 안 된다는 사실을 잘 아시면서, 왜 오늘 낮에 그 여인을 업어주셨습니까?"

그러자 양잔은 이렇게 대답했다.

"저는 여자를 길가에 내려놓고 왔는데, 스님은 어째서 아직껏 여자를 업고 있는 것입니까?"

오랜 세월을 살면서 무수히 많은 문제에 대해 알게 되었지만,
실제로 발생한 것은 거의 없다.
—마크 트웨인Mark Twain

이 선승들의 이야기는 우리가 얼마나 많은 지나간 일들을 등에 업고 살아가는지 일깨워준다. 지난 일들에 대한 회한을 떨쳐내지 못하고 그것에서 얽매여 사는 것이다. 그렇게 한다고 과거는 바뀌지 않는다. 지나간 일을 후회하고 집착하는 것은 다 헛된 일이다. 과거에 얽매인 상태에서는 지금을 즐길 수 없다.

미래에 대한 걱정도 마찬가지다. 미래에 대한 두려움 때문에 자신의 말과 생각과 행동을 스스로 억누르고 왜곡하는 사람이 많다. 하지만 그런 걱정들은 대부분 머릿속에서만 존재할 뿐 현실로 나타나지는 않는다. 오지 않을 일들은 머릿속에서 떨쳐내고 지금 이곳에 초점을 맞추어 살아야 한다.

에크하르트 톨레는 《지금 이 순간을 살아라The Power of Now》에서 모든 걱정과 부정적인 생각은 지금에 충실하지 않아서 나오는 감정이라고 지적한다.

"불안, 불편, 긴장, 근심, 스트레스 등 두려움을 자아내는 모든 감정은 미래에 집착하고 현재에 소홀함으로써 발생한다. 죄책감, 후회, 불만, 분노, 슬픔, 원한 등 비통한 감정은 과거에 집착하고 현재에 소홀함으로써 발생한다."

걱정을 하느라 오늘 하루를 허비하고 있지는 않은가? 지금 여기에 집중하고 있는가? 이미 지나가버린 상실, 실수, 실패를 떨쳐버리지 못하면 위축되고 불안할 수밖에 없다. 과도한 걱정은 스트레스, 두통, 공황, 궤양 등 온갖 질병의 원인이다. 걱정은 대부분 우리 스스로 자초하는 것이며 전혀 득이 되지 않는다. 아래 내용은 심리학자들의 연구에 기초하여 만든 자료이다.

쓸데없는 걱정들

내가 걱정하는 일 중 40퍼센트는 일어나지 않는다.

내가 걱정하는 일 중 30퍼센트는 이미 지나가버린 것이다.

내가 걱정하는 일 중 22퍼센트는 신경 쓰지 않아도 될 사소한 것이다

내가 걱정하는 일 중 4퍼센트는 어차피 바꿀 수 없는 것이다.

내가 걱정하는 일 중 4퍼센트는 실제로 조치를 취할 수 있는 것이다.

이것을 보면 우리가 걱정하는 일 중 96퍼센트가 걱정을 할 필요가 없거나 걱정해도 소용없는 것들이다. 실제로 우리가 조치할 수 있는 4퍼센트도 쓸데없기는 마찬가지다. 이것은 걱정할 필요 없이 그냥 행동만 하면 되는 것이기 때문이다. 통제할 수 없는 일이든, 통제할 수 있는 일이든, 걱정하는 일은 결국 100퍼센트 시간낭비에 불과하다. (이제 걱정하느라 시간을 낭비했다는 사실에 대해 걱정을 하려나?)

걱정의 늪에서 빠져 나오고 싶다면 이 말을 명심하라.

그런다고 죽지 않는다. 죽는다고 한들 무슨 일 있겠는가?

걱정에 사로잡힐 때마다 마음속으로 되뇌어라. 지금 여기에서 더 충실한 삶을 살 수 있을 것이다.

사람들을 미치게 만드는 것은 지금 겪는 상황이 아니다.
어제 겪은 일에 대한 후회와 앞으로 펼쳐질 미래에 대한 두려움이다.
—로버트 존스 버데트Robert Jones Burdette

진정한 부자는 시간부자

시간은 돈이다. 하지만 시간은 돈보다 훨씬 비싸다. 돈은 잃어도 다시 벌면 되지만 시간은 잃으면 끝이다. 벤저민 프랭클린의 말처럼 "잃어버린 시간은 다시 찾을 수 없다." 그런 의미에서 돈은 무한하지만, 시간은 유한하다. 안타까운 현실은, 많은 사람들이 돈은 유한하고 시간은 무한하다고 믿는다는 것이다.

오늘날처럼 빠르게 변화하고 스트레스가 심환 환경에서 시간의 가치는 훨씬 크다. 시간은 희소한 자원이다. 시간은 한정적이지만 시간에 대한 욕구는 무한하다. 그래서 많은 사람들이 시간에 쫓기며 모든 일을 서두른다. 하지만 이것은 시간에 맞서 싸우는 것이다.

시간에 맞서 싸운다고 시간이 내 편이 되는 것은 아니다. 시간과 싸우는 것은 앞에서 소개한 '편한 길 총량의 법칙'과 싸우는 것만큼이나, 또 중력과 싸우는 것만큼이나 어리석은 일이다. 시간에 쫓겨 사는 모습은 우리가 생각하는 행복과는 거리가 멀다. 가능한 한 빨리 목적지에 도착하기 위해 안달하는 사람은 행복한 사람이 아니다.

많은 이들이 빠르게 사는 것에만 관심을 갖지만 느리게 사는 것에 대해서도 관심을 가져야 한다. 우리 삶은 대개 우리가 예상하는 것보다 훨씬 빠르게 끝난다. 앞만 보고 질주하다가는 자신도 모르는 사이에 이미 결승점에 도달해버릴 수 있다. 느리게 사는 여유도 즐기지 못하고 인생을 끝내버린다면 얼마나 허무할까?

미래에 대한 근심과 불안을 떨쳐내는 것도 그에 못지않게 중요하다. 미래가 지금보다 나아지기를 바란다면, 미래보다 지금에 더 충실해야 한다. 시간에 쫓겨 하지 못한 일들을 제대로 즐기고자 한다면 시간을 내야 한다. 바쁘게 사느라 제자리를 찾아주지 못했던 재능과 역량을 착실하게 다시 쌓아 올려야 한다. 그동안 미뤄두기만 하고 실현하지 못한 진정한 우정, 예술적 자질, 좋은 책 읽기, 취미, 열정, 꿈을 다시 꼼꼼히 돌아보자.

오랫동안 행복하게 사는 가장 좋은 방법은 짧은 행복을 끊임없이 이어가는 것이다. 그렇다면 지금 당장 일과 놀이의 균형을 맞추는 것이 중요하다. 일만하면서 여가를 미루는 것은 은퇴할 때까지 섹스를 미루는 것과 같다. 이러한 선택은 오히려 일마저 망치고 말 것이다.

잘못된 생각은 우리를 기만하기도 한다. 가장 대표적인 기만 중 하나는 일과 여가를 함께 즐기려면 상당히 많은 시간이 필요하다는 착각이다. 하지만 하루는 누구에게나 24시간, 1,440분, 86,400초일 뿐이다. 그럼에도 어떤 사람들은 일도 열심히 하면서 충분히 여유 있게 살아간다.

펜실베니아대학의 최근 연구에 따르면, 우리가 시간이 부족하다고 생각하는 것은 대부분 실제 시간이 부족한 것이 아니라, 부족하다고 인식하는 것에 불과한 경우가 많다고 한다. 중요하다고 생각하는 일, 또는 하고 싶은 일을 할 수 있는 시간은 충분함에도 정작 그것에 시간을 할당하지는 않고 단순히 시간이 부족하다고만 생각한

많은 일을 가장 빨리 할 수 있는 방법은 한 번에 하나씩 하는 것이다.
―사무엘 스마일즈Samuel Smiles

다. 실제로 우리가 활용하는 시간의 3-40퍼센트 정도를 여가활동에 할애한다고 해도 지나고 보면 생산성에 거의 차이가 없다는 것을 알 수 있다.

나를 위한 시간을 할애하라고 하면, 많은 이들은 하루일과를 빨리 끝내고 나서 특별한 시간을 내라는 뜻으로 받아들인다. 하지만 그런 마음가짐으로는 시간에 쫓기는 절망감만 커질 뿐이다. "서두를수록 늦는다"는 말을 명심하라.

모든 사람들이 매일 바쁘게 사는 것처럼 보여도, 실제로는 전혀 그렇지 않은 경우가 많다. 더 중요한 사실은 그들이 어떻게 살든 그것은 나와 전혀 무관한 일에 불과하다. 다른 사람들의 모습에 휘둘리지 말고 나만의 육체적, 정신적 속도에 맞춰 살아가라.

하루를 더 길게 살고 싶다면 서두르지 말고 오히려 속도를 늦춰야 한다. 매 순간을 그저 충실히 보내다 보면 하루 해가 길게 느껴질 것이다. 속도를 줄이면 시간과 맞서 싸울 필요가 없으며, 머지않아 시간을 통제하는 경지에 오를 수 있다. 글을 쓰든, 이웃과 대화를 하든, 샤워를 하든, 무슨 일이든 몰두해서 그 일을 온전히 경험하려고 하면, 이 세상도 우리를 위해 속도를 늦출 것이다.

일몰을 보고 싶은데 시간이 없다고 생각되거든 다시 한 번 생각해 보라. 지금이야 말로 일몰을 감상해야 할 때다. 해가 지는 광경을 바라보는 10분은 시간에 쫓기며 몇 시간 조급하게 일을 하는 것보다 훨씬 많은 일을 할 수 있는 여유를 줄 것이다. 내가 여유 있게 행동하면 세상 역시 나를 위해 천천히 돌아간다.

일몰을 즐기기 위해 시간을 멈추는 횟수가 늘어날수록 우리 삶에는 더 많은 여유가 생겨난다. 또한 활동의 양보다는 질이 훨씬 중요하다는 것을 깨닫게 될 것이다. 속도를 줄이고 인생을 즐기며 산다고 해서 누구에게 피해를 주는 것도 아니다. 남들이 뭐라 하든 자신의 만족감이 중요하다.

효율적인 시간관리에 도움이 될 만한 조언을 모았다. 나만을 위한 시간을 확보해서 삶의 즐거움을 더 많이 만끽해 보자.

느긋하게 인생을 즐기는 법

- 삶이라는 신비롭고 예측 불가능한 현상을 더 많이 즐기기 위해 삶의 비밀을 샅샅이 캐낼 필요는 없다. 완벽하게 이해하지 못한다고 해서 신나게 즐길 수 없는 것은 아니다.
- 어떤 아이스크림이 맛있을지 고민하는 것처럼 사소한 문제로 1분 이상 낭비하지 말라. 선택하는 것이 어렵다면, 그냥 동전을 던져라.
- 다른 사람이 무엇을 하는지 엿보는 데 시간을 허비하지 마라. 자신의 감정에 충실하게 살면 오히려 다른 사람들이 나를 엿보느라 시간을 허비할 것이다.
- 일을 할 시간과 여력이 부족하다고 여겨질수록 더 효과적이고 능률적인 방법이 존재한다는 사실을 명심하라.
- 일을 빠르게 처리하는 방법은 딱 세 가지다. 혼자서 할 수 있는 일은 혼자 하고, 전문적인 일은 전문가에게 맡기고, 쓸데없는 일

은 할일목록에서 지운다.

- 내일부터는 TV시청, 인터넷서핑, 소셜미디어에 쓰는 시간을 매일 1시간씩 줄인다. 1년에 365시간, 총 15일이 더 생기는 것이다. 가치 있는 일을 할 수 있는 충분한 시간이다.

- 의미 없는 여러 가지 일에 에너지를 낭비하지 말고 의미 있는 일 몇 가지만 골라 시간과 에너지를 집중적으로 투자하라. 훨씬 만족스럽고 보람찰 것이다.

- 마음에 들지 않는 사람들과 어울리는 것은 최악의 시간낭비다. 좋은 사람들과 함께 할 시간도 부족하다. 내키지 않는 사람들과 어울리는 것은 피해야 한다.

- 물건을 사들일수록 이미 가지고 있는 것들을 즐길 수 있는 시간은 줄어든다.

- 탁월함을 추구하더라도 중용의 미덕을 잃어서는 안 된다. 세상에 완벽이란 없다. 아무리 가치 있는 일이라도 지나치면 안 하느니만 못하다.

- 무슨 일이든 세 가지로 구분할 줄 알아야 한다. 개선할 수 있는 일, 그냥 내버려 둬도 되는 일, 불필요한 일. 불필요한 일은 거들떠 보지도 마라. 사회 부적응자들이 할 일이다.

- 일주일에 한두 시간 정도는 아무 일도 하지 않고 그냥 쉬어라. 정신과의사이자 작가인 스콧 펙Scott Peck은 사람들이 "어떻게 그 많은 일을 다 하시나요?"라고 물을 때마다 이렇게 대답했다. "아무 할 일 없는 시간이 하루에 두 시간 이상 되거든요."

251

- 힘들고, 지겹고, 상당한 시간이 들어가는 일을 할 때는, 그 일을 포기하면 무슨 일이 벌어질까 자문해보라. 그다지 별 일이 없을 것 같다면 당장 그만둬라.

- 우리 삶의 세 가지 귀중한 자원은 시간, 돈, 창의성이다. 시간과 돈은 한정되어 있지만 창의성은 무한하다. 창의성을 최대한 활용하라. 그러면 시간과 돈도 부족하지 않을 것이다.

- 커피 한 잔을 마셔도 그 순간에 충실하라. 온 우주가 내 커피타임을 위해 멈추기라도 한 듯 느긋하게 맛과 향을 음미하라.

- 세상을 구하러 가는 사람처럼 미친 듯이 운전하지 마라. 잠시 멈춰 생각해보면 세상의 온갖 바쁜 일에 비하면 지금 나의 여정은 그리 급한 것이 아니라는 것을 깨달을 것이다.

- 매일 30분 정도 시간을 내서 그때그때 떠오르는 일을 해 보라.

- 매일 한두 시간 혼자만의 시간을 보내라. 전화기도 꺼두면 좋다.

- 매일 일몰을 감상하는 시간을 할당해두어라.

- 이웃과 터놓고 이야기할 수 있는 기회를 만들어라. 시간에 구애받지 말고 자연스럽게 이야기를 시작하고 끝내도록 하라.

- 샤워의 참맛을 느낄 수 있을 만큼 느긋하게 샤워를 즐겨보라.

- 물질주의, 일중독 문화는 '시간은 돈'이라는 신화에 사로잡혀있다. 하지만 시간을 돈이 아니다. 시간은 돈보다 훨씬 소중하다. 시간은 곧 행복이다.

- 아무리 열심히 일해도 시간은 벌 수 없다. 아무리 큰 돈을 주어도 시간은 살 수 없다. 시간은 돈보다 더 지혜롭게 써야 한다.

현명하고 느리게 살라. 빨리 가려다 발에 걸려 넘어진다.
―윌리엄 셰익스피어William Shakespeare

- 무엇보다도, 오늘이 내 삶의 마지막 날이 될 수 있다. 늘 명심하라. 오늘을 만끽하라. 행복한 순간을 엉뚱한 곳에서 찾지 마라. 지금이 꿈꾸던 바로 그 순간이다!

CHAPTER 10

고독에서
피는 꽃,
자존감

고독은 우리 자신에게는 더 엄격하게,
다른 사람에게는 더 관대하게 만들어 준다.
우리의 인격을 고양시키는 데 이바지한다.

−프리드리히 니체 Friedrich Nietzsche

외로움은 안에서 잠그는 문

혼자 시간을 보내면 외로운 것일까? 그렇지 않다. 많은 사람들과 함께 있어도 외로움을 느낄 수 있다. 또한 혼자서 많은 시간을 보낸다고 해도 전혀 외롭지 않을 수 있다. 결국 외로움과 혼자 있는 것은 일치하지 않는다.

혼자 시간을 보내는 것은 고통스러울 수도 있지만 즐거울 수도 있다. 고통스러운 측면을 강조할 때는 '외로움'이라고 말한다. 외로움은 권태로움, 불안, 불행과 같은 감정으로 발전하기 쉽다. 더 심해지면 두통, 수면과다, 불면증, 우울증으로 발전하고 극단적으로는 자살로 이어지기도 한다.

혼자 시간을 보내는 것의 즐거운 측면을 강조할 때는 '고독'이라고 말한다. 고독은 혼자 즐기는 활동에 몰입할 수 있는 시간이다. 외로움이 우울과 슬픔을 의미한다면, 고독은 만족과 환희를 의미한다. 하지만 안타깝게도 많은 사람들이 외로움은 느끼면서도 고독은 즐기지 못한다. 실제로 10분 이상 혼자 있으면 정서적으로 불안을 느끼는 사람들이 많다.

이런 사람들은 집에 들어서자 마자 곧바로 TV나 라디오를 켠다. TV든 라디오든 늘 사람소리가 들려야 안심이 되기 때문이다. TV중독은 외로움을 이겨내고자 하는 몸부림이다. 물론 TV는 앞에서 말했듯이 풍요로운 여가생활과는 거리가 멀다.

여가를 즐기지 못하는 이유로 많은 이들이 '함께 할 사람이 없다'고 말한다. 예컨대 한 친구는 어느 여름에 자전거에 관심을 갖더니 매우 비싼 자전거를 장만했다. 하지만 그걸 산 다음 단 한 번 타고는 줄곧 처박아두었다. 비싼 자전거를 장만해놓고 타지 않는 이유는 단순했다. 함께 탈 친구가 없다는 것이었다.

하지만 나는 자전거를 타든 조깅을 하든 혼자 하는 것이 훨씬 좋다. 친구들이 같이 가자고 해도 나는 혼자 간다. 물론 그들이 지루하기 때문이 아니다. 나는 그들과 어울리는 것을 좋아한다. 하지만 혼자 있는 것이 더 즐거울 때도 있는 법이다. 사람들과 어울리는 것을 좋아하는 사람도 고독을 즐길 줄 알아야 한다.

하지만 오늘날 사회는 혼자 있는 시간을 즐기는 것을 거의 반사회적인 행동으로 간주한다. 여가활동은 으레 다른 사람과 함께 하는 것이라는 관념을 심어주며 클럽이나 팀, 또는 혼자가 아니라는 것을 확인해 줄 집단에 속하라고 독촉한다.

자신에게서 만족을 찾지 못하면 다른 곳에서도 만족을 찾을 수 없다.
—프랑소아 로슈푸코François Duc de La Rochefoucauld

혼자 있는 것을 못 참는 사람들은 늘 불안하다. 침묵의 시간을 견디지 못한다. 심한 경우는 결혼생활도 파탄에 이를 수 있다. 심리학자들은 이러한 상태를 심각한 질병이라고 간주한다. 설문조사에 따르면 미국인 네 명 중 한 명이 만성적인 외로움에 시달린다고 한다. 〈싸이콜로지투데이Psychology Today〉라는 학술지에 실린 최근 연구결과를 보면 미국인 중 절반 이상, 1억 명이 넘는 사람들이 주기적으로 외로움으로 고통을 경험한다고 한다.

사람들은 흔히 외로움의 원인으로 다음과 같은 것을 지적한다.

- 친구가 많지 않다
- 결혼하지 않았다
- 인간관계가 넓지 않다
- 이사 온 지 얼마 되지 않는다
- 대도시에 산다
- 친구관계가 피상적이다

이런 것들이 외로움을 느끼는 데 어느 정도 기여할 수는 있지만, 그렇다고 해서 근본적인 원인은 아니다. 사람들이 외로운 이유는 스스로 자신을 방치했기 때문이다. 즐거워지기 위해 노력하지 않고 권태로움 속에 그대로 머물렀기 때문에 외로운 것이다.

외로움을 극복하고 싶다면 혼자만의 시간을 창의적으로 보낼 줄 알아야 한다. 사람들은 흔히 권태로움을 뿌리치기 위해 사람들 무리 속으로 들어간다. 사람들과 어울리면 따분하지도 않고 외롭지도 않을 것이라고 생각하기 때문이다. 하지만 실제로 사람들은 혼자 있을 때보다 사람들 속에서 더 큰 외로움을 느끼는 경우도 많다.

혼자 남는 것을 두려워한다는 것은 내면에 불안이 존재한다는 뜻이다. 그렇게 심리가 불안정한 사람들일수록 함께 있고 싶어한다. 늘 사람들에게 둘러 싸여 있으면 매력적이고 안정적인 것처럼 보이지만, 실제로는 잠시라도 혼자 남게 될까 봐 불안해하는 사람인 경우가 많다.

많은 이들이 외로움의 근원을 자기 내부에서 찾지 못한다. 혼자 뒤처져 있을지 모른다는 불안감은 다양한 중독으로 이어지고, 심지어 알코올중독, 약물중독으로 이어질 수도 있다. 이 모든 행동은 문제의 핵심을 직면하지 않기 위한 것이다.

이러한 인간의 어리석음을 꼬집는 수피교 이야기가 있다.

뮬라라는 남자가 어느 날 자신의 집 앞 길바닥에서 무릎을 꿇고 손을 더듬어가며 무언가를 열심히 찾고 있었다. 친구가 우연히 그 광경을 보고는 물었다.

"뮬라, 뭘 찾고 있는 거야?"

"열쇠를 잃어버렸어."

"그래, 그럼 내가 도와줄게."

하지만 아무리 찾아도 열쇠는 보이지 않았다. 친구가 뮬라에게 다시 물었다.

"뮬라, 열쇠를 마지막으로 열쇠를 사용한 건 어디야?"

"집 안에서."

황당한 친구는 뮬라에게 따지듯 물었다.

"그런데 왜 밖에서 열쇠를 찾고 있어?"

"집안은 어둡거든."

이 이야기는 우스갯소리 같지만 웃을 수만은 없는 교훈을 담고 있다. 우리는 외로움을 극복하기 위해 자기 내면이 아닌 바깥세상을 바라본다. 물론 내면보다 세상이 훨씬 밝을지 모른다. 하지만 집안에서 잃어버린 열쇠를 집밖에서 찾는 뮬라처럼, 외로움을 떨쳐내기 위해 밖으로만 떠돈다면 결코 외로움은 극복할 수 없다. 우리 내면이 바깥세상만큼 밝지 않더라도, 외로움을 극복할 수 있는 열쇠는 그 속에 있다.

자존감은 자아실현의 첫걸음

혼자만의 시간을 즐길 수 있는가? 그렇지 않다면 나만의 잠재적인 재능을 발견하지 못할 확률이 크다. 다시 말해 자존감이 낮고, 스스로 가치 없는 존재라고 여긴다는 뜻이다. 자신을 사랑하지 못하는 사람은 혼자만의 시간을 즐기기 힘들다. 나조차 마음에 들어 하지 않는 나를, 어떻게 다른 사람이 좋아할 수 있을까?

자기 자신을 얼마나 사랑하는지는, 남들에게 얼마나 인기를 끌고 싶어하는지 보면 알 수 있다. 남들이 나를 싫어하지나 않을까, 나

261

때문에 화가 난 것은 아닐까 끊임없이 걱정하는 사람은 의심할 여지 없이 자존감이 낮다. 자존감이 낮은 사람은 또한 혼자 보내는 시간이 많다는 사실을 남들에게 들킬까 봐 전전긍긍한다.

결국 자존감이 낮으면 행복도 얻기 힘들다. 사람들에게 아무리 인기가 높고 존경을 받는다고 해도 자존감은 올라가지 않는다. 자존감은 밖에서 얻을 수 있는 것이 아니기 때문이다. 오로지 내 안에서 나오는 것이다.

자존감이란 간단히 말해서 자기 자신을 조건 없이 사랑하는 감정이다. 남들이 뭐라 하든 자신을 있는 그대로 사랑할 수 있어야 한다. 남들의 기준에 맞추려 노력하지 말고 나만의 기준으로 세상을 볼 줄 알아야 한다.

자존감과 외로움은 전혀 다르다. 외로움을 잘 타는 사람은 비밀이 많고 적응력이 떨어지며 신경과민을 앓는 경우가 많다. 반대로 자존감이 높은 사람들은 홀로 있는 시간이 많다고 해도 심리적으로 건강하기 때문에 누구와도 잘 어울린다. 실제로 이들은 개인적인 성향이 강하면서도 동시에 가장 사교적이고, 상냥하고 우호적이다.

어쨌든 우리 삶의 목표는 자아실현이라 할 수 있다. 자아실현이란 남들이 곁에 있든 없든 자신이 원하는 것을 즐길 수 있는 상태를 말한다. 심리학자인 에이브러햄 매슬로우는 자아실현을 인간의 욕구 중에서 가장 수준 높은 단계라고 말했다. 자아실현단계에서 사람들은 일을 하든 놀든 오히려 혼자 있을 때 최선을 다하고 최고

사람과 어울릴 때만 제정신이고 혼자서는 아무것도 못 한다면,
아무것도 못하는 것이다.
—클락 무스타카스Clark E. Moustakas

의 기량을 발휘한다.

내면을 꾸준히 계발해 자아실현의 경지에 오른 사람은, 곁에 사람이 있으나 없으나 즐겁게 일하고 즐겁게 놀 수 있다. 자아실현의 경지에 오르면 스스로 이뤄내고, 성취하고, 승리하는 법을 안다. 무엇보다도 자신이 어떤 사람인지 잘 알고, 내 안에 우주가 있다는 사실을 깨닫는다. 누군가 함께 있어야 할 필요는 없다. 이러한 경지에 도달하는 가장 첫 걸음이 바로 자신을 사랑하는 자존감을 갖는 것이다.

부정적인 사람은 따돌려야 할 괴물

혼자 남는 한이 있더라도 피해야 하는 사람이 있다. 삶의 불씨를 지피기 위해 노력하는데 곁에서 도와주기는커녕 그걸 짓밟아 끄려고 하는 사람들이다. 그런 사람은 피하는 것이 상책이다.

부정적인 사람의 가장 큰 특징은 유머감각이 없다는 것이다. 모든 것이 사기이고 속임수며, 이보다 나빠질 수 없다고 생각한다. 더 나아가 그러한 자신의 생각에 남들도 동조해 주기를 바란다. 이들은 긍정적이며 자존감이 높은 사람들에게 가장 성가신 존재다. 긍정적인 사람을 우울증에 빠뜨릴 수 있는 일이라면 이들은 두 팔을 걷고 나선다.

주변에 늘 우울하고 불평불만이 가득한 사람이 있는지 둘러보라. 그들을 만나 이야기를 하는 순간 힘이 빠진다. 특별한 사건으로 인해 일시적으로 부정적인 생각을 할 수도 있겠지만, 늘 부정적으로 이야기하는 사람이라면 가까이 하지 말라. 그들과 잠시라도 이야기를 하고 나면 어김없이 기운이 빠진다. 피하는 것이 상책이다.

어깨 위에 무거운 짐을 진 채 수월하게 살 수는 없다. 부정적인 사람들은 바로 그러한 짐이다. 비행기를 탈 때도 짐이 많으면 돈을 더 내야 한다. 하지만 부정적인 사람은 돈보다 더 많은 것을 요구한다. 시간, 에너지, 행복을 요구한다. 마침내 판단력까지 내놓으라고 할지도 모른다. 혼자 있는 것보다 못하다.

부정적인 사람을 긍정적으로 바꿀 수는 없을까? 그것은 착각이다. 리처드 바크가 말했듯이 '스스로 문제해결을 원하지 않는 사람의 문제는 그 누구도 해결해 줄 수 없다.' 부정적인 사람의 또 다른 특징은 변화하려고 하지 않는다는 것이다.

그들을 바꿀 수 있다고 하더라도 상당히 오랜 시간이 걸린다. 남을 위해 그렇게 긴 시간을 투자할 만큼 우리 삶은 길지 않다. 부정적인 사람을 바꾸기 위해 투자할 시간과 에너지가 있다면, 자신에게 투자하는 것이 훨씬 낫다. 이러한 신경증 환자들의 사고방식을 고치는 작업은 성격을 완전히 뜯어고치지 않는 한 성공하지 못한다. 그것이 얼마나 힘든 일인지 보여주는 옛 이야기가 있다.

연못 건너편으로 가고 싶어하던 전갈 한 마리가 개구리를 보고 말했다.

"개구리야, 날 연못 저 쪽으로 건네다 줄 수 있겠니? 내가 수영을 못해서 그러는데, 날 좀 도와주면 안되겠니?"

"안 돼. 난 전갈을 잘 알아. 등에 업고 연못 중간쯤 가면 나를 찌

를걸. 결국 독이 퍼져서 연못을 다 건너지도 못하고 빠져 죽겠지. 난 익사하고 싶지 않아."

"바보 같은 소리. 네가 익사하면 나도 같이 익사할 텐데 내가 왜 그런 짓을 하겠어?"

전갈의 말을 듣고 보니 그럴 듯했다.

"그렇긴 하네. 좋아, 그럼 업혀."

개구리는 전갈을 등에 업고 열심히 헤엄치기 시작했다. 전갈은 연못을 절반 정도 건널 때까지 개구리를 찌르지 않으려고 안간힘을 썼지만 유혹을 견디지 못하고 결국 개구리를 독침으로 찌르고 말았다. 몸이 굳어 서서히 물속으로 가라앉는 개구리가 말했다.

"도대체 왜 그런 거야? 우리 둘 다 죽게 되었잖아."

전갈은 이렇게 대답했다.

"도저히 참을 수가 없었어. 그렇게 타고난 걸 어떡해."

부정적인 사람은 이 우화에 등장하는 전갈과 같다. 행복이, 더 나아가 자신의 생존이 위기에 처한 순간에도 변하지 않는다. 어떠한 상황에서도 그들은 자신의 관점을 옹호하며 한 명이라도 더 자신의 부정적인 생각을 퍼트리려고 애쓴다. 그들은 모든 세상사람들을 부정적인 생각으로 물들이고자 하는 유혹을 뿌리치지 못한다.

부정적인 사람을 바꾸고자 노력하는 것은 전갈을 등에 업고 연못을 건너는 것과 같다. 부정적인 사람과 마주쳤을 때 그들을 대하는 가장 효과적인 방법은 모른 체 하는 것이다. 내 삶에 끼어들지 못하게 지워버려야 한다.

행복하고 싶다면 부정적인 사람은 피하라. 그런 사람들이 곁에 있거든 재빨리 빠져 나오라. 걷는 것으로는 부족하다. 뛰어라!

오롯이 나를 만나는 시간

혼자 있는 시간은 자신과 직면하는 시간이다. 사람들 속에 섞여 있을 때는 전혀 알 수 없는 새로운 세계를 경험할 수 있다. 높이 날아오르려면 여럿이 함께 날기보다는 혼자 날아야 한다.

외로운 느낌이 들 때 우리는 두 가지 반응을 보일 수 있다. 외로움을 관리할 줄 모르는 사람들은 슬픔에 빠진다. 우울하고, 짜증내고, 자기연민에 빠진다. 이들은 대개 자존감이 낮다. 외로움을 뿌리치기 위해 잠만 자거나, 끊임없이 먹거나, 술/쇼핑/도박에 중독된다. 이런 회피노력은 잠깐 효과가 있을 뿐 외로움을 떨쳐내지 못하기 때문에 정신적으로나 신체적으로나 건강을 해친다.

외로움을 극복하기 위해서는 사교적인 기술을 연마하고, 친밀한 인간관계를 형성하고, 자존감을 계발해야 한다. 이러한 노력을 하기 위해서는 자신을 있는 그대로 대면해야 하는데, 이들은 자기 자신을 대면하는 것을 위협으로 느낀다.

이와 반대로 외로움을 관리할 줄 아는 사람들은 능동적이고 창의적으로 반응한다. 책을 읽거나, 편지를 쓰거나, 공부를 한다. 음악감상, 취미활동, 악기연주 등 혼자 할 수 있는 일이 끝없이 기다리고

가장 큰 불행: 고독을 맛볼 수 없는 것.
—장 들라브뤼이에르Jean de la Bruyère

있다. 이들은 혼자 있는 시간이 생기면 오히려 시간계획을 짜야 할 정도로 바빠진다. 혼자 있는 시간을 통해 정서적 안정감과 정체성이 높아진다.

혼자 즐기는 여가생활

혼자 있는 시간은 사람들과 함께 있을 때 하기 힘든 일을 할 수 있는 소중한 기회. 스포크 다이어그램으로 다시 돌아가 '혼자 즐길 수 있는 여가활동'이란 가지를 하나 더 만들고, 혼자 있을 때 하고 싶은 일들을 생각나는 대로 적어 보자.

브레인스토밍을 도와주기 위해 몇 가지 예를 제시한다.

- 명상하기
- 시간이 없어 읽지 못했던 책이나 잡지 읽기
- 남들과 함께 가기는 힘든, 아는 사람 집 방문하기
- 새로운 도구나 물건을 디자인하기
- 예술적/창조적인 일 하기
- 자원봉사
- 나만의 꿈 그려보기
- 취미생활하기
- 사람 구경하기
- 카페에 가서 사람들 만나기

- 자전거타기, 조깅, 수영
- 자전거 수리
- 집안 꾸미기
- 공원산책
- 빗속 걷기
- 혼자 영화 보러 가기
- 편지쓰기
- 음악듣기
- 정원 가꾸기

혼자 하는 활동은 개성을 계발하고 여가시간의 질을 높여준다. 혼자 움직일 때는 혼자서 모든 일을 처리해야 하기 때문에 자신도 모르고 있던 잠재적인 능력을 발견할 수 있는 기회가 된다. 남에게 의지하지 않고 스스로 책임지기 위해서는 무슨 일을 하든 자신이 그 활동의 주인이 되어야 하기 때문이다.

고독은 가장 좋은 친구

많은 사람들이 혼자 있는 방법을 배우지 못하는 이유는 단순하다. 고독에게 기회를 주지 않기 때문이다. 고독을 즐길 줄 모르는 사람들은 외로움을 쫓기 위해 늘 TV를 켜놓거나, 필요하지도 않은 물건을 24개월 카드할부로 사들인다. 고독을 즐겨 본 적이 없으니 그 가치도 모르는 것이다.

사람들과 어울리는 시간이 늘어나다 보면 누군가와 같이 있는 것도 중독이 된다. 리처드 바크는 《환각Illusions》이라는 책에서 사람들과 함께 지내다가 다시 혼자만의 세계로 돌아가기 위해서는 어느 정도 노력과 적응시간이 필요하다고 말한다.

"사람은 원래 혼자 지내는 것에 익숙한 존재다. 하지만 단 하루라도 사람들과 어울려 지내고 나면 다시 혼자만의 시간으로 돌아오기 위해선 적응이 필요하다."

나 역시 책을 쓰기 시작하면서 혼자 있는 것에 익숙해져야만 했다. 책상 앞에 앉으면 처음 30분 정도는 집중을 하지 못한다. 전화 통화를 하거나 라디오를 틀어놓고 싶은 충동이 나를 유혹한다. 하지만 혼자서 해내야만 한다는 현실을 직시하고 나면 차분하게 글을 쓸 수 있게 되고 또 그 시간을 즐길 수 있게 된다.

혼자 있더라도 내 곁에는 전화, 라디오, 책, 인터넷, 잡지, 자동차 등 다양한 도구들이 있다. 그럼에도 솔직히 말해서 가끔 외로움을 느끼기도 한다. 하지만 이러한 물건 하나 없는 기나긴 정적 속에서 삶이 비참하거나 무의미하다는 생각도 하지 않고 살아남은 위대한 인물들이 있다. 시드니 리텐버그Sydney Rittenberg도 그런 사람이다.

캘리포니아에서 태어난 시드니 리텐버그는 1940년대 중반 중국에 갔다가 공산주의 혁명에 가담하였다. 이후 혁명가로서 활동하면서 권력의 중심부에 들어가지만, 1949년 1월 미국인 스파이라는 명목으로 체포된다. 6년 후 풀려났지만 1968년 2월 다시 투옥되어 1978년 출감한다. 두 번 모두 무죄로 판명되었다.

리텐버그는 16년 감옥생활 중 11년을 독방에서 지냈다. 흥미로운 것은, 독방에 갇혀 사는 동안 전혀 외로움을 느끼지 않았다는 그의 증언이다. 수년 동안 간수들은 리텐버그가 혼잣말을 하는 것조차 허락하지 않았으며, 펜과 종이조차 주지 않았다. 리텐버그는 감옥에 있는 내내 뉴욕 한복판에서 1만 명 사이에 둘러싸여있어도 독방에 혼자 있는 것보다 외로울 것이라고 끊임없이 되뇌었다고 한다.

이처럼 11년 동안이나 아무것도 없는 독방에서도 미치지 않고 잘 버텨낸 사람도 있다. 하루에 몇 시간 정도 혼자 지내는 것은 전혀 어려운 일이 아니다.

혼자 남았을 때 맨 처음 찾아오는 감정은 불안과 두려움이다. 그런 감정을 뿌리치려고 하지 마라. 버림받았거나 소외되었다고 느낄 필요는 없다. 내 옆에 아무도 없다고 생각하기 보다 정말 중요한 사람, 바로 나 자신과 함께 할 수 있다는 것에 감사하라. 그것은 고독만이 선사할 수 있는 소중한 경험이다.

혼자 즐기는 연습

하루나 이틀 정도 사람도 만나지 말고, 신문, 라디오, TV, 인터넷과 떨어져 지내보라. 아직 활동적인 젊은이라도 이런 연습을 미리 해

아무리 좋은 사람이라도 늘 함께 붙어 지내면 피곤하고 산만하다.
고독처럼 좋은 친구를 아직 사귀어 본 적이 없다.
－헨리 데이빗 소로우Henry David Thoreau

두면 나중에 혼자 지내야 하는 상황에 처했을 때 고독을 즐길 수 있다.

환경이나 친구관계가 달라지면 우리 삶도 바뀐다. 회사를 퇴직하거나 다른 도시로 이사하거나 가까운 누군가가 죽었을 때 갑자기 혼자 보내야 하는 시간이 늘어난다. 혼자서도 능동적으로 살아갈 수 있는 방법을 안다면 그러한 상황이 닥쳐도 당황하지 않고 허비하지 않을 수 있다.

젊을 때부터 혼자 생활하는 법을 익혀두면 노년이 된 후 훨씬 수월하게 외로움을 헤쳐나갈 수 있다. 실제로 홀로 살아가는 노인들 중에서 결혼하지 않고 처음부터 혼자 산 사람들이 이혼이나 사별로 배우자를 떠나 보내고 혼자 사는 사람들보다 훨씬 알차게 시간을 보낸다고 한다. 평생 혼자 사는 것에 익숙해진 덕분에 능동적으로 삶의 만족을 추구하며 외로움도 심하게 타지 않는 것이다.

노인들, 특히 남자들은 배우자를 잃고 나서 1-2년 안에 사망하는 사례가 많다. 이들은 대개 살림은 아내에게 맡기고 일만 하며 살아온 사람들이다. 나이가 들어 할 일도 없고, 아내도 없으니 삶의 의미를 찾지 못하는 것이다. 모든 것을 남편에게 의존해온 여자들도 마찬가지로 남편이 먼저 죽고 난 후 고통스러운 시간을 맞이한다.

예술이 샘솟는 시간

이에 반해 배우자를 떠나 보내고 난 뒤, 어느 정도 감정을 추스르고 나면 오히려 혼자 있는 시간을 잘 보내는 노인들도 있다. 이들의 공통점은 글쓰기나 그림 그리기 같은 창조적인 활동을 즐긴다는 것이다. 결혼생활 동안에는 누리지 못했던 자유롭고 독자적인 삶을 만끽하며 행복한 노년생활을 만들어 나간다.

이처럼 고독을 즐기는 좋은 방법 중 하나가 바로 내면에 잠재해 있는 예술적이고 창의적인 능력을 발휘하는 것이다. 그래서 1주일에 한 번 정도는 창작활동을 하는 여가생활을 하는 것이 좋다. 나만의 상상력과 독특한 관심사를 마음껏 발휘할 수 있는 시간을 갖는 것이다. 스스로 예술적인 재능이 없다고 걱정할 필요 없다. 내면을 표출하는 시간을 통해 자기 내면에 존재하는지도 몰랐던 창조적인 재능이 발현될 것이다.

매주 혼자만의 시간을 정해놓고 그 동안 미루기만 했던 일들, 오래 전 즐겨 했으나 바쁘다는 핑계로 잊고 지내던 일들을 해 보라. 중요한 것은 '혼자' 해야 한다는 것이다. 다른 사람이 곁에 있으면 남의 시선을 의식하기 마련이다. 어떠한 검열에도 구애받지 말고 혼자만의 시간을 마음껏 즐기는 것만으로도 사라졌던 창조성이 되살아난다.

어릴 적에는 누구나 창조적 재능을 가지고 있었다. 살아남기 위해 사회적 규범에 순응해오면서 우리는 그러한 재능을 잃고 말았다.

대화가 이해를 도와주기도 하지만,
진정한 천재들은 고독에서 배운다.
—에드워드 기번Edward Gibbon

하지만 그것은 내 안 어딘가에 아직도 숨어 있다. 억압을 풀고 적절하게 자극하면 숨어 있던 재능이 다시 살아날 수 있다.

우선 일기부터 써보라. 좀더 능력이 된다면 소설을 써도 좋다. 글쓰기는 창의력을 표현할 수 있는 좋은 방법이다. 또는 가구를 만들거나 자전거를 수리하는 것도 창의성을 발휘하는 좋은 방법이다.

예술이란 내면에 숨어 있는 창조적 영혼과 깊이 있는 대화를 나누는 것이다. 그림을 그리든, 시를 쓰든, 도자기를 빚든, 이러한 활동은 반복적인 일상과 노동에 치여 오랜 세월 억눌렸던 예술적 재능에 다시 불을 붙일 것이다.

그림을 그리고 조각을 하고 글을 쓰는 것뿐만 아니라 사진을 찍는 것도 훌륭한 예술이다. 관심 있는 예술활동을 15가지만 써보라. 몇 가지 힌트를 제시한다.

- 글 쓰기
- 그림 그리기
- 영화 평론 쓰기
- 내가 사는 도시의 흥미로운 곳 탐험하기
- 노래 만들기
- 주변에서 볼 수 있는 새 사진 찍기
- 내가 사는 도시에서 맛볼 수 있는 다양한 음식 직접 먹어보기
- 심포니, 오페라, 연극을 관람하고 평론 쓰기
- 악기 배우기

273

목록을 나열하고 가장 해보고 싶은 활동을 한 가지 선택한다. 이 활동에 최소한 12주 동안 매달려 본다. 12주는 훌륭한 예술가가 되기에 충분한 시간이다. 12주가 지나고 나면 창조적인 예술가들이 왜 고독을 즐기는지 알 수 있을 것이다. 화가, 조각가, 시인, 작곡가들이 많은 시간을 혼자 보내는 것은, 혼자 있을 때 훨씬 많은 영감을 받을 수 있고 작업도 잘 되기 때문이다. 고독은 성찰과 회복의 기회가 되기도 한다.

창조적 활동에서 중요한 것은 결과가 아니라 과정이다. 예컨대, 풍경화를 그린다면 그것을 전시할 수 있느냐 없느냐 하는 것은 중요하지 않다. 오랫동안 마음으로만 품었던 일을 한다는 측면에서 그림을 그리는 과정은 그 자체로 축복이 될 것이다. 물론 그런 과정을 통해 완성된 작품은 엄청난 만족과 자신감을 안겨줄 것이다.

결과는 중요하지 않다. 호수가 있는 풍경화를 그렸는데 사람들이 사막을 그린 것 아니냐고 물어도 실망할 필요는 없다. 그림을 그리면서 내면 깊숙이 숨겨져 있던 욕구를 표출해냈다는 사실만으로도 예술적 재능에 대한 자신감은 높아진다. 무엇보다도, 혼자 있는 시간을 즐기는 법을 완벽하게 터득한 것은 분명하지 않은가?

| 괴짜로 살아갈 용기

스코틀랜드에 사는 알란 페어웨더라는 사람은 감자만 먹는다. 구워 먹고, 쪄 먹고, 튀겨 먹는다. 어쩌다 가끔 삶에 변화를 주고 싶을 때는 초콜릿바를 먹기도 하지만 그것은 어쩌다 한 번일 뿐이다. 페어웨더에게 감자는 주식이기도 하지만 그의 인생이기도 하다. 그는 스코틀랜드 농림부 감자검역관이다. 그의 감자 사랑은 의심의 여지가 없다.

"그 사람 참 별나군."

이렇게 생각할지도 모른다. 맞는 말이다. 하지만 페어웨더를 안타까워할 필요는 없다. 그는 전혀 불행한 사람이 아니기 때문이다. 페어웨더는 실제로 상당히 많은 시간을 혼자 보내지만, 보통사람들보다 훨씬 행복하며 더 건강하고 더 오래 산다.

심리학자 데이비드 웍스David Weeks와 제이미 제임스Jamie James는《괴짜Eccentrics》라는 책에서 이러한 괴짜들이 보통사람들보다 지능이 훨씬 높다고 주장한다. 괴짜들은 사회적 규범에 순응하지 않는다. 그들은 매우 창의적이고 호기심이 많다. 지능이 높고 이상을 추구하며 자기주장이 강하고 자신만의 취미에 푹 빠져 지낸다.

웍스와 제임스는 페어웨더 같은 별난 사람들 900여명을 조사했다. 그들은 대부분 이러한 독특함으로 인해 결혼을 하지 못하고 혼자 산다. 하지만 이들은 외로움을 느끼기보다 자유롭고 주체적으로 활용할 수 있는 시간을 활용하여 자기만의 삶을 일궈나간다.

그들은 남을 의식하지 않고 자신이 원하는 대로 자유롭게 살아간다. 이러한 삶은 오늘날 현대인들에게는 사치에 가까운 것이다. 덕분에 그들은 자신의 열정을 마음껏 쏟을 수 있다. 사회에 순응해야 한다는 강박관념이 없기 때문에 남들의 시선은 아무런 걸림돌이 되지 않는다.

실제로 매슬로우의 욕구단계설에서 볼 때 이러한 괴짜들은 가장 높은 자아실현 단계에 올라간 사람들의 특징을 보여준다. 자아실현 단계에 오른 사람들의 특징은 높은 자존감, 자신감, 자유로움이며, 이러한 심리적 안정은 행복감과 장수로 이어진다.

행복하게 오래 살고 싶다면 괴짜가 되라. 자기계발과 자아실현을 위한 노력은 경이롭고 신비하며 매혹적이다. 그러한 경험을 하기 위해서 넘어야 하는 첩경은 바로 혼자 있는 시간을 많이 갖는 것이다. 그러한 시간 속에서 자신을 성찰하고 영적인 발견을 하고 인격적으로 성장할 수 있다.

무엇보다도, 단순히 고독을 즐기는 것을 넘어 고독을 추구해야 한다. 자기 자신을 더 잘 알아가는 과정을 통해 자신을 더욱 사랑하게 될 것이다. 우리가 찾아 헤매는 파랑새는 결국 내 안에 있다는 것을 명심하라. 그토록 갈구하던 행복은 내 안에 있다.

휴식이 찾아오거든 내면을 들여다보라.
-오드리 조르지Audrey Giorgi

한국인 사회재적응평가척도

홈즈-라헤 사회재적응평가척도 Holmes and Rahe Social Readjustement Rating Scale를 1982년 서울대학병원 정신과 홍강의 박사팀이 한국문화의 현실에 맞게 수정하여 발표한 스트레스지수 평가척도다.

다음 목록에서 최근 2년 내에 경험한 사건을 체크한다. (두번 이상 경험한 사건은 횟수를 표시한다.)

순위	생활사건	점수	순위	생활사건	점수
1	자식 사망	74	22	입학시험/취직 실패	37
2	배우자 사망	73	23	자식의 분가	36
3	부모 사망	66	24	새 가족의 등장	36
4	이혼	63	25	가족 1명의 와병	35
5	형제자매 사망	60	26	성취	35
6	혼외 정사	59	27	주택, 사업, 부동산 매입	35
7	별거 후 재결합	54	28	정치적 신념변화	35
8	부모의 이혼, 재혼	53	29	시댁, 처가, 친지의 알력	34
9	별거	51	30	학업의 시작, 중단	34
10	해고, 파면	50	31	부채를 짐	34
11	정든 친구의 사망	50	32	직책의 종류가 바뀜	34
12	결혼	50	33	친밀한 사람과 소원해짐	34
13	징역	49	34	금전상의 큰 손실	34
14	결혼 약속	44	35	성생활의 어려움	33
15	중병, 증상	44	36	같은 직종 안에서 이직	33
16	사업의 일대 재정비	43	37	손자, 손녀가 태어남	32
17	직업 전환	43	38	업무량의 과대한 증가나 감소	32
18	정년퇴직	41	39	직장 상사와 불화	31
19	해외취업	39	40	부인의 이직, 실직	31
20	유산(流産)	38	41	체면이 손상되는 경험	31
21	임신	37	42	근무시간이나 근무조건의 큰 변화	31
			43	소득상의 큰 변화	30

체크한 사건의 점수를 모두 더한다 (여러 번 경험한 사건의 경우 그만큼 점수를 더한다.)
총합이 200점이 넘으면 건강에 문제가 발생할 확률이 높다.

출처: 중앙일보 1982년 3월 3일 http://news.joins.com/article/1620946

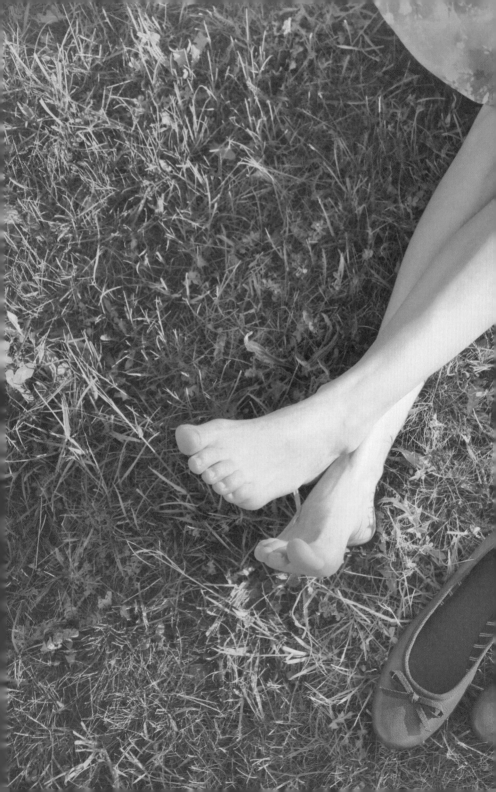

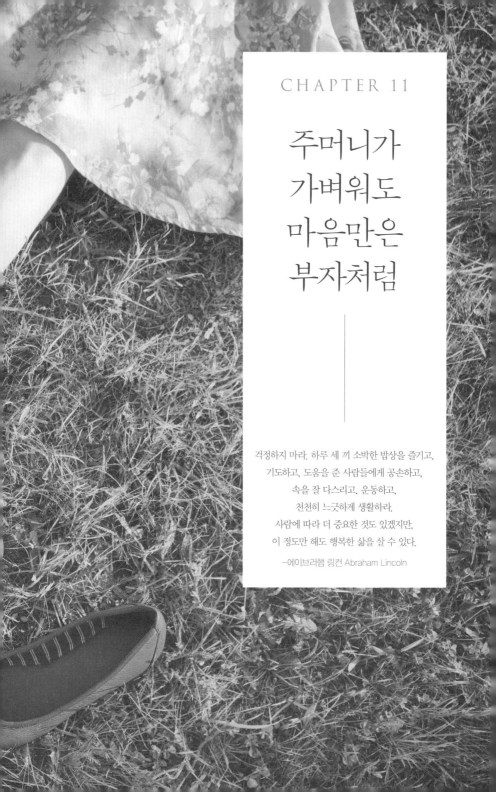

CHAPTER 11

주머니가
가벼워도
마음만은
부자처럼

걱정하지 마라. 하루 세 끼 소박한 밥상을 즐기고,
기도하고, 도움을 준 사람들에게 공손하고,
속을 잘 다스리고, 운동하고,
천천히 느긋하게 생활하라.
사람에 따라 더 중요한 것도 있겠지만,
이 정도만 해도 행복한 삶을 살 수 있다.

–에이브러햄 링컨 Abraham Lincoln

돈을 원래 자리에 놓아라

"돈은 세상에서 가장 중요하다. 건강, 힘, 명예, 관용, 아름다움… 모든 것을 상징한다. 또한 결코 빼놓을 수 없는 돈의 미덕 중 하나는, 상류층의 품위를 지켜주는 방벽 역할을 하는 한편 민초를 파괴한다는 것이다."

조지 버나드 쇼는 이렇게 말했다. 이처럼 돈에는 양면성이 있다.

돈이 개입되면 상식이 통하지 않는다. 섹스보다 돈에 대해 열등감을 갖는 사람이 훨씬 많다. 돈으로 인해 발생하는 온갖 골치 아픈 문제를 고려한다면 차라리 돈 없이 사는 것이 속 편할지도 모른다.

하지만 돈 없이 살 수 없는 것이 현실이다. 먹을 것도 사야 하고, 월세도 내야 하고, 옷도 사야 하고, 아프면 병원에도 가야 한다. 무언가를 배우려면 돈을 내야 하고, 또 오가는 데 교통비도 들어간다.

어쩔 수 없이 먹고 살기 위해서는 상당한 시간과 노력을 돈을 버는 데 써야 한다. 돈을 벌기 위해 우리는 인생의 수많은 즐거움을 보류하고 억누르며 살아야 한다.

오늘날 많은 사람들이 돈을 벌기 어렵다고 생각하지만, 게임의 규칙은 실제로 그리 복잡하거나 어려운 것이 아니다. 물론 나도 그 사실을 깨달은 것은 그리 오래되지 않았다. 돈을 다루는 비밀은 두 가지로 요약할 수 있는데, 그 비밀은 이 장 후반부에 공개한다.

기본적인 욕구를 충족시킬 수 있는 사람이라면 돈에 대한 개념만 제대로 이해하면 금전적인 문제를 겪지 않을 것이다. 사회경제적인 문제라고 하는 것들은 사실, 경제적인 문제라기보다는 가치관이나 기대수준과 연관된 문제인 경우가 많기 때문이다.

오늘날 굶어 죽는 사람은 없다. 생존에 필요한 기본적인 욕구는 어느 정도 충족하며 살아간다. 문제는, 우리가 이미 가지고 있는 것도 즐기지 못하면서 더 많은 것을 원한다는 것이다. 이미 가지고 있는 것을 즐길 시간을 충분히 갖지 못한다면, 더 많은 것을 가진다고 해도 만족하지 못할 것이 분명하다. 끊임없이 새로운 물건을 갖고 싶어하는 악순환에 빠지고 만다.

돈이 실제로 우리 삶에 어떤 영향을 미치는지, 한 독자가 보낸 편지에서 엿볼 수 있다.

젤린스키 씨에게,
방금 《일하지 않아도 좋아》를 다 읽었습니다. 한동안 읽은 책 중

내가 부자인 것은 가진 것이 많기 때문이 아니라
원하는 것이 적기 때문이다.
―브라더튼J. Brotherton

282

에서 가장 유익한 책이었던 것 같습니다. 우연히 남편과 라디오를 듣다가 이 책을 알게 되었습니다.

저는 일을 하지 않은 지 2년 정도 되었습니다. 일을 하지 않는 시간 동안 나도 모르게 약간의 죄책감을 느끼고 있었는데, 이 책을 읽으면서 그런 것들을 벗어버릴 수 있었습니다. 실제로 책을 읽으면서 내가 막연히 그리워하던 직장이 정말 지옥 같은 곳이었다는 것을 새삼 깨달았습니다.

돌아보니 회사에 다니는 동안 편두통에 시달렸다는 기억이 살아났습니다. 그리고 그 회사는 지난 2년 동안 저와 함께 근무했던 동료들을 모두 해고했습니다. 저는 제 발로 걸어 나왔기 때문에 죄책감을 느끼고 있었습니다. 다시 일을 하지 못 할까 봐 걱정이 되기도 했고요.

앞으로 어떻게 될지는 모르겠습니다만 일에 대한 생각은 분명히 바뀌었습니다. 뭘 해서 돈을 벌지는 아직 모르겠지만 여가시간을 즐겨야 한다는 생각만은 확고합니다. 전에는 사람들이 지금 뭐하고 지내냐고 물으면 아무것도 안 한다고 했는데, 앞으로는 인생을 즐기고 있다고 말할 예정입니다. 얼마 전부터 남편과 매일 수영을 하러 다닙니다. 또 도자기를 빚는 수업에 참여하고 있는데, 정말 재미있어요. 앞으로 취미로 삼을 생각입니다.

사실 저는, 일을 하지 않아도 되는 사람입니다. 신탁펀드에서 매달 돈이 나오고 있기 때문이죠. 물론 직장에서 월급을 받을 때만큼은 넉넉지 않지만, 집세를 내고 식료품을 구입하는 데에는 전혀 부족함이 없습니다. 남편도 은퇴하면 연금이 나오니까, 노후걱정은 할 필요가 없는 것 같아요. 지금껏 은퇴하고 난 뒤 돈이 부족하지 않을까 하는 불안에 시달려왔거든요.

이제는 생각을 바꿔 생활비를 줄이고 쓸 수 있는 한도 내에서 생활하려고 합니다. 그러면 이제 끔찍한 회사생활을 다시 할 필요가 없겠죠. 돈은 사람을 추잡하게 만듭니다. 돈으로 인해 가족간에 싸움을 하고, 속이고 뒤통수를 칩니다.

다시 한 번 이런 책을 써주셔서 감사합니다. 정말 많은 도움이 되었습니다. 그 동안 무거운 짐으로만 여겼던 많은 문제들을 새로운 시각에서 볼 수 있게 되었습니다. 건강하시길 바랍니다.

—리사 말렛

안타깝게도 많은 사람들이 무리한 노후계획을 세우고는, 더 많은 돈을 벌어야 한다는 생각에 인간으로서 갖춰야 할 위엄이나 품위도 져버린다. 돈만 있으면 뭐든 할 수 있다는 비현실적인 기대에 의존하여 남을 속이고 질투하고 낙담하고 상실감, 환멸감에 빠진다. 맹목적으로 돈만 쫓던 사람들은 정작 돈을 번다고 해도 쉬는 법, 웃는 법, 스스로 즐기는 법을 잊었을 확률이 높기 때문에 그것을 제대로 즐기지도 못한다.

사람들이 물질적인 목표에 매달리는 이유는 정신적, 감성적 결핍 때문이다. 하지만 돈을 쫓는다고 해서 그러한 결핍이 채워지는 것은 아니다. 오히려 기존의 인간관계마저 망가지고 만다. 돈은 또

재산을 소유한 부자는 많지 않다.
대부분 재산이 부자를 소유한다.
—로버트 잉거솔Robert G. Ingersoll

벌 수 있지만 인간관계는 한번 나빠지면 다시 좋아지기 어렵다. 물질에 대한 욕망이 커질수록 마음에 행복과 평화를 주는 여유는 줄어든다.

만족할 줄 모르는 욕망

얼마 전 〈월스트리트저널〉은 여론조사기관 로퍼Roper와 함께 미국사람들이 아메리칸드림을 어떻게 정의하는지, 또 그런 꿈을 얼마나 이루었다고 생각하는지 조사했다. 원래 자유를 상징하던 아메리칸드림은 오늘날에는 경제적인 번영과 부를 상징한다. 많은 사람들이 돈이 많아야 자유를 누릴 수 있다고 생각하는 것이다.

상식적으로, 잘 사는 사람 중에 스스로 아메리칸드림을 이뤘다고 자부하는 사람이 많을 것이라고 생각할 것이다. 하지만 조사결과는 전혀 그렇지 않았다. 아메리칸드림을 실현했다고 응답한 사람은 연봉 2,000만원 미만의 사람들 중 5퍼센트였는데, 연봉 6,000만원 이상의 사람들 중에서도 6퍼센트에 불과했다. 또한 연봉 2,000만원 미만의 사람들은 연봉 6,000만원만 되면 아메리칸드림을 실현할 것이라고 생각했지만, 연봉 6,000만원 이상의 사람들은 1억원 이상 벌어야 아메리칸드림을 실현한 것이라고 말했다.

일반적으로 경제가 성장할수록 중산층이 행복해질 것이라고 생각한다. 하지만 중산층에게 경제는 대개 심리적인 문제인 경우가 많다. 중산층이 겪는 정신적 육체적 문제는 실제 경제적인 어려움이 아니라 인간관계의 단절과 건설적인 여가활동의 부족에서 발생한다.

선진국에서 빈곤층으로 분류하는 생활수준은 대개 제3세계 국가에서는 중산층 이상 생활수준에 해당한다. 우리에게도 TV를 소유하는 것마저 사치로 여겨지던 시절이 있었다. 지금은 TV가 생활필수품이 되었으며, 아무리 가난한 집에도 TV가 있다. 이제 TV가 두 대 이상 있는 집도 많다.

미국의 경우, 삶의 만족도가 가장 높은 것으로 조사되었던 때는 1955년이었다. 그에 비해 현재의 만족도는 매우 낮다. 식기세척기 보급률은 7배가 늘어났고, 자동차를 2대 이상 소유한 집도 3배나 늘어났다. 평균 자산이나 지출액도 1950년대에 비해 2배 이상 늘어났다. 그럼에도 삶에 대한 불만족도는 1950년대에 비해 2배 이상 늘어났다.

문제는 탐욕이다. 사람들은 더 많은 것을 갖고 싶어한다. 부유한 사람들끼리 모여 사는 동네가 생겨나고, 집도 훨씬 커졌다. 냉장고도 훨씬 커졌을 뿐만 아니라 두세 개씩 가지고 있다. 자동차도 몇 대씩 가지고 있고, 너도나도 해외여행을 다닌다. 커다란 화면의 TV, 컴퓨터와 최첨단 기기들, 특별한 날에 한 번 입을까 말까 하는 유명 디자이너의 옷… 문제는 이렇게 많은 것을 가질수록 삶에 대한 만족도가 떨어진다는 것이다. 우리는 그 어느 세대보다 많은 것을 가지고 있음에도 그 어느 세대보다 행복하지 않다.

나는 세상에서 가장 값진 보물을 가지고 있다.
그것은 바로 탐내지 않는 마음이다.
―엘레오노라 두세Eleonora Duse

궁극적으로 이러한 심리상태에서는 행복도 만족도 얻을 수 없다. 아무리 많은 것을 가져도 가지고 싶은 것은 끝없이 나온다. 그런 욕망을 채우기 위해서는 끝없이 돈을 벌어야 하고, 돈을 벌다보면 이미 가지고 있는 것을 즐길 시간이 없다. 오늘날 많은 이들이 시간에 쫓기는 주된 이유는 만족할 줄 모르는 욕망 때문이다.

안타깝게도 우리는 지금껏 물질적인 안락과 경제적 안정이 행복의 필수조건이라는 착각 속에 살아왔다. 경제가 침체되거나 불경기가 몰아친다고 해도 지금은 빈곤, 배고픔, 질병, 자연재해의 위협을 받지 않는다. 제 3세계 사람들은 우리가 가진 것의 10분의 1만으로도 행복하게 살아간다.

모든 것을 다 가지고 싶다는 마음은 TV 등 무수한 대중매체를 통해 우리 삶 속에 깊이 파고들었다. 광고는 물론 드라마 같은 TV 프로그램은 은연중에 더 좋은 물건을 더 많이 가질수록 더 나은 사람이 된다는 믿음을 심어준다. 사람들의 기대수준은 끝없이 높아져, 이제는 하느님도 다 들어주기 힘들 정도로 많은 것을 바란다.

TV는 최신제품을 구입하지 않으면 패배자나 실패자나 된 것처럼 믿게 만든다. 어떤 옷을 입어야 하고, 어떤 가전제품을 사야 하며, 어떤 차를 몰고, 얼마나 넓은 집에 살아야 하는지 세뇌한다. 그러한 제품을 가지면 자존감, 행복, 권력 등 모든 것이 뒤따라올 것이라고 약속한다. 그러한 이미지를 소비하지 못하는 사람은 실패한 사람으로 여겨진다.

그런 면에서 TV는 행복한 삶의 적이다. 데오드란트 향수나 고급

자동차를 사지 않는다고 해서 불행한 것은 아니다. 광고는 끊임없이 새로운 것을 원하도록 현혹한다. 끊임없이 더 많은 것을 열망하도록 만든다.

미국 작가 모리스 센닥은 우리 삶에는 소유보다 더 값진 게 있다고 말했다. 끝없이 가지려고 해서는 결코 만족할 수 없다. 어느 정도 수준에서 만족할 줄 알아야 행복을 느낄 수 있다.

돈이 많으면 문제도 많다

얼마 전 리버풀의 주교가 영국정부에게 복권발행을 중지해달라고 요청했다. 복권발행을 중지할 수 없다면 당첨금이라도 줄여야 한다고 주장했다. 그가 이런 주장을 한 것은 한 남자가 복권에 당첨되어 150억 원에 가까운 돈은 벌 수 있는 기회를 놓치고 자살을 한 사건 때문이다.

티모스 오브라이언은 51살로 두 아이의 아버지였다. 그는 1년 동안 매주 똑같은 번호로 복권을 샀다. 그러다 한 주 복권을 사지 않았는데, 그 주에 자신이 쓴 번호가 당첨된 것이다. 오브리언은 왜 하필 그 주에 복권을 사지 않았을까 깊은 회한에 빠져 자학을 하다가 결국 권총을 빼 들었다.

하지만 티모시 오브리언이 깨닫지 못한 것은, 복권에 당첨되어 큰 돈을 벌어도 인생은 전혀 달라지지 않는다는 사실이다. 오히려 복

큰돈은 유리로 된 칼과 같다. 주는 사람이 손잡이를 잡고 있기 때문에
받는 사람은 칼날로 받아야 한다. 신중하게 다루지 않으면 크게 다칠 수 있다.
-리처드 바크Richard Bach

권에 당첨된 사람들은 대부분 불행해진다. 단순히 큰 돈을 벌 수 있는 기회를 놓쳤다고 자살한 사람이라면, 실제로 당첨이 되었어도 행복하기는커녕 더 불행해졌을 것이 분명하다.

그가 죽고 난 뒤 밝혀진 더 안타까운 사실은, 그가 자신의 번호로 정말 복권을 샀다고 해도 실제 수령할 수 있는 금액은 150억 원이 아니라 10만 원 정도에 불과했다는 것이다. 숫자를 잘못 읽었던 것이다. 큰 돈을 벌어 부자가 되고 싶다는 그릇된 환상이 눈까지 멀게 만들고 죽음으로 몰아간 것이다.

사람들은 흔히 이렇게 말한다.

- 돈이 많으면 행복할텐데
- 돈이 많으면 마음껏 놀 수 있을텐데
- 돈이 많으면 자신감이 생길텐데
- 돈이 많으면 사람들이 나를 좋아하고, 멋진 사람과 결혼할 수 있을텐데

여기에 동의한다면, 돈에 지나친 기대를 하고 있는 것이다. 이들은 돈이 많으면 모든 것이 안정될 것이라고 생각하지만, 아무리 많은 돈을 가진다고 해도 행복을 느낄 수 '없는' 사람이다. 이들은 충분히 돈을 가지고 있음에도 늘 노후를 걱정할 것이며 돈을 잃을지 모른다는 불안을 느낄 것이다.

일리노이대학 심리학과 교수 에드 디에너Ed Diener는 여러 연구를

통해 기본적인 생활을 영위할 수 있는 수준의 돈은 꼭 필요하지만 그 이상의 돈은 행복과 전혀 무관할 뿐만 아니라, 문제를 해결하는 데 어떠한 도움도 되지 않는다고 결론을 내린다. 그는 이렇게 말했다.

"기본적인 욕구를 충족할 수 있는 수준을 넘어서면, 소득증가율도 낮아질 뿐만 아니라 그다지 의미도 없다."

소득이 올라갈수록 얼마 동안은 더 행복해질 수도 있겠지만, 그러한 상황에 익숙해지면서 더 많은 돈을 갖고 싶다는 욕심이 생겨난다. 더 큰 집, 더 좋은 차, 더 고급스러운 여행을 추구하게 된다. 이처럼 인간적인 삶을 유지하는 데 필요한 최소수준 이상의 돈은 오히려 많은 문제를 유발한다. 그러한 문제 중에는 다음과 같은 것들이 있다.

- 친구나 주변사람들과의 관계가 불편해진다
- 동료무리에서 소외된다
- 재산을 관리하기 위해 별도의 시간과 노력을 들여야 한다
- 투자한 돈을 잃을지 모른다는 두려움이 커진다
- 삶이 전반적으로 복잡해진다

돈이 많은 사람들 중에는 물질적으로는 화려해 보이지만 실제 삶은 불행한 경우가 많다. 가진 것이 아무리 많아도 정신적으로 빈곤한 사람도 있고 돈이 있어도 제대로 쓰고 즐길 줄 모르는 사람도

재물이 사람에게 해줄 수 있는 유일한 일은 재물을 잃을까
전전긍긍하게 만드는 것이다.
—안토이니 드리바롤Antoine de Rivarol

많다. 돈이 없는 사람들보다 남을 도와주는 데 더 인색하다.

디에너가 수년 동안 연구한 끝에 내린 결론은 그다지 놀라운 것이 아니다. 수많은 현자들은 오래 전부터 돈으로 행복을 얻을 수 없다고 한결같이 경고했다. 하지만 사람들은 그러한 지혜를 무시하고 온갖 희생을 무릅쓰면서 물질적인 부만 쫓는다. 돈으로 행복을 살 수 없다는 말을 진심으로 믿지 못하는 것이다.

돈으로는 행복과 마음의 평화를 살 수 없다는 조언을 진심으로 받아들이면 지혜의 눈을 갖게 될 것이다.

안정된 삶을 원한다면 돈보다는 창의성을 쫓아라

일을 하든 하지 않든, 먹고 살기 위해서는 돈이 필요하다. 여가생활을 즐기는 데에도 돈이 필요하다. 돈은 삶의 수단에 불과하지만, 많은 이들이 돈을 수단이 아닌 목적으로 삼는다는 점에서 문제가 시작된다.

나는 얼마나 안정적인가?

자신의 삶이 안정적이라고 말할 수 있으려면 돈은 얼마나 필요할까? 솔직하게 답해보자.

우리가 그토록 돈을 벌고 싶어하는 것은 무엇 때문일까? 은퇴해서 더 이상 돈을 벌 수 없을 때, 예기치 못한 사고를 당해 일을 할 수 없을 때를 대비해 돈이 필요하기 때문이다. 혹시라도 그럴 때가 올 수 있으니 미리미리 대비해서 돈을 쌓아두어야 한다고 믿는다. 보험설계사, 은행원, 증권회사직원, 재무상담사 등 많은 사람들이 부동산, 주식, 채권 등 다양한 상품으로 구성된 포트폴리오를 잘 짜야 한다고 설득한다.

하지만 실제로 그들이 말하는 대로 돈을 벌면 정말 안정적인 삶을 살 수 있을까? 안타깝게도 이성, 친구, 가족을 돈으로 살 수 없듯이 진정한 안정도 돈으로 살 수 없다.

사람들은 대부분 경제적 안정이 정신적인 평온을 가져다 줄 거라고 믿지만 사실은 그렇지 않다. 엄청난 부자라고 해도 우연한 자동차 사고나 테러리스트의 공격에서 안전할 수 없다. 더욱이 부자는 가난한 사람보다 훨씬 젊은 나이에 건강을 해칠 수 있다. 또한 언제 재산을 잃을지 모른다는 불안감에 시달리기도 한다. 또 한편에서는 많은 이들이 추구하는 안정이란 애당초 존재하지 않는 것이라고 말하기도 한다.

물질을 통해 안정을 추구할 수 있다는 생각은 환상에 불과하다. 분명한 것은, 안정을 추구하는 사람일수록 불안하고 안정에 신경 쓰지 않는 사람일수록 안정적이라는 사실이다. 정서적으로 불안한 사람들은 흔들리는 자아를 붙잡기 위해 돈과 물질에 의존하려고 한다. 내면이 불안할수록, 자신에 대한 믿음이 약할수록, 돈, 배우자, 집, 자동차, 명예와 같은 외적인 것에 집착한다. 그러한 대상에서 자

갖고 싶은 것을 갖지 못하고도 아무렇지 않게 지낼 수 있다면,
행복의 필수조건을 갖춘 것이다.
-버트란드 러셀Bertrand Russell

신의 정체성을 찾기 때문에, 그들을 잃는 순간 무너지고 만다.

어떤 이들은 든든한 일자리에서 안정을 찾기도 한다. 규칙적인 근무시간, 해야 할 일, 분명한 책임소재, 예측가능한 미래를 안정이라고 생각하는 것이다. 이들은 꾸준히 들어오는 월급, 조금씩 올라가는 호봉을 중요하게 생각한다. 하지만 평생 한 가지 직업에 매달리는 것이 진정한 안정일까? 또한 기술이 급속하게 발전하는 오늘날 일자리의 안정은 분야를 막론하고 장담할 수 없는 상황이다. 물론 월급이 꼬박꼬박 나오면 좋기는 하겠지만 그런 상황에 안주하는 것은 오히려 생존능력을 떨어뜨릴 수 있다.

안정적인 삶을 추구하는 것은 진정한 의미의 삶을 살지 않겠다는 뜻이다. 모험을 하지 않으면 행운을 찾을 수 있는 길도, 성공의 가능성도 막혀버린다. 물론 안정도 성공처럼 다양하게 정의할 수 있다. 물질에 대한 비중을 줄이고, 창조적이고 조화로운 삶에 관심을 기울인다면, 안정은 또 다른 의미로 다가올 것이다.

"직업도, 예금잔고도, 투자금도, 배우자도, 부모도 안정을 보장해주지 못한다. 안정은 세상만물을 창조해 낸 우주적인 힘과 소통할 수 있는 능력에서 나온다."

형이상학적인 작품으로 유명한 작가 루이스 헤이스Louise Hays는 이렇게 말한다. 정서적 안정 측면에서 보면 창조적 능력이 돈보다 열 배는 중요하다. 가장 중요한 안정감은 돈이 아니라 어떤 어려움이나 고난 속에서도 돈을 벌고, 직업 없이도 행복하게 살 수 있는 길을 만들어낼 수 있다는 자신감에서 나온다.

로또에 당첨되어도 불행한 이유

돈의 진실을 제대로 아는 사람은 많지 않다. 나름대로 돈에 대한 철학을 가지고 있다지만 대부분 터무니없다. 가장 허황된 착각 하나가 돈만 있으면 행복할 것이라는 생각이다.

돈과 행복은 얼마나 깊은 연관성이 있을까? 거들먹거리는 사람들이 나오는 자기계발강연에 가보면 백만장자들을 성공한 사람이라고 거침없이 주장한다. 그러한 주장에는 백만장자가 되지 못한 사람은 모두 실패자란 뜻이 담겨있다.

하지만 도덕성 측면에서 본다면, 온갖 부정행위로 뉴스를 장식하는 백만장자들보다 그다지 가진 것 없는 보통사람들이 훨씬 성공한 사람들이다. 세상의 90퍼센트보다 많은 돈을 갖고 있음에도, 더 많은 돈을 벌고자 부정과 부패를 저지르는 사람들을 과연 행복하다고 말할 수 있을까?

돈을 위해 돈을 버는 것은 가치 있는 행위가 아니다. 삶의 질은 돈이 얼마나 많으냐가 아니라 돈을 얼마나 현명하게 사용하느냐에 따라 결정된다. 은행가 마이클 필립스는《돈의 일곱 가지 법칙The Seven Laws of Money》에서 현대인들이 돈에 지나치게 얽매여 산다고 지적하면서 돈의 7가지 흥미로운 법칙을 소개한다.

1. 돈은 자신만의 규칙에 따라 움직인다.
2. 돈은 우리가 옳은 일을 하며 살아갈 때 자신의 모습을 보여준다.

돈으로 뭐든 다 할 수 있다고 말하는 것은,
자신이 돈도 없고 능력도 없다는 것을 실토하는 것이다.
–에드 호우Ed Howe

3. 돈은 꿈이다. '피리 부는 사나이'처럼 우리를 미혹하는 환영과 같을 때도 많다.

4. 돈은 가끔 악몽이 되기도 한다.

5. 돈은 절대 선물이 될 수 없다. 주고 나서 잊어버릴 수 있는 것이 아니다.

6. 돈은 절대 선물이 아니기 때문에 함부로 받아선 안 된다.

7. 돈 없이도 즐길 수 있는 세상은 무수히 많다.

이 밖에도 잘 알려지지 않았지만 꼭 알아두어야 할 돈에 대한 관념 6가지가 더 있다.

- 돈에만 집착하면 결국 인생에서 남는 것은 돈밖에 없다.
- 돈이 없으면 가난할 수 있지만, 돈만 가진 사람만큼 가난하지는 않다.
- 풍요로운 삶은 원하는 만큼 돈을 소유하는 것이 아니라, 가지고 있는 돈에 만족하는 것에서 나온다.
- 돈이 바닥나는 것보다 돈을 벌 수 있는 창의적인 아이디어가 바닥나는 것이 더 위험하다.
- 돈을 펑펑 쓰면, 재미있게 살고 있다고 느껴지지만, 실제로는 돈 쓰는 것 말고는 할 줄 아는 것이 없다는 뜻이다.
- 돈의 가치는 그것으로 살 수 있는 물건에 있는 것이 아니라, 그 것을 창의적이고 영적으로 사용하는 데 있다.

물론 돈은 다양한 용도로 사용할 수 있다. 기업에서는 물론 우리 사회에서 돈이 중요한 역할을 한다는 것에 이의를 제기할 사람은 없다. 하지만 조금만 관심을 기울여보면 돈이 곧 행복이 아니라는 증거는 쉽게 찾을 수 있다.

일리노이대학의 심리학자 에드 디에너의 연구결과, 미국의 자산가 중 3분의 1이 평범한 미국인보다 행복하지 않은 것으로 나타났다.

- 최근 설문조사에서 1년에 7만5,000달러(8,000만원) 이상 급여를 받는 사람들이 그보다 적은 급여를 받는 사람들에 비해 자신의 연봉에 대한 불만이 더 큰 것으로 나타났다.
- 월스트리트에서 내부자거래를 통해 1억 달러 이상 수익을 올린 혐의로 구속된 이반 보에스키Ivan Boesky는 500만 달러(60억원) 정도 벌었을 때 멈췄으면 발각되지 않고 편안하게 살 수 있었음에도 멈추지 않고 계속 욕심을 냈다.
- 최고의 자산가이면서도 로또에 당첨되기를 바라는 사람들이 많다.
- '복권 당첨후 우울증post-lottery depression'이라는 말이 나올 정도로 돈이 없을 때는 경험하지 못한 우울증을 거액의 돈을 갖게 된 뒤 겪는 사람이 많다.
- 큰 돈을 버는 연예인과 운동선수일수록 마약과 알코올에 중독될 확률이 높다.
- 고소득전문직에 속하는 의사의 이혼율, 자살률, 알코올중독률이 다른 직업에 비해 높다.

돈은 본질적으로 행복을 만들어 주는 것이 아니다.
가질수록 더 갖고 싶게 만들 뿐이다. 공허함을 채울수록 공허함은 더 커진다.
－벤저민 프랭클린Benjamin Franklin

- 부자보다 가난한 사람들이 기부를 더 많이 한다.
- 이른 나이에 성공한 사람들은 늦은 나이에 성공한 사람보다 수명이 짧다.
- 부자일수록 법에 저촉되는 일을 많이 한다.
- 정신과 의사나 심리상담사를 찾는 사람들은 대개 부유층이다.

나는 과연 돈을 더 많이 벌면 정서적으로 풍요로워지고 행복해질 수 있을까? 기본적인 욕구를 충족할 수 있는 수준에서 행복을 느낄 수 있는지 없는지 보면 예측할 수 있다. 예컨대 기본적인 생계를 유지하는 데 1년에 3,000만원이 필요한 경우, 이 정도 돈을 벌 때 별다른 문제 없이 행복하게 살 수 있는 사람이라면 더 많은 돈을 벌어도 여전히 행복하게 살 수 있다.

그에 반해, 3,000만원 수입으로도 행복을 느끼지 못하고 이런저런 문제를 겪고 짜증을 내는 사람이라면, 100억 원짜리 복권에 당첨된다고 해도 불행할 것이다. 물질적으로는 풍족해질 수 있겠지만, 행복을 느끼지 못할 것이 분명하다. 여전히 문제를 겪을 뿐만 아니라 문제가 더 심각하고 위험해질 것이다. 가난이 자신이 불행한 원인이 아니었다는 것을 뼈저리게 느껴야 하기에 더욱 짜증이 나고 신경질적이 되고 만다. 복권에 당첨되고 난 뒤 많은 이들이 불행해질 수 밖에 없는 이유다.

적게 쓸수록 자유롭게 살 수 있다

진정한 경제적 자립은 생각보다 어렵지 않다. 소득이나 자산을 늘리지 않고도 경제적으로 자립할 수 있다. 또는 반대로 소득이나 자산을 줄여서 경제적으로 자립을 할 수도 있다. 경제적으로 자립하기 위해서는 우선 경제적 자립이 무엇을 의미하는지 알아야 한다.

진정한 경제적 자립

경제적 자립을 달성하는 데 가장 필요한 것은 무엇일까?

- 10억 원짜리 복권에 당첨되는 것
- 정부에서 주는 연금에 개인연금까지 두둑이 받는 것
- 엄청난 유산을 받는 것
- 백만장자와 결혼하는 것
- 적절한 곳에 투자하는 것

일반적인 통념과는 달리, 어떠한 항목도 경제적 자립을 보장하지 않는다. 《돈 사용설명서Your Money or Your Life》을 쓴 조셉 도밍구즈는 29살에 경제적으로 자립했다. 그는 누구나 마음만 먹으면 이른 나이에 경제적으로 독립할 수 있다고 말한다. 진정한 경제적 자립은 백만장자가 되지 않아도 할 수 있는 것이기 때문이다.

도밍구에즈는 월스트리트에서 주식중개인으로 일했다. 그 당시 돈 많고 지위가 높은 사람들을 많이 만날 수 있었는데, 대부분 행복

돈을 많이 번다고 달라지는 것은 없다. 상황이 더 분명해질 뿐이다.
얼간이는 더 얼간이가 되고, 착한 사람은 더 착한 사람이 된다.
-벤 나라신Ben Narasin

하지 않다는 사실에 충격을 받았다. 그러한 사람들 사이에서 더 이상 일할 수 없다고 판단한 그는 소박한 라이프스타일에 기반한 개인 금융프로그램을 설계했다. 미국채권펀드에 투자하여 적당한 수준의 자금원을 마련한 것이다. 그리고 일을 그만두었다. 일을 하지 않고 느긋한 삶을 즐기면서 1년 동안 쓴 돈은 겨우 6,000달러(약 700만 원)에 불과했다. 기본적인 생활비는 펀드에서 나오기 때문에 강연으로 버는 돈과 책에서 나오는 인세는 모두 비영리단체에 기부했다.

경제적 자립이란 사실 거창한 것이 아니라 지출보다 수입이 많다는 것에 불과하다. 한 달에 100만 원을 버는데 99만 원을 쓴다면, 경제적으로 자립한 것이다. 1,000만 원을 벌어도 1,500만 원을 쓴다면 경제적으로 자립했다고 말할 수 없다. 같은 맥락에서 10억 원짜리 복권에 당첨되었다고 해도 1-2년 만에 그 돈을 다 써버렸다면, 경제적으로 자립했다고 말할 수 없다.

돈을 아무리 조금 벌더라도 경제적으로 자립한 사람은 두 다리 뻗고 잠을 잘 수 있다. 경제적 자립은 소득이나 은행잔고와는 무관하다. 경제적 자립은 어느 수준에서나 선택할 수 있다. 예컨대 자신이 경제적 한도 안에서 허용하는 수준의 집에 산다면 누구보다도 행복하게 인생을 즐기며 살 수 있다. 그에 반해 남들의 시선을 의식하며 분수에 맞지 않는 집에 살려고 고집한다면 그런 여유는 누릴 수 없을 것이다.

이처럼 경제적 자립은 기본적인 욕구를 충족할 수 있는 수준을 넘어서면 오로지 개인의 선택에 의해 결정된다. 핵심은 들어오는 돈보다 나가는 돈이 적어야 한다는 것이다. 물론 지출결정에는 생활수준에 대한 기대, 배우자와 아이들, 자존심, 질투심, 완벽하고자 하는 집착 등이 크게 영향을 미칠 것이다. 이러한 것들에 휘둘리는 순간 경제적 자립은 위태로워질 것이다.

│ 너무 이른 퇴직은 없다

은퇴를 앞둔 사람들에게 가장 큰 고민거리가 무엇인지 조사한 설문 연구결과가 최근 발표되었다. 첫 번째 돈, 두 번째 건강, 세 번째 은퇴생활을 같이 할 배우자나 친구가 가장 큰 고민이었다. 흥미로운 사실은 그들이 은퇴한 직후 다시 조사했을 때 조금 다른 결과가 나왔다는 것이다. 첫 번째는 건강이었고, 두 번째는 배우자나 친구, 세 번째가 돈이었다. 막상 은퇴를 하고 나자 생각했던 것보다 훨씬 적은 돈으로 살아갈 수 있다는 사실을 깨달은 것이다.

실제로 경제적 자립의 의미를 제대로 파악한다면 훨씬 많은 사람들이 일찍 회사를 그만둘 수 있다. 금융전문가들은 안정적인 노후를 즐기기 위해서는 5억 원에서 10억 원 정도 있어야 한다고 이야기한다. 하지만 그들은 한 가지 중요한 사실을 고의적으로 고려하지 않는다. 은퇴하고 난 뒤 지출을 크게 줄일 수 있다는 사실이다.

내 책을 읽은 독자의 편지를 읽어보자.

지금 돌아보면, 돈을 버는 것보다 돈을 지키는 일이 훨씬 힘들다.
—미셸 드 몽태뉴Michel de Montaigne

젤린스키 선생님께,

《일하지 않아도 좋아》를 읽고 펜을 들지 않을 수 없었습니다. 일반적인 이야기이지만 다시 한번 되새기며 읽는 과정이 흥미진진했습니다. 많은 이들이 이 책을 읽고 무조건 돈은 많이 벌수록 좋다는 거짓망상에서 벗어나길 희망합니다.

제 장인어른은 40대 중반에 '은퇴'를 했습니다. 벌써 20년 전이니 시대를 앞선 분 같네요. 정부와 대기업은 눈살 찌푸릴지 모르지만 여가의 중요성을 일찍이 깨우치셨지요.

저는 구조조정에 떠밀려 19년 다닌 회사를 그만두었습니다. 경기가 좋아지기 바로 전 바닥을 칠 때였죠. 1년쯤 방황을 겪다가 아내와 저는 이제 직장과는 완전히 작별을 하기로 결정했습니다. 내 인생과 행복을 다시는 회사라는 굴레에 저당 잡히지 않겠다고 다짐했죠.

당시 재산은 많지 않았지만 그 정도면 충분하다고 판단했습니다. 무의미한 경쟁 속에서 시달리는 것도 이제 지쳤고요. 지금 우리 가족의 1년 생활비는 5,000만 원 정도 수준입니다. 넉넉하지는 않아도 소박하고 여유 있고 만족스러운 삶을 즐기고 있습니다.

다행히 제 주변에는 퇴직연금이 나올 때까지 회사를 다니라고 말하는 사람은 없었습니다. 흔히 말하듯이 무덤에 돈 싸가지고 갈 것도 아니잖습니다. 지금 우리 가족은 진정한 부자입니다. 돈 부자가 아니라 시간 부자죠. 우리 삶에서 가장 비싼 것은 돈이 아니라 시간이죠. 실제로 그렇게 생각하는 사람들이 주변에 많습니다. 돈만 쫓는 우리 사회가 안타까울 뿐입니다.

그럼 이만 줄이겠습니다.

−데니스 안스테트

오늘날 많은 사람들이 여가는 돈이 있어야 즐길 수 있다고 철썩같이 믿는다. 고급 쇼핑몰들이 즐비한 곳에서 돈 쓰는 걸 여가라고 생각 한다. 수도꼭지만 돌리면 물이 나오듯이 돈이 어디선가 쏟아지지 않으면 그런 여가는 결코 즐길 수 없다. 그리고 그것은 진정한 여가도 아니다.

하지만 의미 있는 일에는 그다지 많은 돈이 들지 않는다. 우리 삶의 소중한 가치들 중에는 많은 것들이 돈을 내지 않아도 얻을 수 있다! 일몰 감상하기, 산책하기, 명상하기, 즐거운 대화 나누기, 계곡물에서 놀기, 공원에서 운동하기, 자원봉사하기… 이 모든 활동은 돈이 드는 것이 아니며, 주변의 자연환경에 해를 미치지도 않는다. 돈이 아무리 많은 사람들도 이런 활동을 동경한다.

여행사들이 광고하는 상품만 여가활동이라고 착각해서는 안 된다. 많은 돈을 들이지 않고도 휴가를 즐길 수 있다. 현실도피를 하고 싶다고 해도 꼭 어디론가 멀리 떠나야 할 필요는 없다. 푸른 들판을 찾아서 방방곳곳을 누비기 전에 우리집 주변에 어떤 경이로운 세상이 있는지 살펴보라. 남의 떡이 커 보이듯 우리 동네도 이국적으로 보일 수 있다.

회사에 얽매여 살기보다는 자유롭게 살아가고자 한다면 어떤

돈으로 행복을 살 수 없다.
행복할 수 있다는 환상을 살 수 있을 뿐이다.
−무명씨

302

라이프스타일로 살고 싶은지 먼저 결정하고 그러한 생활을 유지하려면 돈이 얼마나 필요한지 계산해보라. 그리고 그 돈을 어떻게 모을 것인지 계획을 세우고 실행에 옮겨라. 물론 돈이 적게 드는 라이프스타일을 선택한다면 그 계획을 더 빨리 실현할 수 있을 것이다.

이 책의 또 다른 독자가 보내온 편지를 보자. 그는 27살이란 나이에 회사를 그만두고 경제적으로 자립했다.

어니 선생님께,

안녕하세요. 책을 읽은 지 10년이 지나서야 편지를 씁니다. 선생님은 여전히 지금 이 순간에 충실하게 살기를 잘 실천하고 계신가요?

선생님의 책이 제 인생에 엄청난 영향을 미쳤다는 사실을 지금에서야 알려드리기 위해 편지를 쓰는 게 좀 바보 같다는 생각도 드네요. 이 책에서 영감을 받은 것들을 그 동안 몇 가지 실천해봤습니다. 항상 쉬웠던 것은 아니지만 단언컨대 어느 것 하나 후회한 적은 없습니다. 어쨌든 너무 늦게 편지를 쓰는 것 같아 죄송합니다.

저는 다람쥐 쳇바퀴 돌듯이 끝없이 경쟁만 부추기는 이 사회가 너무 싫었습니다. 제가 선생님의 책을 읽었던 스무 살 때도 마찬가지였습니다! 저는 정규학교를 다니지 않고 홈스쿨링을 통해 학업을 마쳤기 때문에 자유로운 삶에 익숙해 있었죠. 시간표대로 움직여야 하고, 마감에 쫓기고, 과도한 업무에 스트레스를 받는 것이 너무나 낯설고 힘들었죠.

20살이 되던 해 도미노피자에서 일을 하고 있었는데, 어느 날 이제 내 삶에서 자유란 없겠구나 하는 생각이 들더군요. 그때 선생님의 책을 우연히 읽게 되었고, 세상을 바라보는 새로운 눈을 갖게 되었습니다. 사람들은 여왕벌을 위해 죽어라 일만 하는 작고 힘없는 일벌 같은 존재에 불과했던 겁니다. 선생님의 책을 읽고 자신감을 얻었죠. 책에서 나오는 유용한 지침들을 가이드 삼아 그러한 세상에서 탈출하기 위해 노력했습니다.

지난 이야기를 편지에 다 쓰기에는 모자를 것 같습니다. 어쨌든 불과 3년전까지만 해도 경쟁해야 하는 상황에서 완전히 벗어나지 못했거든요. 하지만 그때까지 열심히 돈을 모아 작은 집을 장만하는 데 성공했습니다. 그리고 지하실은 세를 놓았습니다.

무엇보다도 이러한 생활이 가능했던 것은, 아버지가 돌아가시면서 제 앞으로 남겨주신 보험금 때문입니다. 월세와 이자를 합해 1년에 1,000만원 정도는 고정적으로 수입을 얻을 수 있기에 일찍 일을 그만둘 수 있었습니다.

친구들은 저를 량이라고 부릅니다. 직장경력을 쌓거나 돈을 모으거나 일을 해야 한다는 강박관념이 전혀 없기 때문이죠. 지금은 그냥 책 읽고, 생각하고, 노는 것이 좋습니다. 언젠가 능력이 되면 괜찮은 소설가가 되고 싶다는 생각이 조금 있을 뿐입니다.

물론 세상을 더 살기 좋은 곳으로 만들기 위해 환경보호단체에서 자원봉사도 하고 있고, 그래픽디자인도 배우고 있으며, 친구들과

이렇게 싸구려처럼 보이게 만드는 데에도
얼마나 많은 돈이 들어가는지 알면 깜짝 놀랄 걸.
—돌리 파튼Dolly Parton

시간을 보내며, 자전거도 타고, 조깅도 하며, 음악도 듣습니다. 일
은 하지 않지만 시간이 부족할 정도로 다양한 활동을 합니다. 제
생각일 뿐이긴 하지만 저는 이런 삶이 진정한 삶의 방식이라고 확
신합니다.

이런 혜안을 주신 것에 대해 정말 감사합니다.

-제이슨

은퇴설계사들은 거창한 포트폴리오가 있어야 노년을 행복하게
보낼 수 있다고 주장한다. 실제로 치매에 걸리거나 몸이 아플 때 간
병비를 혼자 지불하려면 상당한 돈을 가지고 있어야 한다. 하지만
이웃간에 아플 때 서로 도와주고 간병해주는 자원봉사 제도나 협
동조합을 활용한다면 이런 돈은 거의 들지 않는다. 노후를 대비하기
위해 진정으로 갖춰야 하는 것은 돈이 아니라 가족, 친구, 삶의 목
표, 창조적인 여가활동, 정신적 신체적 영적 건강이다.

물건을 사지말고 경험을 사라

돈을 아무리 잘 벌어도 소비습관이 좋지 않으면 해답이 없다. 이런
사람들의 가장 큰 문제는 자신의 경제적인 능력을 정확하게 파악하
지 못한다는 것이다. 가격을 비교하거나 신용카드 결제금액을 계산
해보는 것을 하찮은 일이라고 생각한다. 이런 사람들이 기네스북에

오르지 않는 이유는 단순하다. 이름과 신용카드 내역서를 제출하지 않았기 때문이다.

자동차 할부금, 주택 대출금, 헬스클럽 회원권 구입비를 충당할 돈이 없어 전전긍긍하면서, 한편으로는 직장에서 잘릴 수 있다는 두려움에 떤다면 행복은커녕 경제적 자립조차 얻을 수 없다. 내 코가 석자인 상황에서 어떻게 마음놓고 여가를 즐길 수 있겠는가?

앞에서 경제적 자립을 하려면 버는 것보다 쓰는 것이 적으면 된다고 이야기했다. 이 방법이 그다지 내키지 않는 사람들을 위해 또 다른 방법을 제시하고자 한다. 쓰는 것보다 많이 버는 것이다. 돈에 관한 게임은 이것이 전부다. 이 두 원칙 중에서 어느 하나만 성공하면 경제적으로 문제를 겪을 일은 없을 것이다.

얼마를 벌든 돈이 늘 부족하다면 쓸데 없는 곳에 돈을 낭비하고 있는 것이 분명하다. 그런 경우에는 어디서 돈이 빠져나가는지 찾아야 한다. 시간을 내 돈 관리하는 법을 배워야 한다. 실제로 살아가는 데 필요한 돈은 그리 많지 않다는 것을 먼저 깨달아야 한다. 조금 쓰면 조금 벌어도 되고, 그만큼 일하는 시간을 줄일 수 있다. 삶의 질도 높아지고, 여유 있고 만족스럽고 행복한 삶을 살 수 있다.

"자신이 어떤 사람인지 알아야 한다. 물론 이는 세상에서 가장 어려운 일이다."

《돈키호테》를 쓴 세르반테스는 이렇게 말했다. 자신이 누군지 알고 자신의 모습을 인정한다면, 다른 사람에게 잘 보이려고 애쓸 필요도 사라진다.

부자가 되는 것은 금발로 염색하는 것과 같다.
재미는 있겠지만 꼭 필요한 건 아니다.
—메리 퀀트Mary Quant

소비를 유혹하는 대상이 무엇인지—자동차인지, 집인지, 옷인지, 그 밖의 어떤 물건인지—정확하게 아는 것도 돈을 효율적으로 관리하는 데 매우 중요한 정보가 된다. 자산을 관리하는 방식도 달라져야 할 것이다.

또한 돈을 헤프게 쓰는 사람이 있는가 하면, 반대로 돈을 쓸 줄 모르는 구두쇠도 있다. 구두쇠는 돈을 쓰는 즐거움을 모르는 사람이다. 이러한 성향 역시 낭비벽 못지 않게 일종의 병이다. 이들은 먼저 돈이 존재하는 목적을 깨달아야 한다. 돈은 오로지 쓰기 위해 존재하는 것이다.

돈의 가치를 제대로 맛보기 위해서는 풍요로움을 즐길 줄 알아야 한다. 또한 창의적이고 재미있게 돈을 쓰는 방법을 고민해야 한다. 시간과 노력을 투자했을 때 돈이 되는 것과 돈이 안 되는 것을 구분하는 안목도 중요하다. 그래야 시간을 낭비하지 않을 수 있다.

또 한 가지, 돈은 사람이나 사물을 평가하는 잣대가 아니라는 것을 명심해야 한다. 모든 것을 돈으로 평가하는 사람은 인생을 제대로 즐길 수 없을 뿐만 아니라 돈도 그다지 벌지 못한다. 역설적이지만 돈을 평가척도로 보지 않는 사람일수록 자유롭게 창조적인 사고할 수 있으며 장기적으로 더 많은 돈을 벌 수 있다.

돈은 수단에 불과하다. 목표를 높이 세우고 창조적인 일을 즐겁게 하다 보면 돈은 저절로 따라온다. 위험을 무릅쓰더라도 내면의 목소리를 충실하게 따르는 사람은 결국 풍요로운 삶을 살게 된다. 자신이 좋아하는 하는 일을 하는 사람은 이미 내적으로 충만하기 때문에 돈을 많이 벌지 못하더라도 충분히 행복하다. 사실 돈은 보너스에 불과하다. 보너스 없이도 잘 살 수 있지만, 보너스가 있다면 삶을 좀더 즐길 수 있을 것이다.

다시 한 번 강조하지만, 우리에게 가장 소중한 진짜 재산은 돈이 아니라 창의적이고 영적으로 사고하는 능력이다. 돈은 쓰기도 쉽고, 잃기도 쉽다. 하지만 창의력과 영적 능력은 아무리 써도 끝없이 꺼내 쓸 수 있다.

이 장을 다 읽고도 여전히 돈이 많아야 행복할 수 있다는 믿음을 떨쳐내지 못한 사람들이 있을 것이다. 돈으로 행복을 살 수 있다고 아직 믿고 있다면, 자신이 가진 행복을 돈을 받고 팔아보라.

현재 가장 빠르게 사라지고 있는 직업

2015년 미국 노동성은 2022년까지 미국에서 일자리가 빠르게 감소할 것으로 예상되는 직업을 발표했다.

순위	직업	2015년 종사자수 (미국)	예상 감소 비율	이유
1	우편서비스	491,600	28%	업무자동화, 인터넷 발달로 인한 우편물 감소
2	반도체생산	21,300	21%	생산자동화, 로봇 대체
3	농업/목축업	930,600	19%	생산비용 상승, 대규모 농업회사의 독점 강화
4	뉴스해설/기자/특파원	57,600	13%	TV/라디오/뉴스매체의 광고수익 악화
5	여행사	73,300	12%	인터넷을 통한 직접 조사/예약
6	보석/귀금속 공예	32,700	10%	국제 경쟁력 약화, 해외이전
7	벌목	43,900	9%	환경보호정책 강화
8	플로리스트	62,400	8%	꽃/화환 소비량 감소
9	발전소 운영/관리	60,700	8%	생산자동화, 에너지효율 상승
10	항공승무원	84,800	7%	경기불황, 항공수요 감소
11	보험 언더라이터	106,300	6%	소프트웨어 자동화
12	금속/플라스틱 제조	1,013,200	6%	생산기술 발전, 국제 경쟁력 약화
13	데스크탑 출판	16,400	5%	소프트웨어 발전으로 인한 직무통합
14	어업	31,300	5%	수산물 고갈, 어업기술 발전, 양식업 발전
15	인쇄	276,000	5%	종이출판물의 디지털화

출처: Business Insider 2015년 10월 14일 http://www.businessinsider.com/15-jobs-that-are-quickly-disappearing-2015-10

CHAPTER 12

아직 최고의
작품은
나오지
않았다

오, 신이시여. 왜 인간은 죽음에 이르러서야
제대로 된 삶을 살지 못했다는 것을
깨닫는 것입니까?
—헨리 데이빗 소로우 Henry David Thoreau

은퇴 후에 진짜 인생이 펼쳐진다

어느 은퇴한 노인이 정기검진을 받기 위해 병원에 갔다. 의사는 건 강상태가 양호하다고 하면서 이렇게 말했다.

"93세신데 정말 건강하시네요."

그러자 노인은 이렇게 대답했다.

"아, 그래요? 다행이네요. 다음 주에 결혼을 하는데."

"결혼을 하신다고요? 와… 그 운 좋은 신부님은 누구세요?"

"동네술집에서 일하는 스물일곱 살 난 아가씨라오."

"겨우 스물일곱이요!"

의사는 바로 말을 잇지 못하고 잠시 머뭇거리다 말을 했다.

"그렇다면 비아그라가 필요하시겠군요."

CHAPTER 12_ 아직 최고의 작품은 나오지 않았다

"천만에. 그런 약은 절대 안 먹소. 내 원칙에 반하는 일이지."

의사는 잠시 뜸을 들이고는 이렇게 말했다.

"건강은 아주 좋으시지만, 그래도 연세가 있으시니, 하숙생을 하나 받는 건 어떠세요?"

"하숙생은 왜요?"

"젊은 아내가 집안에서 남편이 해주기를 바라는 일이 있을 텐데 그런 일을 모두 해주기에는 영감님이 아무래도 벅차실듯해서요. 하숙생이 그런 일을 도와줄 수 있겠죠."

"아, 그렇겠군."

노인은 어깨를 으쓱하고는 진료실을 나갔다. 1년이 지난 뒤, 노인은 이제 94세가 되었고 다시 정기검진을 받으러 의사를 찾았다.

"결혼생활은 어떠세요?"

"아주 좋소. 이보다 좋을 수가 없지. 암, 진작에 결혼 할 걸 그랬어."

"아내는 잘 지내세요?"

"아주 잘 지내고 있소. 임신도 하고."

노인은 활짝 웃는 얼굴로 대답했다.

"임신이요? 정말 괜찮은 하숙생을 두신 모양이네요."

"맞소. 그 여자도 임신했거든."

이 이야기는 은퇴 후에도 인생이 있다는 것을 알려준다. 우리는 대부분 은퇴 후 삶에는 한계가 있다고 생각한다. 하지만 이제는 상황이 크게 달라졌다. 70대, 80대, 심지어 90대가 되어도 여전히 건강한 사람들이 많다. 60대에 은퇴하더라도 삶에서 퇴장할 준비를 하기는 너무 이르다. 아직도 30년 이상 시간이 남아있기 때문이다. 삶을 정리할 준비가 아닌, 새로운 삶으로 나아갈 준비를 해야 한다. 여전히 인격적으로 성장하고 성취하고 만족하기 위한 새로운 기회를 모색해야 한다.

많은 이들이 은퇴 이후 삶을 제대로 준비하지 못하는 것은, 여가생활을 제대로 즐기는 데에도 노력이 필요하다는 사실을 인정하지 않기 때문이다. 내 책을 읽은 독자가 보내온 편지를 읽어보자.

어니 씨에게,

《일하지 않는 즐거움》을 읽고 나니 어니 씨라고 불러야 할 것 같군요.

6개월 전에 저는 55세 이전 퇴직자에게 제공하는 조기퇴직혜택을 받기 위해 37년간 다니던 회사를 그만두었습니다. 갑작스런 결정이었기 때문에 퇴직하고 난 뒤 정체성혼란, 미래에 대한 두려움, 조직생활을 그만둔 후 느끼는 무력감 등으로 힘든 시간을 보냈습니다.

제 자신을 추스르기 위해, 가까운 친척이 사는 해안도시로 7주 동안 다녀왔습니다. 한가로운 해변을 거닐고, 책을 읽으며 시간을 보냈습니다. 새로운 삶을 시작하는 데 좋은 시간이 된 듯합니다. 제가 하던 업무는 비영리기관과 관련되어 있었는데, 내 지식과 경험을 활용하기 위해 노인을 위한 공동체모임에도 가입했습니다. 최근에는 또 다른 비영리단체에서 파트타임으로 일해 달라는 요청을 받아 일도 하고 있습니다. (살짝 겁이 나기도 하지만 재미있습니다.) 새로운 삶의 목표를 설정하는 데 어니 씨의 책이 정말 큰 도움이 되었습니다. 곁에 두고 자신감이 떨어질 때마다 계속 다시 읽습니다. 친구들에게도 이 책을 선물할 생각입니다.

오늘 오후에는 친구들과 스케이트를 타러 나갈 예정입니다. 일하지 않는 것이 이렇게 즐거운 줄 몰랐습니다.

―린 볼스테드

2002년 AIG썬아메리카에서 실시한 설문조사에 따르면, 은퇴계획을 미리 세운 사람들이 은퇴 후 행복한 삶을 살 가능성이 높다고 한다. 경제적 심리적 측면에서 은퇴를 준비하는 사람의 78퍼센트가 은퇴를 '새로운 삶' 또는 '과거의 삶과 연속되는 삶'으로 간주한다고 한다.

아직 퇴직 전이라면 직장에서 마지막 퇴근을 하고 난 뒤 무엇을 할 것인지 지금부터 고민하고 준비해야 한다. 젊었을 때 살아가는 법을 배우지 못한 사람은 나이 들어 배우기 힘들다. 무엇보다도 일하지 않고 시간을 어떻게 보낼 것인지, 일정한 규칙과 할 일이 사라졌을 때 어떻게 시간을 의미있게 보낼 수 있는지 알아야 한다.

조엘 사비신스키는 《시계 부수기Breaking the Watch》라는 책을 집필하면서 뉴욕에 거주하는 은퇴자들을 6년 동안 추적조사했다. 거기서 그가 확인한 사실은, 일을 하지 않더라도 자신의 정체성을 유지할

젊을 때는 기운은 넘치는데 놀 기회가 없고,
나이들어서는 놀 기회는 많은데 기운이 없다.
―마크 트웨인Mark Twain

수 있어야 하며, 몰입할 수 있는 일과 그 일을 할 수 있는 열정이 있어야 하며, 예기치 못한 사건이 발생했을 때 대처할 수 있어야 한다는 것이다. 그는 이렇게 말한다.

"은퇴를 준비하려면 포트폴리오를 짜는 것뿐만 아니라 훨씬 많은 일을 해야 한다는 것을 알게 되었습니다. 생활방식을 완전히 바꾸는 일이라는 측면에서 당연한 것이겠죠. 이제는 전 생애에서 은퇴 후 삶이 25퍼센트 이상 차지합니다. 운에만 맡겨서는 안 됩니다. 경제적인 문제를 고민하는 만큼, 아니 그보다 더 치열하게 시간을 활용하는 법에 대해 고민해야 합니다."

생필품을 구입하고, 또 가끔씩 약간의 사치를 부리기 위해서는 어느 정도 돈이 필요한 것은 분명하지만, 시간과 정열을 온통 은퇴자금을 모으는 데에만 쏟아 붓는다면 행복하게 사는 법을 망각하기 쉽다. 돈을 버느라 건강을 망칠 수도 있고, 친구와 소원해질 수 있다. 일만 하다가 즐길 줄 모르는 사람이 될 수 있다. 결국 은퇴하고 나서야 건강과 친구와 여가를 돈으로 살 수 없다는 사실을 깨닫고 후회할 것이다.

다음 원칙을 따르면 은퇴준비를 제대로 할 수 있을 것이다.

- 퇴직하기 전 최소 몇 년 동안은 일과 여가생활의 균형을 유지하기 위해 노력한다.
- 회사를 다닌다면, 주말에는 일하지 않는다.
- 무리하게 일을 해 건강을 해치지 않도록 주의한다.

- 직장에서든 개인적인 삶에서든 마음을 열고 새로운 기술이나 일을 적극적으로 배운다.
- 일과 무관한 중요한 삶의 목표를 세운다.
- 직장동료 외에 가까운 친구들을 만든다.
- 친구관계를 소홀히 하지 말고, 은퇴 이후까지 이어질 수 있도록 유지하기 위해 노력한다.
- 자유로움을 관리하는 법을 배운다. 가장 좋은 방법은 은퇴를 앞두고 1~2년 전에 자신만의 노하우를 바탕으로 창업을 하는 것이다.
- 돈으로 물건은 살 수 있지만 행복은 살 수 없다는 것을 늘 명심한다.
- 혼자 있는 시간을 늘리고 고독을 즐기는 방법을 배운다.
- 규칙적으로 꾸준히 운동을 해서 여가를 마음껏 즐길 수 있는 체력을 다진다.
- 사용할 수 있는 휴가를 모두 모아서 장기휴가를 내 은퇴 후 삶을 미리 체험해본다.
- 여행을 많이 한다. 여행도 해본 사람만이 즐길 수 있는 것이다. 은퇴 후 여행을 즐기고 싶다면 젊을 때부터 많이 여행하라.
- 자신의 정체성을 일이 아닌 다른 것으로 드러내는 연습을 한다.
- 세상과 소통할 수 있는 다양한 방법을 찾아본다.
- 정기적으로 하루씩 휴가를 내 빈둥거림으로써 여유를 경험해본다.

하느님, 지나고 난 뒤 제가 가졌던 것에 대해 감사할 상황이 오기 전에
지금 제가 가지고 있는 것에 감사할 수 있는 지혜를 주소서.
—수잔 렌즈케스Susan L. Lenzkes

- 경제적인 문제뿐만 아니라 심리적 개인적 지적 문제와 연관된 다양한 강의를 수강한다.
- 무엇보다도 은퇴할 때까지 행복을 미루면 안 된다. 경제적 환경과 무관하게 행복할 수 있는 능력이 곧 은퇴 후에도 행복으로 이어진다.

평생 행복하게 사는 비결

인생을 살아가면서 늘 행복하기 위해서는 어떻게 해야 할까? 수세기에 걸쳐 내려오는 현인들의 지혜에 귀 기울여 보자.

- 목표는 노력을 기울여 달성할 수 있을 정도면 충분하다.
- 일은 생계를 유지할 수 있을 정도면 충분하다.
- 온전한 정신은 언제 일하고 언제 쉴지 분간할 수 있을 정도면 충분하다.
- 돈은 기본적인 욕구를 충족시킬 수 있을 정도면 충분하다.
- 애정은 여러 사람을 좋아하고 몇 사람을 사랑할 수 있을 정도면 충분하다.
- 자존감은 자신을 사랑할 수 있을 정도면 충분하다.
- 자비는 도움이 필요한 사람에게 베풀 수 있을 정도면 충분하다.
- 용기는 어려움과 맞서 싸울 수 있을 정도면 충분하다.

- 창의력은 문제가 생겼을 때 해결 할 수 있을 정도면 충분하다.
- 유머는 웃고 싶을 때 웃을 수 있을 정도면 충분하다.
- 희망은 즐거운 내일을 기대할 수 있을 정도면 충분하다.
- 건강은 삶의 즐거움을 마음껏 누릴 수 있을 정도면 충분하다.
- 감사하는 마음은 내가 가진 것에 감사할 수 있을 정도면 충분하다.

매일 매일 행복해지는 법을 안다면 은퇴 후 시간은 우리 삶에서 최고의 시간이 될 것이다.

나이듦의 즐거움

흔히 은퇴는 나이든 사람들만 하는 것이라고 생각한다. 또 많은 이들이 은퇴한 사람을 뒷방 늙은이 취급을 하려고 한다. 하지만 사람들을 탓할 일이 아니다. 은퇴한 사람의 마음가짐이 가장 중요하다. 스스로 나이 먹었다고 생각하고 행동하면 남들도 당연히 그렇게 볼 것이다. 플라톤은 이렇게 말했다.

"평온하고 행복한 사람은 나이의 무게를 거의 느끼지 않는다. 하지만 늘 불만에 차 있는 사람은 젊으면 젊은 대로 늙으면 늙은 대로 나이의 무게에 짓눌릴 것이다."

플라톤의 주장은 실제로 과학적으로도 입증되었다. 2002년 8월 〈성격과 사회심리 저널〉에 발표된 연구결과에 따르면, 나이든 사람

늙은이처럼 생각하지 말라.
늙은이 같은 생각이 늙은이로 만든다.
−제임스 팔리James Farley

일수록 자신이 생각하는 것보다 죽음이 빨리 찾아 올 것이라고 생각하는 경향이 강했다. 실제로 나이 드는 것을 부정적으로 보는 사람들은 긍정적으로 보는 사람들에 비해 평균수명이 7년 6개월이나 짧은 것으로 나타났다. 예일대학의 심리학자 베카 레비Becca Levy는 실험결과를 이렇게 설명한다.

"혈압이나 콜레스테롤과 같은 생리학적인 수치보다 노화에 대한 긍정적인 자기인식이 생존에 더 큰 영향을 미친다. 수명이 4년까지 차이날 수 있다. 부정적인 자기인식이 기대수명을 단축시킬 수 있으며 긍정적인 자기인식이 기대수명을 늘릴 수 있다."

아무리 나이가 들어도 적극적이고 활기가 넘치는 사람들이 있다. 조금만 이야기를 나눠보면 젊음의 열기를 느낄 수 있다. 그들은 자신이 늙었다고 생각하지 않는다. 물론 신체적으로는 어느 정도 한계가 있겠지만 심리적으로는 많은 일을 스스로 하려고 노력하고 어떤 경우에도 나이를 핑계 삼지 않는다. 70대든 80대든 마찬가지다.

물론 그런 사람들은 주변의 또래들과는 다소 어울리지 못할 수 있다. 많은 사람들이 늙은이처럼 생각하고 행동하기 때문이다. 그들의 불평을 들어주고 비위를 맞춰주는 것은 시간낭비일 뿐이다. 그래서 나이가 들어도 젊게 살고 싶다면, 자신만의 취미활동과 여가시간을 즐길 줄 알아야 한다.

은퇴 후 행복하게 사는 비결은 바로 나이를 잊는 것이다. 나이가 들수록 이런 마음가짐이 중요하다.

마음은 언제나 걸스카우트

젊은 마음가짐은 나이를 잊게 만든다. 텍사스대학 사우스웨스턴 메디컬센터의 노인과 전문의 케반 나마지Kevan Namazi는 이렇게 말한다.

"노년이 되어서도 성공적인 삶을 사는 사람들의 공통점은 열정을 쏟을 수 있는 인간관계나 취미활동이 있다는 것입니다."

나이가 들어도 생산적인 활동을 이어나간다면, 자존감도 높아지고 지적인 탐구심도 커지며 사회적인 교류도 넓힐 수 있다. 이런 사람들은 자신뿐만 아니라 주변사람들의 삶도 풍요롭게 만든다.

나이가 든 뒤에도 활동적이며 창의적으로 살아가는 사람들의 예를 간략하게 살펴보자.

- 메리 베이커 에디Mary Baker Eddy는 50대 후반 크리스천 사이언스라는 교단을 세우고 87살에 자신의 종교적 신념을 대중에 전파하기 위한 신문을 창간하였다. 그 신문이 바로 세계적으로 권위있는 〈크리스천 사이언스 모니터〉다.
- 30대에 REBT(Rational-Emotive Behavior Therapy 인지정서행동치료)라는 심리치료법을 개발한 알버트 엘리스Albert Ellis는 80대에도 강연과 집필활동을 활발히 하며 매주 70여 명의 환자를 상담했다.
- 버트란드 러셀은 94살에 세계평화를 위활 활동을 적극적으로 펼쳤다.
- 피카소는 90살에도 활발하게 작품활동을 하며 훌륭한 그림과

노년은 무지한 사람에게는 겨울일 뿐이지만,
지혜로운 사람에게는 수확의 계절이다.
–유대인 속담

조각을 남겼다.

- 1984년 루엘라 타이라Luella Tyra는 92살에 전미수영대회 5개 종목에 출전했다.

- 87살 로이드 램버트Lloyd Lambert는 70살 이상만 가입할 수 있는 스키동호회를 만들어 이끌고 있다. 회원수가 3,286명에 달하며, 가장 나이 많은 회원은 97살이다.

- 매기 쿤Maggie Kuhn은 65살 때 그레이팬더스Gray Panthers라는 노인단체를 만들었다. 80대에도 여전히 이 단체에서 적극적으로 활동하고 있다.

- 조지 버나드 쇼는 93살에 《부자연스런 우화Farfetched Fables》를 썼다.

- 벤저민 프랭클린은 80대에 미국 헌법을 제정하는 데 헌신했다.

- 〈낸시 드류Nancy Drew〉 시리즈의 작가로 유명한 밀드레드 워트 벤슨Mildred Wirt Benson은 97살 사망할 때까지 신문 〈톨레도블레이드〉에 칼럼을 기고했다.

- 앙리 마티스는 75살에서 80살 사이에 수백 장의 그림을 담은 책을 6권이나 만들었다. 로제르예배당도 그 당시 설계했는데, 스테인드글라스와 벽화도 모두 그의 작품이다.

- 미국의 유명한 건축가 벅민스터 풀러Buckminster Fuller는 80대에도 새로운 세상을 꿈꾸는 자신의 비전을 전파하기 위해 적극적으로 활동했다.

- 쇼팽의 작품을 독보적인 해석한 것으로 유명한 폴란드 태생의

미국 피아니스트 아르투르 루빈스타인Artur Rubinstein은 90살에 전
세계를 놀라게 한 카네기홀 공연을 했다.

- 미켈란젤로는 71살부터 사망한 89살까지 베드로성당 수석건축
  가 임무를 맡아 성당의 본관 건축을 감독했으며, 그 시기에 여
  러 편의 위대한 시를 썼다.

- 알렉산더 폰 훔볼트Alexander von Humbolt는 76살부터 90살까지 《코
  스모스The Kosmos》를 집필했다.

- 조지 애보트George Abbott는 39살에 연극 〈브로드웨이〉의 작가, 연
  기자, 연출가, 프로듀서로 큰 성공을 거두었다. 75살에는 〈로마에
  서 일어난 기묘한 사건〉을 연출했고, 100살에는 〈브로드웨이〉를
  다시 무대 위에 올렸다.

물론 이들의 업적이 특별히 대단해 보일 수도 있겠지만 그들 개
개인의 입장에서 본다면, 자신이 하던 일을 나이가 들어서도 즐기며
계속 한 것뿐이다. 70대, 80대, 90대가 되어도 삶에 대한 열정과 기
쁨을 느끼는 사람들은 젊었을 때 못지않게 생기 넘치고 활기찬 삶
을 즐길 수 있다.

지금 이순간을 사랑하는 여유

이 책을 쓰면서 느낀 감동과 흥분을 독자 여러분과 나누고 싶다. 이

나와 함께 나이 들어 가자!
최고의 작품은 아직 나오지 않았다.
-로버트 브라우닝Robert Browning

책을 읽으면서 많은 사람들이 여가시간을 늘리기 위한 고민을 했을 것이다. 물론 이 책을 읽었다는 사실만으로도 이미 절반은 성공한 것이다.

이제 배운 것을 실천해야 할 시간이다. 그 동안 억눌렀던 활력과 생기를 표출할 시간이다. 완벽을 추구하는 집착을 버려야 한다. 세상을 있는 그대로 사랑하는 마음을 가져야 한다. 마음가짐에 따라 인생도 달라진다. 인생은 자기가 씨를 뿌리고 그렇게 뿌린 씨를 거두는 것이다. 나 자신 외에는 어느 누구도 내 인생을 도와줄 수 없다. 내가 아닌 어느 누구도 내 삶을 최고로 만들어줄 기쁨, 열정, 동기를 제공할 수 없다.

흔히 말하는 성공을 거두기 위해서는 그만큼 대가를 치러야 한다는 것을 명심하라. 성공을 향해 무작정 내달리기 전에 어떤 대가를 치러야 하는지 살펴보라. 원치 않는 값비싼 대가를 치러야 할 수도 있기 때문이다.

선불교의 수행자들은 자동차, 집, 돈, 친구, 연인, 자아, 정체성 등 우리가 집착하는 것들은 모두 우리 자신을 옭아맨다고 말한다. 집착을 놓아버리지 않으면 자유로워질 수 없다.

무엇보다도 열심히 일해야 한다는 생각을 버려야 한다. 열심히 일하면 행복해질 것이라는 생각은 착각에 불과하다. 그것이 착각이 아니라면 오늘날 현대인들은 대부분 행복에 겨운 삶을 즐기고 있어야 한다. 하지만 심리학자나 정신과 의사들이 내놓는 통계를 보면 행복을 느끼며 사는 사람들은 겨우 20퍼센트 정도밖에 되지 않는다.

흔히 생각하는 것과 달리, 생계를 유지하는데 가장 큰 장애물은 돈을 벌기 위해 죽어라 일만 하는 것이다. 고된 노동은 시간을 때우기 위해 인류가 만들어 낸 최고의 발명품이다. 시간을 죽일 뿐만 아니라 우리 인간도 죽인다. 우리가 추구해야 할 기본적인 노동윤리는 기본적인 욕구를 채울 수 있을 만큼만 일하는 것이다. 하지만 현실은, 전체 시간 중 3분의 1 이상을 직장에서 보내야 한다. 노동은 가능한 한 적게 할수록 좋다.

어쩔 수 없이 일을 해야 한다면, 즐겁게 해야 한다. 즐겁게 일을 하려면 그 일이 나나 다른 사람들에게 도움을 주는 것이어야 한다. 돈만 보고 일해서는 즐거움을 느낄 수 없다. 돈만 보고 일하는 사람은 노예다. 경제적인 측면뿐만 아니라 정서적 측면에서도 나 자신을 풍요롭게 해주는 일만 의미가 있는 것이다.

진정으로 하고 싶은 일을 하지 않으면 결국 후회하고 만다. 자신이 이룬 것에 보람을 느낀다고 하더라도, 자신이 하지 못한 것에 대한 미련은 끝까지 우리를 괴롭힐 것이다.

또한 지나치게 많은 것을 욕심 내다보면 아무것도 이루지 못할 수 있다. 모든 사람에게 사랑받으려고 하면 누구에게도 사랑받을 수 없다. 물질과 꿈 사이에서 선택을 해야 한다면 무엇을 얻고 무엇을 잃는지 알아야 한다. 어떤 일이든 즐겁게 일하는 방법을 찾아야 한다. 도저히 즐겁게 할 수 없는 일이라면 그만두는 것이 좋다.

삶에 열정이 느껴지지 않는다면 의욕을 북돋을 수 있는 방법을 찾아야 한다. 우리 삶을 무료하고 지겹게 만드는 가장 큰 요인은 반

지구에서 맡은 임무가 끝났는지 알 수 있는 방법이 하나 있다.
아직 숨을 쉬고 있다면, 끝나지 않은 것이다.
-리처드 바크Richard Bach

복적인 일상과 안정에 대한 욕망이다. 늘 새로운 일을 찾아 삶에 신선함과 흥미로움을 공급하라. 나와 다른 사람도 만나보고 함께 일상을 보내보기도 하라. 도전을 즐기며 새로운 모험이 주는 스릴을 느껴라. 흥미로운 사람들, 맛있는 음식, 가보고 싶은 여행지, 관심이 가는 문화, 재미있는 책은 즐거움을 제공할 것이다.

예기치 못한 상황을 즐겨라. 재미있는 경험은 대개 예기치 못하는 상황에서 나온다. 우연한 기회를 더 많이 만들어라. 우연한 기회가 많아질수록 인생은 더 즐거워진다.

또한 소박함을 즐기는 법을 배워야 한다. 행복은 거창한 사건이나 믿기 어려울 만큼 멋진 순간에서 나오는 것이 아니다. 평범한 일상 속에서도 지극한 행복을 경험할 수 있다. 핵심에서 벗어나는 일들은 모두 정리하고 인생을 최대한 단순하게 만들어라. 번잡하지 않게, 단순하게 살기 위한 노력을 하다 보면 인생의 미풍이 얼마나 감미로운지 알게 될 것이다.

가지고 있는 것을 감사하고 즐길 줄 알면, 새로운 물건에 대한 욕심이 줄어들 것이다. 지금 가지고 있는 것을 모두 잃어버렸다가 다시 찾았다고 상상해 보라. 지금 이 상태가 얼마나 행복한지 깨달을 수 있다. 정기적으로 내 자신이 가진 것을 살펴보며 감사하는 시간을 가져보라. 건강, 집, 친구, 가족, 책, 지식, 창의력 등 모든 것이 감사할 것이다. 남을 부러워하는 마음, 불안, 우울, 권태가 우리 삶에 끼어들지 못할 것이다.

선불교의 수행자들은 행복을 삶의 목표로 삼는 순간 타락한다고 말한다. 행복해지기 위해 사는 것은 실패한 삶이다. 그저 자신의 감정에 충실하게 살면 저절로 행복이 깃들 것이다. 우리는 모두 세 가지 선물을 가지고 세상에 태어났다. 바로 사랑, 웃음, 인생이다. 이 선물을 마음껏 활용하고 베푼다면 행복은 언제든 찾아온다.

다시 말해, 행복이 찾아오기를 기대하지 말고 지금 행복하게 살면 되는 것이다. 행복해지기를 기다리는 사람은 무덤 속에 들어가야 행복을 맛볼 수 있다.

행복한 삶을 살아가고자 하는 사람에게 여가는 소중한 보물이다. 차분하게 생각해 보자. 죽음을 앞 둔 순간 삶을 돌아볼 때, 무엇을 못 해보고 죽는 것이 가장 후회스러울까? 더 많이 일을 하지 못해서 후회하는 사람은 분명 없을 것이다. 또 재산을 더 많이 모으지 못해서 후회하는 사람도 없을 것이다. 사람마다 다를 수 있겠지만, 어쨌든 지금까지 못해본 것 중 하나를 후회할 것이다.

인생에서 경험할 수 있는 가장 소중한 순간은 언제일까? 그것은 아마도 일을 할 때보다는 일하지 않을 때 찾아올 확률이 높다. 우리의 진정한 삶의 보람은 일하지 않는 즐거움에서 나온다.

이제 즐거운 항해를 떠나보자!

이제 밧줄을 풀어라. 안전한 항구에서 벗어나 드넓은 바다로 떠나자.
돛에 한 가득 무역풍을 담아라. 탐험하라. 꿈꾸라. 발견하라.
마크 트웨인Mark Twain

모든 사람이 행복한 여유있는 삶

우리사회에서 돈은 언제나 평가기준이다. 그러한 기준에 부합하기 위해 우리는 찬란한 아침햇살과 아름다운 석양을 잊고 바쁘게 살아간다. 어린 시절부터 우리를 지배해온 프로테스탄트 노동윤리는 노는 것, 심지어 한시라도 일하지 않고 보내는 시간을 허용하지 않는다. 막연한 불안감에, 인생을 낭비하고 있다는 죄의식까지 불어넣는다. 우리는 무조건 바쁘게 일해야 하며, 그 증표는 바로 돈이라고 믿는다.

하지만 오늘날 경제현실은 그러한 믿음을 배반한다. 바쁘게 일하고 열심히 살아도 그만한 대가를 얻기 힘든 상황을 우리는 많은 곳에서 경험한다. 그러한 난관을 뚫고 설사 돈을 번다고 해도 그렇게 번 돈이 행복을 가져다주지 않는다. 소득이 올라가도 곧 거기에 익숙해지기 마련이고, 더 큰 돈을 벌고자 하는 욕심이 생겨난다. 그런 욕심을 채우기 위해 더 열심히 일한다.

하지만 돈이 결코 행복을 보장하지 않는다는 것을 우리는 처음부터 알고 있었다. 죽을 날이 다가왔을 때 우리는 무엇을 추억할까? 비싼 자동차나 가까스로 분양받은 아파트? 아니면 해변에서 붉게 물든 노을을 바라보며 사랑하는 이와 즐겁게 보낸 어느 날 저녁? 우리는 모두 답을 알고 있다.

머지않아 인공지능과 로봇의 발전으로 인해 많은 직업이 사라질 것이라고 한다. 우리가 그토록 열심히 공부하고 일하며 쌓아온 어떠한 경력도 이제는 무의미한 상황이 눈앞에 도래한 것이다. 실업률은 계속 높아질 수밖에 없고 임금은 떨어질 수밖에 없는 상황이다. 이런 상황에서도 프로테스탄트 노동윤리는 여전히 위력을 발휘하며 우리를 불안과 죄책감에 시달리게 만들고 있다.

실업의 문제를 개인의 문제로 바라보는 것은 문제의 본질을 제대로 보지 못하는 것이다. 예전처럼 많은 사람이 노동하지 않아도 훨씬 좋은 생산물을 만들어낼 수 있는 상황에서 노동은 이제 모든 사람이 할 수도, 할 필요도 없는 것이 되어가고 있다.

이제 우리는 인간이 일을 해야 하는 이유가 무엇인지 고민해야 한다. 또 일을 하지 않는다면 무엇을 할 것인지, 더 나아가 일을 하지 않으면 생활에 필요한 비용은 어떻게 충당할 것인지도 생각해야 한다. 노동생산성이나 GDP와 같은 숫자에만 매달리기보다 국민 개

개인의 행복수준을 높이기 위해서 무엇을 할 것인지 고민해야 한다. 이미 많은 유럽의 나라들이 도입하기 시작한 기본소득제나 교육제도의 혁신은 좋은 참고자료가 될 것이다.

이 책은 이미 한국에 번역되어 소개되었던 적이 있다. 하지만 청년실업과 고령화가 본격화된 지금 이 시점에 우리 사회에 새로운 의미를 줄 수 있으리라 여겨져 새롭게 번역을 했다. 또한 한국독자들을 위해 책 내용을 좀더 깊이 읽을 수 있도록 몇 가지 관련자료를 덧붙였다.

이 책을 번역하는 동안 나 역시 내 삶을 돌아보며 많은 질문을 하고 고민할 수 있었다. 지금 이 시대를 살아가는 많은 이들에게 이 책이 조금이나마 행복을 향해 나아갈 수 있는 길을 보여줄 수 있기를 바란다.

2016년 1월
김성순

일하지 않아도 좋아

초판 1쇄 인쇄 2017년 3월 2일
초판 1쇄 발행 2017년 3월 10일

지 은 이　**어니 젤린스키**
옮 긴 이　**김성순**
에 디 터　**윤영삼**
펴 낸 이　**김성순**
펴 낸 곳　**크레센도**

주　　소　**(우편번호 07598) 서울시 강서구 마곡서1로 132, 301-516**
전　　화　**070-8688-6616**
팩　　스　**0303-3441-6616**
전자우편　**editor@xcendo.net**
홈페이지　**xcendo.net**
트 위 터　**twitter.com/xcendo**
페이스북　**facebook.com/bookbeez**

Copyright ©크레센도 2017, Seoul
ISBN 979-11-954204-8-3　03320

이 도서의 국립중앙도서관 출판시도서목록(CIP)은 서지정보유통지원시스템 홈페이지(http://seoji.nl.go.kr)와 국가자료공동목록시스템(http://www.nl.go.kr/kolisnet)에서 이용하실 수 있습니다. (CIP제어번호: CIP2017004852)